Elmar Simma

Wie ein Stern am Horizont

Das Autorenhonorar dieses Buches fließt zur Gänze einem Caritasprojekt in Armenien zu.

Elmar Simma

WIE EIN STERN AM HORIZONT

Mit guten Gedanken durch das Jahr

Tyrolia-Verlag · Innsbruck-Wien

Mitglied der Verlagsgruppe „engagement“

Bibliografische Information Der Deutschen Nationalbibliothek
Die Deutsche Nationalbibliothek verzeichnet diese Publikation in der Deutschen Nationalbibliografie; detaillierte bibliografische Daten sind im Internet über http://dnb.d-nb.de abrufbar.

2012

Umschlaggestaltung: Tyrolia-Verlag, Innsbruck
unter Verwendung des Bildes „Engel. Mosaik aus dem 6. Jh.“ © akg-images, Berlin
Layout und digitale Gestaltung: Tyrolia-Verlag, Innsbruck
Lithographie: AS-Design, Imst
Druck und Bindung: FINIDR, Tschechien
ISBN 978-3-7022-3202-3
E-Mail: buchverlag@tyrolia.at
Internet: www.tyrolia-verlag.at

Inhaltsverzeichnis

Vorwort

Das Fragen ist Kennzeichen und Ausdruck des wachen menschlichen Geistes. Nicht nur Kinder hinterfragen alles mit dem dauernden „Warum?“, auch uns Erwachsenen drängen sich laufend Fragen auf, z. B. die nach dem Sinn bestimmter Ereignisse und des Lebens überhaupt.

Rainer Maria Rilke schreibt:

„Und ich möchte Sie, so gut ich es kann, bitten, lieber Herr, Geduld zu haben gegen alles Ungelöste in Ihrem Herzen und zu versuchen, die Fragen selbst lieb zu haben wie verschlossene Stuben und wie Bücher, die in einer sehr fremden Sprache geschrieben sind.

Forschen Sie jetzt nicht nach den Antworten, die Ihnen nicht gegeben werden können, weil Sie sie jetzt nicht leben könnten. Und es handelt sich darum, alles zu leben. Leben Sie jetzt die Fragen. Vielleicht leben Sie dann allmählich, ohne es zu merken, eines fernen Tages in die Antwort hinein.“

Es ist aber auch umgekehrt: Manche Antworten wachsen uns allmählich zu, auch die von Gott, oft genug, ohne dass wir es bewusst wahrnehmen.

Ich möchte mit den folgenden Texten hellhörig machen für die Anrufe des Lebens und die meist leisen Botschaften Gottes. Oder hellsichtig für die Hoffnungssterne, die wir erst in der Dunkelheit oder in der am Horizont aufsteigenden Dämmerung sehen.

Manchmal brauchen wir allerdings Engel in Menschengestalt oder engelsame Einsichten, Begegnungen, Erlebnisse, Träume, damit wir die lebensförderlichen Impulse erkennen.

Im Aufbau des Buches gehe ich dem Jahr entlang mit einigen Impulsen für jeden Monat.

Ich hoffe und wünsche, dass Sie dabei einiges finden, was Sie anspricht und Ihnen wohl tut.

Elmar Simma

Januar

Einladung

- Neujahrssymbole
- Wohlan denn, Herz,
  nimm Abschied und gesunde!
- „Sei, was du bist. Gib, was du hast!"
- Dem Stern folgen
- Dein Bettler Alex
- Eines Tages …
- Wäre das Vertrauen des Herzens aller Dinge Anfang …
- Die Hochzeit geht weiter

Jungfrau auf dem Esel reitend, Stundenbuch um 1475
© Bibliothèque Royale Albert 1er, Brüssel

Maria liest und Josef trägt das Kind! Ein interessantes Bild!

Die Erzählung von der Flucht nach Ägypten hat einen tiefen theologischen Gehalt.

So wie Gott das Volk Israel aus Ägypten in die Freiheit führte, will er auch uns durch Jesus, der aus Ägypten zurückkehrte, frei machen von allem, was uns bindet und gefangen hält.

Maria, die auf dem Esel reitet, ist ganz versunken in ein Buch, vergisst scheinbar, dass sie fliehen muss, dreht sogar Josef und dem Kind dem Rücken zu. Sie schaut nicht einmal auf den Weg, der hinter und vor ihr liegt. Ob sie in der Hl. Schrift liest und dabei die Spuren Gottes in ihrer Lebensgeschichte entdeckt? Oder bedenkt sie meditierend das Wort Gottes: *Ich bin dort, wo du bist! (Ex 3,14)?*

Auch die Gestalt des **Josef** überrascht. Er führt zwar den Esel, aber sein Blick ruht aufmerksam auf seinem Kind, das er im Arm trägt. Sie lächeln sich an. Den weiten Mantel hat er schützend um den kleinen Jesus gelegt.

Mit festem Schritt, den Kopf mit einem Tuch gegen die Sonne und den Wind umhüllt, schreitet er vertrauensvoll aus, ohne auf den Weg zu achten. Er weiß, dass Gott ihn begleitet, auch wenn er vieles noch nicht versteht.

Der Rollentausch macht nachdenklich: Josef ist der „Babysitter" und Maria hat Zeit zum Lesen.

Hinter den Reisenden liegt die **Stadt**. Mit ihren festen Mauern, Türmen, Schießscharten wirkt sie abweisend, irgendwie leblos. Der hochragende Glockenturm soll wohl deutlich machen, dass das Geschehen von damals sich auch heute wiederholt.

Nur vor dem Tore stehen zwei Gestalten. Vielleicht sind es Wächter, die rufen: „Lasst euch ja nicht mehr blicken!", oder sie schauen etwas neidvoll denen nach, die der bedrohlichen Stadt entkommen sind.

Die befestigte Stadt ist nur eine Etappe auf dem Weg der Drei. Auch wir sind gerufen, alle „Begrenzungen" und „Befestigungen" unseres Lebens hinter uns zu lassen, aufzubrechen und uns von Gott führen zu lassen. Jesus, dessen Geburt wir feiern und dessen Name „Gott hilft" oder „Gott rettet" bedeutet, ermutigt uns dazu.

Der blaue **Himmel** und die großen **Vögel** erinnern mich an das Lied „Herr, deine Güte reicht, so weit der Himmel ist, und deine Wahrheit, so weit die Wolken gehen." (GL 301)

Die Weihnachtsbotschaft lässt einen neuen Tag der Hoffnung und Freude anbrechen.

Der Monat Januar **lädt uns ein**, dass wir uns wie Josef und Maria auf den Weg machen und Gehende bleiben.

* * *

Als acht Tage vorüber waren und das Kind beschnitten werden sollte, gab man ihm den Namen Jesus, den der Engel genannt hatte, noch ehe das Kind im Schoß seiner Mutter empfangen wurde (Lk 2,21).

Neujahrssymbole

Meine Neujahrswünsche möchte ich mit drei Symbolen verbinden.

Das erste ist ein **Webrahmen**. Ein Teil der Fäden, die Kette eines Webstücks, muss in einem Rahmen fixiert sein. Ähnlich gibt es für unser Leben einen Rahmen, der alles umspannt und uns den nötigen Halt gibt. Ich meine damit die bedingungslose Liebe Gottes, sein Ja zu uns, das er nie mehr zurücknimmt; seine Treue, denn es gibt nichts, was uns von seiner Liebe trennen kann. Aus diesem Rahmen können wir nicht herausfallen. Das ist uns Trost und Hoffnung. Diese Zusage ist auch mit dem Begriff der „Vorsehung Gottes" gemeint. Gottes Liebe umfängt uns.

Die Längsfäden in unserem Lebensgewebe sind alle Vorgaben, die sich durch das ganze Leben hindurch ziehen: dass wir als Mann oder Frau geboren wurden, unser Aussehen, unsere Erbanlagen, unsere Eltern und Kindheitserfahrungen, die frühkindlichen Prägungen und vieles mehr; das alles bleibt uns lebenslang.

Die Querfäden, farbige, helle und dunkle, stellen die täglichen Erlebnisse dar. Und alles gehört dazu, die bunten, schönen, hellen Ereignisse und die bitteren Stunden, die Tage der schwarzen Trauerkleider. Ich wünsche uns die Fähigkeit, ganz bewusst in die 365 Tage des neuen Jahres auch das Rot der Liebe, das Blau des Vertrauens, das Grün der Hoffnung und das Gelb der Freude hineinzuweben.

Eine **Schale** stellt das zweite Neujahrssymbol dar. Man kann in sie etwas hineinlegen oder herausnehmen. Sie ist offen zum Geben und Nehmen.

Womit werden wir das neue Jahr füllen, die Monate, Wochen, Tage und Stunden? Es werden viele Alltäglichkeiten, Kleinigkeiten dabei sein, die auch ihren Wert haben. Aber wir könnten doch ganz bewusst jeden Tag mit einer Freundlichkeit oder Liebenswürdigkeit aufwerten.

Sicher wird es unser Leben bereichern, wenn wir uns wie eine große Schale offen halten für alles, was uns im neuen Jahr geschenkt wird und nicht selbstverständlich ist. Es wäre gut, jeden Tag mit einem weiten dankbaren Herzen zu beginnen und ihn anzunehmen als Gabe und Aufgabe, und am Abend dann die Schale des Tages auszuleeren, um aufmerksam anzuschauen, was wir alles empfangen oder tun durften, was uns Gutes zugefallen oder gelungen ist. Ich bin überzeugt, wir werden dabei auch viele Zeichen der Liebe Gottes und von Menschen entdecken.

Ich wünsche uns die Fähigkeit, unser Herz zu einer großen Schale zu formen, in der viel, viel Erfreuliches und sicher auch manches Leid, eigenes und das der Mitmenschen, Platz hat, aus der andere Ermutigung schöpfen oder Trost und Hoffnungslichter mitnehmen können.

Zum Jahresbeginn passt als drittes Symbol ein **Bergseil**, mit dem sich Bergsteiger gegenseitig sichern und festhalten, falls es zu einem Sturz kommt. Wir dürfen glauben, dass Gott uns sichert, hundertprozentig! Wir können uns an seinem Wort, an seiner Zusage festbinden: *Ich bleibe bei euch! (Mt 28,20). Ich kann gar nicht anders, als euch zu lieben.*

Es liegt nur an uns, Gott wirklich bei seinem Wort zu nehmen, das Jesus verkörpert. Allein schon sein Name ist ein Programm, denn er heißt: Gott hilft oder Gott rettet. Wir können uns darauf verlassen, dass Gott uns hält, wenn es zu einem Absturz kommt, bei einem Schicksalsschlag, einer gefährlichen Erkrankung, bei einem Todesfall.

Gott verhindert diese Situationen nicht, aber er lässt uns nicht ins Bodenlose fallen. Er bleibt mit uns verbunden und fängt uns auf, auch wenn wir manchmal das gegenteilige Gefühl haben.

Das neue Jahr ist wie eine Straße, die wir überqueren sollen oder wollen. Was wird nicht alles daher kommen: Arbeit, unerwartete Belastungen, Verluste, Krankheiten, Sorgen, natürlich auch hoffentlich viel, viel Gutes? Wir wissen das alles nicht.

Aber wir können wie die kleine Bärenraupe (siehe unten) einfach drauf losgehen, 365 Schritte, 365 Tage, mit einer großen Sehnsucht nach dem „Grün" des guten Lebens und mit dem unverdrossenen und ungeheuren Gottvertrauen, dass er mitgeht und alles zum Guten führt. *Wenn Gott für uns ist, wer (oder was) ist dann gegen uns?*, schreibt Paulus (Röm 8,31).

Das besondere Wort

Die Chance der Bärenraupe, über die Straße zu kommen

Keine Chance. Sechs Meter Asphalt.
Zwanzig Autos in einer Minute.
Fünf Laster.
Ein Schlepper.
Ein Pferdefuhrwerk.
Die Bärenraupe weiß nichts von Autos.
Sie weiß nicht, wie breit der Asphalt ist.
Weiß nichts von Fußgängern, Radfahrern, Mopeds.
Die Bärenraupe weiß nur, dass jenseits Grün wächst.
Herrliches Grün,
vermutlich fressbar. Sie hat Lust auf Grün. Man müsste hinüber.
Keine Chance. Sechs Meter Asphalt.
Sie geht los auf Stummelfüßen.
Zwanzig Autos in der Minute.
Geht los ohne Hast. Ohne Furcht.
Ohne Taktik. Fünf Laster.
Ein Schlepper. Ein Pferdefuhrwerk.
Geht los und geht und geht und
kommt an.

Rudolf Otto Wiemer

Weder Tod noch Leben, weder Engel noch Mächte, weder Gegenwärtiges noch Zukünftiges, weder Gewalten der Höhe oder Tiefe noch irgendeine andere Kreatur können uns scheiden von der Liebe Gottes, die in Christus Jesus ist, unserem Herrn (Röm 8,38f).

Wohlan denn, Herz, nimm Abschied und gesunde!

So schreibt Hermann Hesse in seinem berühmten Gedicht „Stufen". Das ist leichter gesagt als getan, denn vermutlich werden wir uns nicht so ohne weiteres vom alten Jahr 2012 verabschieden können. Manches bleibt an uns hängen und können wir nicht gänzlich abstreifen.

Was nehmen wir mit?

Wie schaut denn unser Rückblick aus? „Wenn's alte Jahr erfolgreich war, dann freue dich aufs Neue, und war es schlecht, ja dann erst recht!" (Karl-Heinz-Söhler)

Für viele war es wohl beides, „durchzogen" würden wir sagen.

Ich hoffe, dass gute Erinnerungen, schöne Erlebnisse, bereichernde Begegnungen bei uns Spuren hinterlassen haben, aber wir tragen in unserem „Rucksack" sicher auch einige negative Erfahrungen, Verletzungen, Verluste mit uns. Natürlich wäre es gut, wenn wir diese in den Müllkübel des Vergessens schütten könnten mit dem Gedanken: vorbei, erledigt! Solange wir nämlich „nach-tragend" sind, belasten wir uns damit selbst. Vielleicht lassen sich dieses und jenes bereden, klären, denn das hilft beim Loslassen. Manches bleibt ungelöst.

Ich schlage vor, heute oder morgen einen kleinen Raum der Stille zu suchen (auch beim Gehen), wo wir die Jahresbilanz 2012 bedenken und vielleicht auch beten können: „Gott, von dem mir die Zeit und das Leben zufließt mit jedem Atemzug neu, ich danke dir rückblickend für … eigentlich ist auch mir vieles geschenkt worden, was nicht selbstverständlich ist …“ Aber was ist mit dem „Anderen“, mit den dunklen Anteilen?

Können wir diese einfach zurücklassen?

In dem zitierten Gedicht von Hermann Hesse steht der bekannte Satz: „Jedem Anfang wohnt ein Zauber inne, der uns beschützt und der uns hilft zu leben.“ Das stimmt zwar, aber viele spüren kaum etwas davon, weil sie mit einiger Sorge in die Zukunft blicken. In ihrem Gedicht „Die schwersten Wege“ schreibt Hilde Domin

Die schwersten Wege
werden allein gegangen,
die Enttäuschung, der Verlust,
das Opfer,
sind einsam.
…
Nimm eine Kerze in die Hand
wie in den Katakomben,
das kleine Licht atmet kaum.
Und doch, wenn du lange gegangen bist,
bleibt das Wunder nicht aus,
weil das Wunder immer geschieht,
und weil wir ohne die Gnade nicht leben können. *Auszug*

Deshalb möchte ich uns alle ermutigen, zuversichtlich ins neue Jahr hineinzugehen mit dem Vertrauen, dass sich doch manches zum Guten wendet, besser wird als befürchtet.

Früher wurden zu Silvester Böller verschossen, um die bösen Geister zu vertreiben. Heute sind die Raketen nur etwas für unser Auge und ein Schrecken für die Tiere. Besser wäre es, sich an das Petruswort zu halten: *Werft alle Sorgen auf den Herrn (1 Petr 5,7)* und nach vorne gewandt zu beten: *Du menschenfreundlicher Gott, was immer das neue Jahr bringt, gib mir ein offenes Herz. Lass mich da und dort deine Spuren entdecken und erfahren, dass du meine Wege mitgehst, auch die schweren. Ich bitte dich ganz besonders …*

Und die guten Vorsätze?

Der Jahreswechsel ist für manche ein Anlass, sich etwas vorzunehmen. Das hat allerdings einen Haken. Angeblich hält ein Drittel der Vorsätze nur bis Dreikönig, ein weiteres Drittel bis Anfang Februar, und bis zum Faschingshöhepunkt ist alles wieder beim Alten. Aber selbst wenn 95 % unserer guten Absichten bald einmal verdunsten, bleiben doch noch fünf Prozent durchgehaltener Vorsätze, und das ist auch etwas wert.

Ich selbst finde einen Text von Papst Johannes XXIII. sehr hilfreich. Jeder Satz beginnt mit den Worten „Nur für heute". Es macht uns nicht so viel Druck, wenn wir uns nur für einen Tag einen Vorsatz fassen ohne den Gedanken, das müsste ich jetzt immer so machen und herbringen. Es genügt, sich z. B. zu sagen: „Nur für heute bemühe ich mich, andere nicht zu kritisieren; nur für heute tue ich etwas, wozu ich keine Lust habe; nur für heute werde ich glauben, dass Gott mich liebt; nur für heute werde ich versuchen, keine Angst zu haben; nur für heute werde ich ein Programm aufstellen, aber vielleicht halte ich mich nicht genau daran."

Vielleicht probieren Sie dieses Rezept einmal aus.

Mein Neujahrswunsch

Es ist ein schönes Ritual, sich ein gutes neues Jahr zu wünschen. Ich bin überzeugt, dass jeder ehrliche Wunsch eine

Kraft in sich trägt und dem/der anderen hilft, ihn auch zu verwirklichen.

Ich schreibe Ihnen auf die erste Seite des Jahres 2013: Gottes Segen möge Sie/dich umhüllen!

Segnen heißt lateinisch „benedicere" – Gutes sagen. Wir haben die Zusage Gottes: *Ich bin dort, wo du bist (Ex 3,14).* Dieses Wort können wir wie eine wärmende Decke um uns legen, wie einen Mantel anziehen und uns darin bergen, dann werden wir eventuelle Stürme gut überstehen.

Das besondere Wort

Ab und zu
hier und dort
berühren sich
Himmel und Erde.

Ab und zu
hier und dort
fällt ein Stückchen Himmel
auf die Erde –
dir in den Schoß. Petrus Ceelen

Also bleiben Glaube, Hoffnung, Liebe, diese drei; am größten unter ihnen ist die Liebe! (1 Kor 13,13).

„Sei, was du bist. Gib, was du hast!"

Ein wunderbares Gedicht von Rose Ausländer lautet:

Noch bist du da

Wirf deine Angst
in die Luft

Bald
ist deine Zeit um
bald
wächst der Himmel
unter dem Gras
fallen deine Träume
ins Nirgends

Noch
duftet die Nelke
singt die Drossel
noch darfst du lieben
Worte verschenken
noch bist du da

Sei was du bist
Gib was du hast

- Wissen wir, was wir sind? Oder wer?
  So einfach ist diese Frage gar nicht zu beantworten, denn wir erleben uns oft als sehr zwiespältig: Wir stehen manchmal mutig für eine Sache ein, und dann reagieren wir wieder feige. Wir vertreten ehrlich unsere Überzeugung, können aber auch Anderen und uns selbst etwas vormachen. Wir fühlen uns müde, leer, ausgelaugt, und einige Zeit später erfüllt uns neue Energie und Lebensfreude.
  Bei der Seligsprechungsfeier von Provikar Carl Lampert kam mir diese Frage mehrmals in den Sinn. Was war er für ein Mensch und wer war er? Auch er schrie in seinem Herzen: „Mein Gott, warum?", saß als Todeskandidat in seiner Zelle, den Kopf in die Hände gestützt, niedergedrückt ob aller Ungerechtigkeit, erfüllt von Angst. Und dann schreibt er: „Hätte ich nicht eine innere Kraft, so möchte man verzweifeln. Aber alles Geschehen hat schließlich einen Sinn und Zweck gefunden, das muss mich trösten …" Ich denke, er war ein zutiefst Glaubender, Hoffender und Liebender, dem es darum ging, „dass Menschen wieder Menschen werden" und alle Grausamkeiten und Gewalt einmal aufhören.
  Etwas unandächtig stellte ich mir selbst beim Gottesdienst die Frage: Wer bin ich und was für einer?
  Was letztlich hält und trägt, ist die Überzeugung, dass unser Leben einen Wert und Sinn hat, weil ein größeres Du dahinter steht, das uns gewollt hat und bejaht. Wir wurden nicht gefragt bei unserer Zeugung, und unsere Eltern auch nicht. Das Leben wurde uns einfach geschenkt. Aber lebensfähig wurden wir erst durch die Erfahrung, unbedingt geliebt zu sein. Jedes Kind öffnet sich, beginnt zu reagieren, lächelt und strahlt, wenn Eltern es liebevoll anschauen. Dieses Erleben wirkt in einem schönen Segensgebet weiter: „Gott, lass dein Angesicht über uns

leuchten!“ Das heißt: „Behalte uns in deinem wohlwollenden, zärtlichen Blick, denn unter deinen Augen kann mein Leben gelingen, wird es gut, trotz allem!“
Hat nicht dieses Grundvertrauen den seligen Provikar Lampert getragen, wenn er unmittelbar vor seiner Enthauptung in der Waschküche des Gefängnisses schreiben konnte: „Es ist vollbracht … meine Seele preist die Größe des Herrn …?“

- Gib, was du hast!
  Das müssen nicht heroische Taten sein, großartige menschliche Leistungen wie bei den Heiligen oder Seligen, die die Kirche in ihr Schaufenster stellt. Diese Aufforderung der Dichterin erinnert uns daran, dass wir nicht für uns allein auf der Welt sind, dass wir alle ein Stück zur Gesundung dieser Welt beitragen können und sollen, dass uns das Leben geschenkt wurde als Gabe und Aufgabe. Bei Sterbenden erfahre ich oft, dass sie die Frage beschäftigt: Was habe ich geleistet oder gestaltet, welche Spuren habe ich hinterlassen, was ist aus meinem Leben herausgewachsen? Ich bin überzeugt, dass es letztlich darauf ankommt, wenigstens ein Stück weit geliebt zu haben. Am Christkönigssonntag wird in der Kirche das Gleichnis von den Schafen und Böcken vorgelesen, in dem die Menschen danach beurteilt werden, ob sie Gutes getan, den Hunger und Durst der Herzen ihrer Mitmenschen gestillt, die Bloßgestellten bedeckt, die Fremden aufgenommen, Kranke besucht, in unguten Situationen Gefangene befreit oder ermutigt haben …

- Wer weiß, wie lange?
  „Noch darfst du lieben, Worte verschenken, noch bist du da …“ Aber niemand von uns kann sagen, wann ihre

oder seine Zeit zu Ende geht. Heute schon oder morgen könnte es zu spät sein. Wir besitzen nichts, weder den kommenden Tag noch unser Leben. Deshalb ist es gut, den Wert der Dinge zu schätzen, tapfer die Herausforderungen anzunehmen, Lasten mitzutragen und da und dort ein Lächeln hervorzurufen, wie es die Liebe und das Wohlwollen Anderen gegenüber vermögen.
Vielleicht geht es Ihnen wie mir. Diese zwei Sätze beschäftigen mich, begleiten mich und fordern mich heraus: „Sei, was du bist. Gib was du hast.“

Spuren des Lichts

Ich sehe vom Auto aus eine junge, dunkelhäutige Dame, die an einer Omnibushaltestelle wartet und übers Handy mit jemandem telefoniert. Dabei lächelt sie übers ganze Gesicht, und ihre weißen Zähne blitzen.
Ihr herrliches, fröhliches, ansteckendes Lachen begleitet mich den ganzen Tag.
Ein Geschenk für mich!

Traum der Könige, Kapitell in der Kathedrale von Autun, 12. Jahrhundert

Als sie den Stern sahen, wurden sie von sehr großer Freude erfüllt. Sie gingen in das Haus und sahen das Kind und Maria, seine Mutter; da fielen sie nieder und huldigten ihm. Dann holten sie ihre Schätze hervor und brachten ihm Gold, Weihrauch und Myrrhe als Gaben dar. Weil ihnen aber im Traum geboten wurde, nicht zu Herodes zurückzukehren, zogen sie auf einem anderen Weg heim in ihr Land (Mt 2,10–12).

Dem Stern folgen

Das hier abgebildete romanische Relief mit den Hl. Drei Königen fasziniert mich immer wieder aufs Neue. Es stammt aus dem 12. Jahrhundert und ist im Kapitelsaal bei der Kathedrale von Autun (Burgund) zu bewundern.

Sie stecken unter einer Decke!
Dieses Bildwort verwenden wir meistens im negativen Sinn, wenn zwei oder mehrere gemeinsam etwas Ungutes planen oder anstellen. Bei den drei Weisen – Sternenkundige nennt sie die Bibel – könnte die Decke, die sie umhüllt, ihre gemeinsame Sehnsucht sein. Sie hoffen auf einen neuen König, der ein Geschenk des Himmels ist, der Frieden und Gerechtigkeit bringt, mit dem das Leben für alle besser wird. Diese Männer kennen offensichtlich auch das Dunkel leidvoller Erfahrungen, aber sie sind gleichzeitig hellsichtig und deuten eine einmalige Sternenkonstellation als Hinweis, dass sich ihre Erwartung erfüllt. Jetzt verbindet sie auch das Miteinander-auf-dem-Weg-Sein und die überraschende Begegnung mit dem Kind.

An dieser Stelle möchte ich kurz unterbrechen und uns selbst die Frage stellen: Gibt es für mich wärmende „Decken" guter Beziehungen, des Vertrauens und der Liebe, geteilter Freuden und Tränen und mit wem teile ich sie?

Zwei von den Magiern, wie sie auch bezeichnet werden, schlafen. Nur der Oberste hat die Augen offen. Sie träumen von einem Engel, so wird erzählt. Der Schlaf symbolisiert das Unterbewusstsein, das Verborgene in uns, aus dem im Traum die Bilder aufsteigen. Oder sind es manchmal Botschaften Gottes, die uns vermittelt werden?

Der Engel berührt mit dem rechten Zeigefinger behutsam den einen König und weist mit der linken Hand auf den Stern. Seit urdenklichen Zeiten haben sich die Menschen, die noch keinen Kompass kannten, Seefahrer und Karawanenführer, Reisende und Wanderer am Tag an der Sonne und in der Nacht an den Sternen orientiert. Es schaut aus, als ob der Engel auf dem Relief den Königen und uns allen sagten möchte: *Lasst euch führen! Traut den Fügungen Gottes in eurem Leben. Er zeigt euch einen Weg, Schritt für Schritt.*

Von Leonardo da Vinci stammt der schöne Satz: „Binde deinen Karren an einen Stern!“

Der „Karren“ mag das alltägliche Leben sein, unser Beruf, die Arbeit, der Partner, die Partnerin, die Familie, der Freundeskreis, die Sorgen, Krankheiten und die erfreulichen Ereignisse, einfach alles, was sich bei uns so angesammelt hat. Im Zusammenhang mit der Geschichte von den Sterndeutern, die aus dem Osten kamen, dürfen wir beim Stern an Jesus denken, durch den ein Licht der Hoffnung und auch der Liebe aufgeleuchtet ist.

Dieser Jesus ist keine Sternschnuppe, die rasch wieder verglüht. Beim Heimgehen nach einer Weihnachtsmette dachte ich mit dem Blick auf die Sterne: „Es ist doch großartig, dass in dieser Nacht mit der Zeitverschiebung rund um den Globus ungezählte Kerzen als Sternenlichter herunten auf der Erde entzündet werden und Menschen in allen Sprachen singen: ‚Christus, der Retter ist da!‘“

Wie viele haben durch ihn schon Ermutigung, Trost und Halt gefunden. Den Karren am Jesusstern anbinden heißt, die Verbindung mit ihm zu suchen und zu pflegen.

Solange wir nur hinunter auf den Boden der Geschäfte und Probleme starren, werden wir keine Sterne sehen. Es kann zudem passieren, dass die Wolkendecke unserer Geschäftigkeit und Unruhe den Blick zum Himmel verstellt. Andrerseits sollten wir aber bedenken, dass die Sterne nur in der Nacht sichtbar werden. Deshalb braucht es im Leben auch die dunklen, bitteren Stunden, damit wir den einen Stern, der uns immer leuchtet, überhaupt wahrnehmen.

Und noch etwas: Der Engel gibt den drei Männern den Auftrag, auf einer anderen Route in ihr Land zurückzukehren. Ich bin überzeugt, dass Gott uns allen manchmal sagen möchte: *Gehe nicht mehr den alten Weg. Setze ungewohnte Schritte, wage etwas Neues, damit du wieder zu dir heimfin-*

dest, bei dir daheim bist und dein eigenes Ge-heimnis entdeckst. Du darfst mir vertrauen: Ich gehe mit dir!

Das besondere Wort

Einer, der uns sehr nüchtern nach unserem Woher und Wohin fragt und uns sehr gegen unseren Willen dahin zurückschickt, wo wir eben davonlaufen wollen, kann ein Bote Gottes, ein Engel sein. Sören Kierkegaard

* * *

Kaum war Jesus getauft und aus dem Wasser gestiegen, da öffnete sich der Himmel, und er sah den Geist Gottes wie eine Taube auf sich herabkommen. Und eine Stimme aus dem Himmel sprach: Das ist mein geliebter Sohn, an dem ich Gefallen gefunden habe (Mt 3,16–17).

Dein Bettler Alex

Von Zeit zu Zeit kommt zu mir ein Mann, der von der Sozialhilfe lebt und sich finanziell nicht viel leisten kann. Natürlich ist er froh, wenn ich ihm etwas Geld gebe. Zu Weihnachten schickte er mir eine schöne Karte, sehr ordentlich geschrieben, und wünschte mir gute Feiertage und ein gesegnetes neues Jahr mit der Unterschrift „dein Bettler Alex!“

Diese Weihnachtspost freute mich ganz besonders. Einerseits steht er dazu, dass er auf die Hilfe von anderen angewiesen ist, andrerseits drückt für mich diese Formulierung auch einen gewissen Selbstwert aus. Er weiß zwar um seine Bedürftigkeit, aber er hat sich auch seine Würde bewahrt. Und die steht jedem Menschen zu.

Im Paragraph eins der Menschenrechte heißt es: „Alle Menschen sind frei und gleich an Würde und Rechten geboren." Leider stimmt das nur in der Theorie. Die Praxis schaut anders aus. Es wird auch nicht begründet, was die Würde des Menschen ausmacht, woher er sie hat.

Als Christen können wir jedoch sehr wohl eine Antwort darauf geben.

Wir verdanken unser Leben nicht uns selbst. Es wurde uns geschenkt. Wir haben eine Herkunft und eine Zukunft, Gott den Vater, die Mutter. Zudem macht das Fest der Geburt Christi deutlich, dass Gott und Mensch endgültig zusammengehören und nicht mehr getrennt werden können. Jeder Mensch ist Ebenbild Gottes. Auch im Gesicht eines Wohnungslosen, eines Süchtigen, eines Dementen, eines Andersfarbigen und Andersgläubigen leuchtet etwas von Gott auf. Und was bei der Taufe im Jordan die Stimme vom Himmel von Jesus sagt, gilt für uns alle: *Du bist mein geliebter Sohn, meine geliebte Tochter!* Ist uns bewusst, was diese Aussage bedeutet, welche Konsequenz es hätte, wenn wir sie ernst nähmen?

Die Salbung mit Chrisam bei unserer Taufe macht das nochmals ganz besonders anschaulich. Von alters her wurden Kaiser, Könige, Priester und Propheten gesalbt um auszudrücken: Du hast eine einmalige, besondere Würde, vor jeder Leistung und unabhängig davon, was du aus deinem Leben machst! Der eingangs zitierte Alex ist für mich ein

Beispiel dafür. Auch er verdient Respekt und Hilfe und bringt das mit seiner Karte zum Ausdruck.

Aber – unsere Würde verpflichtet. Kardinal John Henry Newman schreibt:

Ich bin berufen, etwas zu tun oder zu sein, wofür kein anderer berufen ist. Ich habe einen Platz in Gottes Plan, auf Gottes Erde, den kein anderer hat. Ob ich reich bin oder arm, verachtet und geehrt bei den Menschen, Gott kennt mich und ruft mich bei meinem Namen!

Wenn Jesus sich in die Reihe der Sünder stellt und dann taufen lässt, macht er deutlich, worin *er* seine Berufung, seine Aufgabe sieht. Er taucht hinein in die Fluten der Sündhaftigkeit und Bosheit, allen Elends dieser Erde, lässt sich mitreißen von den Tsunamis der Unterdrückung und Ausgrenzung, des Unrechts und des Unfriedens, leidet das alles durch bis zur letzten Konsequenz, um zu zeigen, dass die Kraft der Liebe stärker ist als jegliche Lieblosigkeit.

Dasselbe bringt jener Postbeamte zum Ausdruck, der bei einem Raubüberfall von einem Verrückten fast ums Leben gebracht wurde, jetzt im Rollstuhl sitzt und im Fernsehen vor einigen Tagen erklärte, dass er dem Täter vergebe, denn ohne Liebe wäre das ganze Leben nichts wert.

Ich weiß nicht, ob ich selbst auch so könnte, und Gott sei Dank stecken wir nicht in einer solch dramatischen Situation. Dennoch bleibt es eine dauernde Anfrage und Herausforderung an uns alle: Was ist *mein* Auftrag in dieser Welt? Was hat Gott mit *mir* vor?

Die Geschichte von der Taufe Jesu vermittelt die Einsicht, dass wir berufen sind, die Würde eines jeden Menschen, auch des ungeborenen und sterbenden, zu schützen, zu achten, zu fördern. Das fängt schon im Kleinen an. In der gleichen Sendung wurde berichtet, dass nicht selten in den Schulen Mobbing vorkommt, d. h., dass Kinder und Jugendliche andere quälen, klein machen, ausgrenzen, belästigen. Das setzt sich dann fort in Brutalitäten einzelner Jugendlicher und oft subtilen Kränkungen und Benachteiligungen bestimmter Personen im beruflichen und familiären Zusammenleben.

Aber es gibt auch das Positive, das Bemühen vieler um einen respektvollen, wertschätzenden Umgang mit jedem Menschen. Das ist nicht immer leicht, gewiss, aber dennoch kommt es gerade darauf an. Ich denke, dass auch ein Alex das spürt.

Das besondere Wort

Wenn ich dem und jenem in meinem Leben ein ganz klein wenig helfen konnte, den Mut zu fassen, mit Gott zu reden, an ihn zu denken, an ihn zu glauben, zu hoffen und zu lieben, dann – meine ich – ist das Leben der Mühe wert gewesen.

Karl Rahner

* * *

Am Tag darauf sah Johannes Jesus auf sich zukommen und sagte: Seht das Lamm Gottes, das die Sünde der Welt hinwegnimmt (Joh 1,29).

Eines Tages …

Jesus
Einer kam
und zeigte,
wie ein Blitzlicht,
ein Bruchteil
der Geschichte,
was ein Mensch sein könnte. Martin Gutl

In Anlehnung an dieses Gedicht möchte ich sagen:
Eines Tages kommt einer, dieser Jesus von Nazareth, und lässt sich von Johannes am Jordan taufen, obwohl er nichts zu bereuen hat, von keiner Schuld rein gewaschen werden muss. Das Wort taufen leitet sich ab von tauchen. Jesus taucht hinunter auf den Grund menschlicher Bosheiten und Schwächen. Er stellt sich auf die gleiche Ebene mit den oft engherzigen, kleingläubigen, sündigen Menschen. Er solidarisiert sich mit ihnen. Er steht damit auf dem gleichen Boden wie wir alle.

Eines Tages kommt einer und verkündet, dass Gott keine Opferlämmer braucht, um versöhnt zu werden. Wir müssen Gott nicht gnädig stimmen, denn Jesus zeigt, dass Gott immer ein Herz hat für uns und nur darauf wartet, dass wir uns von ihm lieben lassen. Das Sterben Jesu am Kreuz ist deshalb kein Opfertod, den Gott verlangt, sondern der Preis, die letzte Konsequenz seiner Liebe. Das Wort „Seht das Lamm Gottes" heißt: Dieser Jesus gibt sein Leben für uns, nicht aus Fanatismus wie die Selbstmordattentäter, nicht aus Lebensüberdruss, nicht als Lösegeld, dass zu zahlen ist, sondern aus Liebe. Deshalb gilt auch für uns das Wort: *Barmherzigkeit will ich, nicht Opfer! (Mt 12,7).*

Eines Tages kommt einer, der nimmt die „Sünde der Welt“ weg, wie Johannes sagt. Damit sind nicht unsere persönlichen Fehler, die moralischen Mängel gemeint. Die Sünde der Welt bedeutet, dass es eine Wirkkraft des Bösen gibt, die uns Menschen an einem guten Leben hindert. Wir müssen nur täglich die Zeitungen aufschlagen, den Fernseher einschalten, dann wissen wir: So vieles ist wirklich böse und furchtbar in dieser Welt. Und wir alle sind selbst angeschlagen in unserem Wollen und Tun, sind immer ein Teil der Gesundung, aber auch des Unheils dieser Welt.

Von Friedrich Schiller stammt der Satz: „Das eben ist der Fluch der bösen Tat, dass sie fortzeugend immer Böses muss gebären.“

Jesus durchbricht allerdings diese zwingende Logik, den Kreislauf des Bösen. Das wird deutlich, wenn er sogar seinen Folterknechten am Kreuz noch vergibt.

Eines Tages kommt einer und zeigt, dass dort die Heilung und Befreiung des Menschen beginnt, wo wir die Kraft haben zu lieben – trotz allem. Das ist allerdings sehr, sehr schwer.

Theodor Bovet, ein Schweizer Psychotherapeut, schreibt, er habe zwei Menschen wirklich gehasst. Viele Jahre habe er täglich gebetet: „Gott, nimm mir den Hass aus dem Herzen!“, bis er schließlich doch diese Menschen aus seinem Hass entlassen und sogar ein Freundschaftsverhältnis zu ihnen aufbauen konnte. Es war ein langer Weg der Befreiung zur Liebe.

Eines Tages kommt einer und zeigt wie ein Blitzlicht, einen Bruchteil der Geschichte, was ein Mensch sein könnte.

Wie zu Jesus sagt Gott auch zu uns, und wir feiern das in der Taufe: *Du bist mein geliebter Sohn, meine geliebte Tochter!*

Können wir das zutiefst im Inneren glauben?

Aus diesem Angenommen- und Bejaht-Sein wächst dann die Kraft, auch selbst zu lieben, Gott und die Menschen und sich.

Dazu sind wir geschaffen, als Liebende Gott ähnlich zu werden und mitzuwirken, diese Welt zum Guten zu verändern. Ein Beispiel: Kurz vor Weihnachten gab mir eine Frau, die einen runden Geburtstag gefeiert hatte, eine beträchtliche Geldsumme, die sie statt der Geschenke bekommen hatte. Ich solle das Geld an eine bedürftige Familie weiterleiten. Diese Frau hatte in den letzten Jahren schwere Schicksalsschläge erlitten. Trotzdem wurde sie nicht verbittert, im Gegenteil, sie wollte jemandem helfen und löste damit bei den anonymen Empfängern tiefe Rührung und Dankbarkeit aus. Hier wird sichtbar, was wir sein können: Liebende, die ihre Begabungen einsetzen und Gutes wirken.

Eines Tages kommt einer, der auch heute noch das beste Beispiel eines geglückten und erlösten Lebens darstellt, der zeigt, was wir sind und sein können und sollen.

Spuren des Lichts

Ein Mann, der sehr erfolgreich und geschäftstüchtig ist, schickt mir jeden Monat mit einem Dauerauftrag einen größeren Geldbetrag, den ich für Menschen in einer akuten Notlage verwenden soll. Ich erlebe es oft: Es geschieht im Stillen viel mehr Gutes, als man denkt.

Da sagte er (zu Simon und Andreas): Kommt her, folgt mir nach! (Mk 1,17).

Wäre das Vertrauen des Herzens aller Dinge Anfang, du kämest weit, sehr weit!

Dieser Satz von Roger Schutz, dem früheren Prior von Taizé, der selbst von einem kranken Menschen umgebracht wurde, klingt wie eine schöne Träumerei angesichts des Krieges im Gazastreifen, der fast täglich stattfindenden Terroranschläge, Attentate und gewalttätigen Auseinandersetzungen. Hass und Angst stehen in krassem Gegensatz zu Vertrauen. Der argentinisch-israelische Dirigent Daniel Barenboim betont in einem Interview: „Der Nahost-Konflikt wird nie militärisch zu lösen sein, sondern nur politisch durch die Schaffung zweier unabhängiger Staaten. Zwei Völker sind überzeugt, das Recht zu haben, in einem kleinen Stück Land zu wohnen." Und die schreckliche Mauer ist Symbol für alles Trennende. Beide, Palästinenser und Israelis, sind Opfer und Täter in einem. Ein endloser Kreislauf der Gewalt! Zudem mischen im Hintergrund andere Länder kräftig mit.

Beim Antisemitismus früherer Jahrhunderte, der auch biblische Wurzeln hat, beim grausamen Holocaust, bei der Vertreibung der Palästinenser bis hin zu den heutigen Kämpfen geschah und geschieht Unrecht, und es gebiert stets neues Unheil, fließt weiter, wie eine „Erbsünde".

Und wir sind dabei, nicht nur beim Kampfgeschehen, das wir in der Zeitung und im Fernsehen verfolgen, sondern weil wir selbst oft genug in Unfrieden leben. Irgendwann ist jede und jeder von uns so verletzt oder enttäuscht worden wegen eines Urteils, das andere über uns gesprochen haben, wegen eines Misserfolgs, eines Beziehungsbruches, einer Zurücksetzung, dass wir uns am liebsten in uns selbst zurückziehen möchten. Und dann bauen wir ebenfalls eine Mauer, einen inneren Wall mit den Steinen der Angst oder Ablehnung. Damit schützen wir uns zwar vor weiteren Schmerzen, aber gleichzeitig halten wir immer auch neue gute Erfahrungen fern, wie z. B. eine mögliche Zuneigung, Freude, Bestätigung, Wertschätzung und was sonst noch unserer Seele wohl tut. Welch ein Preis! Wir meinen oft, die Probleme würden bei den anderen liegen, die zu uns so ungut sind. Aber hat es nicht im Grunde mit uns selbst zu tun, wenn wir bestimmte Leute so schrecklich und unsympathisch finden oder mit jemandem überhaupt nicht auskommen?

„Das Ziel muss im Mittel erkennbar sein!"

Von Mahatma Gandhi stammt dieser zutiefst richtige Satz. Wenn wir ein gutes Miteinander wollen, müssen wir schon auf dem Weg dorthin friedlich sein im Denken, Reden und Verhalten.

Noch so hohe Mauern werden nie den Frieden bewirken oder sichern. Wir müssen einfach miteinander reden und oft mühsam um ein gerechtes Zusammenleben ringen. Das erleben wir doch tagtäglich.

„Wie man in den Wald hinein ruft, so tönt es heraus", sagen wir. Die Art und Weise, wie wir jemandem begegnen, fließt auf uns zurück. Wir sollten deshalb die trennenden Mauern Stein um Stein abbauen, einander anschauen und respektieren, dann ändern sich mit der Zeit auch unsere Beziehungen. Garantiert! Natürlich können wir nicht alle mögen, gefühlsmäßig lieben. Es gibt tatsächlich schwierige Leute, denen wir manchmal sogar besser aus dem Weg gehen. Dennoch gilt: „Wäre das Vertrauen des Herzens aller Dinge Anfang ...“ Natürlich kann es missbraucht werden. Ich bin aber überzeugt, dass auf Dauer die Liebe, die Ehrlichkeit und die Gerechtigkeit besser und stärker sind als der Hass, die Lüge und das Unrecht.

Kommt her, folgt mir nach!, lädt uns Jesus wie die Jünger damals ein. *Ich brauche Menschen, die es mir nachmachen und den „Shalom“ – Befreiung, Versöhnung, Hoffnung – in die zerrissene Welt und in die gequälten Herzen bringen!*

Es gibt bei den Palästinensern und Israelis solche, und ebenso unter uns: Männer und Frauen, die sich nach einer erlittenen Verletzung nicht rächen, die an das Gute im anderen glauben, die in einem Familienkonflikt einen Kompromiss suchen, die lieber nachgeben, als in einem jahrelangen Streit zu verhärten, die unverdrossen benennen, was unmenschlich ist, die mit einem Grundvertrauen auf andere zugehen, für die der Friede wichtiger ist als das Recht-Haben, die ihrem Gewissen treu bleiben trotz eines Nachteils, die im Geiste Jesu leben und handeln. Die Friedensmenschen sind Jesus immer auf der Spur und keine Träumer.

Das besondere Wort

Füreinander da sein.
Einander verzeihen,
den ersten Schritt tun,
den anderen ausreden lassen,
sich nicht zu wichtig nehmen,
lieben und loslassen können.
Fehler nicht nachtragen und Liebe nicht aufrechnen,
bereit sein zu warten,

den anderen so akzeptieren, wie er oder sie ist,
Vorurteile überwinden,
eine Sache von verschiedenen Seiten betrachten,
Menschen mit den Augen der Liebe sehen.
All das sind kleine Schritte zum Frieden.

* * *

Am dritten Tag fand in Kana in Galiläa eine Hochzeit statt, und die Mutter Jesu war dabei. Auch Jesus und seine Jünger waren zur Hochzeit eingeladen. Als der Wein ausging, sagte die Mutter Jesu zu ihm: Sie haben keinen Wein mehr (Joh 2,1–3).

Die Hochzeit geht weiter

Die Geschichte von der Hochzeit zu Kana ist sehr interessant, wirft aber auch einige Fragen auf: Haben die Brautleute schlecht geplant oder sind unerwartete Gäste gekommen? Hat Jesus wirklich so distanziert mit seiner Mutter gesprochen? Was meint er mit dem Wort „Meine Stunde ist noch nicht gekommen?“ Was macht die Hochzeitsgesellschaft mit so viel Wein zusätzlich zu dem, was die Gäste schon getrunken haben? Hat sich das alles tatsächlich so abgespielt, und ist es möglich, dass aus Wasser Wein wird?

Ich denke, dass wir eher einen Zugang zu dieser Erzählung bekommen, wenn wir uns einfach fragen: Welche Botschaft möchte der Verfasser mit diesem Bericht vom Weinwunder vermitteln?

Jesus tat sein erstes Zeichen, heißt es am Schluss (Joh 2,11). Also will er uns etwas zeigen, anschaulich machen, nämlich, dass er gekommen ist, um uns Freude zu schenken. Jesus spricht oft vom himmlischen Hochzeitsfest, das eigentlich schon in diesem Leben anfangen soll, und nicht nur ein bisschen, sondern in großem Maße. 600 Liter Wein sind ja nicht wenig.

Können wir uns vorstellen, dass der Glaube an Jesus, die Begegnung mit ihm uns eine tiefe innere Freude schenkt trotz allem, was uns belastet und widerfährt?

Schon öfters habe ich Vorträge gehalten zum Thema: „Lohnt es sich für den Himmel zu leben?" Natürlich bleibt der Himmel die letzte große Hoffnungsperspektive, aber ich meine, da und dort sollten wir jetzt schon Himmel erleben, und wir können und sollen dazu beitragen.

In Kana waren ebenfalls einige mitbeteiligt, dass das Fest weitergehen konnte: die aufmerksame Maria, die Jesus auf den Notstand anspricht, die Diener, die die Krüge mit Wasser füllen, das Personal, das den Wein ausschenkt, der Speisemeister, der für den Nachschub zuständig ist.

Eine chinesische Parabel erzählt:

Irgendwo sollte eine Hochzeit gefeiert werden.
Die Brautleute hatten nicht viel Geld, aber dennoch waren sie der Meinung, dass viele Menschen mitfeiern sollten. Geteilte Freude ist doppelte Freude, dachten sie. Es sollte ein großes Fest werden, beschlossen sie, mit vielen Gästen. „Denn warum sollte unsere Freude nicht ansteckend sein?", fragten sie sich. „Es herrscht unter den Menschen ohnehin mehr Leid als Freude."

Also baten sie die Eingeladenen, je eine Flasche Wein mitzubringen. Am Eingang würde ein großes Fass stehen, in das sie ihren Wein gießen könnten; und so sollte jeder die Gabe des anderen trinken und jeder mit jedem froh und ausgelassen sein.
Als nun das Fest eröffnet wurde, liefen die Kellner zu dem großen Fass und schöpften daraus. Doch wie groß war das Erschrecken aller, als sie merkten, dass es Wasser war. Versteinert saßen oder standen sie da, als ihnen bewusst wurde, dass eben jeder gedacht hatte: Die eine Flasche Wasser, die ich hineingieße, wird niemand merken oder schmecken. Nun aber wussten sie, dass jeder so gedacht hatte. Jeder von ihnen hatte gedacht: Heute will ich einmal auf Kosten anderer feiern. Unruhe, Unsicherheit und Scham erfasste alle, nicht nur, weil es lediglich Wasser zu trinken gab. Und als um Mitternacht das Flötenspiel verstummte, gingen sie alle schweigend nach Hause, und jeder wusste: Das Fest hatte nicht stattgefunden.

Quelle unbekannt

Wir können nie auf Kosten anderer unser Vergnügen und unsere Freude haben. Im Gegenteil: Wir sind dazu berufen, zur Freude anderer beizutragen, und die fließt dann auf uns zurück.

Jeden Tag gibt es unzählig viele Möglichkeiten dazu, wenn wir nur achtsam und aufmerksam einander begegnen.

Dazu gehört auch die Begabung, anderen Freude zu bereiten.

Vom Kirchenlehrer Hieronymus (347–419/20) wird folgende Episode berichtet: Ein Zweifler sagte im Blick auf die Geschichte von der Hochzeit zu Kana: „Nun, das war ja eine unglaubliche Menge Wein." Hieronymus gab zur Antwort: „Allerdings, wir trinken heute noch davon."

Wir selbst können die „Kellner" sein, die laufend nachschenken.

Spuren des Lichts

Eine Frau, die sich ehrenamtlich bei der Caritas engagiert, sagt mir: „Ich tue einfach gerne etwas für andere." Sie hat kein „Helfersyndrom", sondern freut sich, wenn sie jemandem etwas Gutes tun kann. Oft braucht es so wenig, um ein Sonnenstrahl zu sein.

Februar

Ermutigung

- Entlastung von den Sorgen
- „Über den Wolken …“
- Worauf können wir bauen?
- Das Lebenselexier Freude
- Beleidigern verzeihen
- Hören lernen
- Gottes Gerechtigkeit

Die Flucht Pauli, um 800, Fresko in der Prokuluskirche in Naturns, Südtirol

Zwölf Jahrhunderte überdauerte dieses Fresko unter schützendem Verputz. Im Zuge der Restaurierungsarbeiten wurde es 1912 wiederentdeckt und freigelegt. Zusammen mit den anderen Wandmalereien im St.-Prokulus-Kirchlein zählt es zu den ältesten Wandgemälden, die bisher im gesamtdeutschen Raum aufgefunden wurden.

Bildkundige sagen, es sei der hl. Paulus, der aus Damaskus flüchten musste und in einem Korb über die Stadtmauer hinuntergelassen wurde (Apg 9,23–31). Oder wird hier der hl. Prokulus dargestellt, von dem wir nicht viel wissen?

Eigentlich egal, wer es ist. Mir gefällt dieser Mann, der fröhlich auf der Schaukel sitzt und sogar neben die Seile greift. Er hält sich nicht krampfhaft fest. Man sieht auch nicht, wo die Seile festgemacht sind und wer die Gestalt in der Mitte ist.

Für mich wird hier wunderschön sichtbar, was glauben heißt:

Ich bin gehalten von „oben". Jemand, den ich nicht einmal erkenne, oder eigentlich drei „Personen" schauen auf mich, sehen zu, dass ich nicht falle, abstürze. Der Heilige auf der Schaukel wirkt nicht ängstlich, sondern zuversichtlich.

Als Kinder haben wir liebend gerne geschaukelt. Jemand gab uns vielleicht einen ersten Anstoß und wir schwangen uns immer höher hinauf. Ein Gefühl der Leichtigkeit erfasste uns, wir „schwebten" vor und zurück und blickten mit etwas Abstand „auf die da unten". Und irgendwann sprangen wir zurück auf die Erde, standen wir wieder auf dem Boden der Realität. Und das Herz schaukelte noch weiter.

Der Monat Februar soll eine **Ermutigung** sein zum Leben, zum Glauben, zur Freude aus der Überzeugung, wie der Heilige auf dieser Schaukel gehalten zu sein.

Seht euch die Vögel des Himmels an: Sie säen nicht, sie ernten nicht und sammeln keine Vorräte in Scheunen; euer himmlischer Vater ernährt sie. Seid ihr nicht viel mehr wert als sie? (Mt 6,26).

Entlastung von den Sorgen

So einfach geht das nicht. Wir sind nicht die Lilien des Feldes und die Vögel des Himmels. Wir haben einen Verstand und können zurück und nach vorne denken. Es macht uns vieles Angst! Zu Recht! „Das Sein des Menschen ist die Sorge", skizziert der Philosoph Martin Heidegger unser Leben.

Wir müssen uns sorgen um die Bewahrung der Schöpfung, damit auch unsere Kindeskinder eine lebenswerte Welt vorfinden.

Wir haben eine Verantwortung für das politische Geschehen und das Gemeinwohl. Die Vorsorgeuntersuchung ist eine gute Sache, und auch die Altersvorsorge wird dringend empfohlen. Von den Versicherungen gegen unerwartete Schadensfälle bis zur Patientenverfügung tun wir vieles, um für das Kommende gerüstet zu sein.

Weil wir dennoch nicht alles selbst im Griff haben, empfiehlt uns Jesus eine gewisse Gelassenheit. *Sorgt euch nicht um morgen. Der morgige Tag wird für sich selbst sorgen. Jeder Tag hat genug eigene Plage,* sagt er (Mt 6,34). Viele packen zu den täglichen Belastungen noch die Ängste um die Zukunft drauf, was alles kommen und passieren könnte. Die Phantasie macht mehr krank als die Realität. Deshalb legt uns Jesus nahe: *Lebt heute!* Und Rose Ausländer drückt es mit dem wunderschönen Satz aus: „Mein Atem heißt jetzt!"

Ein zweites Wort gibt uns zu denken:

Euch aber muss es zuerst um sein Reich und um seine Gerechtigkeit gehen; dann wird euch alles andere dazugegeben (Mt 6,33).

Ich interpretiere diese Aussage Jesu so: Wir sollen mit Gott rechnen. Wir müssen nicht alles selbst tun und leisten. Er gibt uns die Zusage: *Würde eine Mutter ihr Kind vergessen, ich vergesse dich nicht! (Jes 49,15).*

Eine Mama entwickelt einen siebten Sinn, ein Zusatzohr, um sofort zu hören, wenn mit ihrem Baby etwas los ist. Sie kann gar nicht abschalten. Gott genauso wenig. Wenn wir das wirklich glauben, werden wir innerlich gelassen, ruhig, zuversichtlich. Papst Johannes XXIII. schreibt in einem Brief an seine Schwester: „Der Herr wird denen entgegenkommen, die ihre Pflicht tun in Ruhe, Würde und Geduld, ohne sich den Kopf heiß zu machen wegen der Dinge, die morgen oder in Zukunft geschehen könnten."

Mit diesem Entgegenkommen Gottes dürfen wir rechnen. Wir sollen uns deshalb nicht verrückt machen lassen von Verpflichtungen und ungeduldigen Menschen. Heutzutage muss man sich schon fast genieren, wenn man nicht im Stress ist und einen vollen Terminkalender hat. Manche brauchen das scheinbar für ihr Selbstwertgefühl. Ich bin sicher, dass wir aber gelassener und zuversichtlicher wären, wenn wir Gott in unserem Leben mehr Raum gäben.

Eine dritte Empfehlung legt uns Jesus ans Herz:

Nehmt das Geld, die Kleidung, das Materielle nicht so wichtig! (Vgl. Mt 6,31).

Natürlich schätzen wir ein gutes Essen, ein Gläschen Wein, auch ein schönes Gewand, und ein gewisser Vorrat auf dem Konto ist sicher nicht schlecht. Jedoch wichtiger als all das sind lebendige, gute, liebevolle Beziehungen. Sie machen das wahre Leben aus. Wie oft erlebe ich das bei Sterbebegleitungen. Da zählen nur die Menschen, die mit uns gehen, liebevoll und geduldig uns ermutigen und stützen.

Schließlich erfahren wir dann auch, wie tröstlich es ist, sich fallen lassen zu können in die Hände eines Gottes, der uns auch durch schwere Zeiten und letztlich durch den Tod hindurch trägt.

Als ich eine junge Frau kurz vor ihrem Sterben fragte: „Hast du noch einen Wunsch?“, da antwortete sie mir: „Ja, dass du mit mir betest!“ In solchen Augenblicken verdichtet sich das Leben, geschieht intensives Miteinander, wird sogar das Loslassen möglich.

Das besondere Wort

Mit einem Tropfen Freude,
Herr, tränke unsern Tag.
Gib, dass aus Last, im Leide,
ein Spalt noch leuchten mag.

Wir sind in dir geborgen,
der du die Mitte bist.
Herr, jeder neue Morgen
ganz deine Gabe ist.

Hedwig-Maria Winkler

Jesus sagte zu den Gelähmten: Ich sage dir: Steh auf, nimm deine Tragbahre und geh nach Hause! (Lk 5,24).

„Über den Wolken ..."

„ … muss die Freiheit wohl grenzenlos sein“, singt Reinhard Mey. Das stimmt leider nicht, denn auch dort gibt es zahlreiche Vorschriften. Es wäre aber schön, wenn wir zuerst einmal „unter“ den Wolken, auf dem Boden der Alltagsrealität, mehr Freiheit hätten.

Viele Menschen fühlen sich unfrei, eingesperrt in alle möglichen „Verliese“.

Zum Teil sind sie gefangen in ihren Ängsten: Schaffe ich das? Was ist, wenn …? Oder sie sitzen im Keller ihrer Schuldgefühle, die sie sehr belasten, und Schuldzuweisungen auf andere lösen auch nichts.

Andere meinen, dass ihnen ein unentrinnbares Schicksal auferlegt ist, dem sie nicht entkommen können. Eine Frau, die an Krebs erkrankt ist, schreibt mir, dass ihr der Buddhismus eine Hilfe sei, weil sie jetzt wisse, dass sie durch ihre Krankheit das Karma, die Taten früherer (mangelhafter) Leben, aufarbeiten müsse.

Nicht wenige sind gefesselt durch ihre Vergangenheit, von der sie nicht loskommen.

Viele verharren im „Warteraum der Zukunft“, das heißt, sie bleiben untätig sitzen, weil sie meinen, einmal werde alles anders und besser. Von selbst.

Wie kommt man da heraus?
Oft brauchen wir jemanden, der/die uns hilft, eine Türe im eigenen Herzen zu öffnen, eine Blockade zu beseitigen. Ein

Sprichwort aus Afrika lautet: „Den Acker deines Lebens kannst du nicht allein bestellen. Den Dschungel in deinem Herzen kannst du nicht allein roden. Das Wort, das dir weiterhilft, kannst du dir nicht allein sagen!"

Grundsätzlich gilt, dass Gott uns aus allen „Sklavenhäusern", in die wir hineingeraten sind, befreien will. Das erzählt schon die Exodusgeschichte des Volkes Israel. Es war und ist auch das Grundanliegen Jesu, Menschen herauszuholen aus dem, was sie unfrei macht. Wie schafft er das? Durch seine Zuwendung *(Ich verurteile dich nicht),* durch seine Ermutigung *(Habt Vertrauen!)* oder indem er den Menschen Augen, Ohren und Mund öffnet und Lähmungen heilt, damit sie für neue Beziehungen fähig werden, schließlich auch durch Bestärkung: *Dein Glaube hat dir geholfen! Stell dich in die Mitte! Steh auf! Komm heraus aus deinem Grab! Streck deine Hand aus! Nimm deine Tragbahre und geh! …*

Wann immer die Kirche oder andere Religionsgemeinschaften den Menschen Zwänge auferlegen, ihnen ein schlechtes Gewissen machen, handeln sie gegen die Intention und Praxis Jesu! Das Christentum ist im Kern eine Religion der Befreiung.

Die absolute Freiheit gibt es allerdings nicht. Unerwartete, tragische Todesfälle zeigen radikal, dass wir das Leben letztlich nicht selbst bestimmen können. Auch in Krankheiten oder bei Schicksalsschlägen erleiden wir schmerzlich unsere Grenzen. Deshalb begleitet uns die große Hoffnung, dass einmal alle Tränen abgewischt werden, dass wir frei werden von dem, was uns einengt und gefangen hält. Ein schöner Traum? Eine Illusion und Opium des Volkes in allem Elend? Aber – woher kommt denn die tiefste Sehnsucht nach Freiheit, nach Leben in Fülle, nach Liebe und Gemeinschaft? Wir wären nicht „Hungerleider des Glücks" (Kafka), wenn es nicht doch einmal die Befreiung von allen Einengungen und die Erfüllung unserer Herzenswünsche gäbe.

Es ist sicher der verkehrte Weg, nur auf ein besseres Jenseits zu warten. Jetzt, heute leben wir! Was wir in die Zukunft verlagern, hilft niemandem, weder anderen noch uns selbst. Deshalb ist es wichtig, dass wir uns *heute* die Freiheit nehmen, das zu tun, was uns richtig und notwendig scheint. Heute sollen wir die Möglichkeiten ergreifen, etwas in dieser Welt zum Besseren zu verändern. Heute können wir dem Herzen folgen, einander ein freundliches Wort sagen oder etwas klären. Den morgigen Tag kennen und besitzen wir nicht.

Dabei wäre es nützlich, sich an den Satz zu halten: „Freiheit heißt nicht, dass ich tun kann, was ich will (das ist rücksichtslose Beliebigkeit), sondern dass ich tun will, was ich soll!“ Wir können hinzufügen: was menschlich gut ist und das Miteinander fördert.

Das besondere Wort

Diesem Tag Sinn geben,
ihn verantwortungsvoll gestalten,
diesen **Tag** eines Lebens,
der niemals wiederkehrt.

Dieser Stunde Sinn geben,
sie nützen für mich und andere
diese **Stunde** meines Lebens,
die niemals wiederkehrt.

Diesem Augenblick Sinn geben,
ihn so intensiv leben wie nur möglich,
diesen **Augenblick** meines Lebens, der niemals wiederkehrt.

Max Feigenwinter

Wer diese meine Worte hört und danach handelt, ist wie ein kluger Mann, der sein Haus auf Fels baute. Als nun ein Wolkenbruch kam und die Wassermassen heranfluteten, als die Stürme tobten und an dem Haus rüttelten, da stürzte es nicht ein; denn es war auf Fels gebaut (Mt 7,24f).

Worauf können wir bauen?

Wenn ich ein neues Haus oder eine Wohnung segne, was relativ oft vorkommt, verwende ich das Bildwort vom Hausbau und erkläre den meist jungen Paaren: „Ihr baut auf vieles. Ihr baut aufeinander, auf eure Tüchtigkeit, euren Verstand, ihr baut auf die Bank und dass die finanzielle Kalkulation passt, ihr baut darauf, dass ihr gesund bleibt und vieles mehr."

Das ist auch gut und recht, aber es gibt für nichts im Leben eine Garantie!

In allen Unsicherheiten bildet uns Jesus ein tragendes Fundament aus, nämlich seine Botschaft, dass unser Leben einen Wert und Sinn hat, weil wir von Gott unbedingt angenommen und geliebt sind. Darauf können wir bauen, ganz egal, was uns widerfährt und das Leben uns bringt.

Manchmal erlebe ich das bei Menschen, die einen bitteren Verlust erlitten, etwas Schweres durchzustehen haben oder lebensbedrohlich erkrankt sind, dass der Glaube an diesen Gott sie zumindest zeitweise trägt, auch wenn Gott dann wieder weit weg scheint.

Hätten wir tatsächlich den Mut, Gott zu vertrauen und zu leben, was wir oft singen – „Wer nur den lieben Gott lässt walten und hoffet auf ihn allezeit, den wird er wunderbar erhalten in aller Not und Traurigkeit" –, dann könnten wir auch zuversichtlich sein, dann wären wir viel gelassener und dankbarer. Wir würden erkennen, dass vieles nicht machbar ist, sondern Fügung, Gnade; dann hätten wir bei allem Leidvollen doch den langen Atem, weil uns ein unbedingtes Gottvertrauen trägt.

Ich bin überzeugt, dass jetzt viele von uns interessante Geschichten erzählen könnten, wie für sie der Glaube in bestimmten Situationen ein tragendes Fundament gewesen ist.

Darf ich eine Anregung mitgeben? Versuchen wir heute im Laufe des Tages einmal nachzudenken, wann oder wie oder wo wir auf Gott und die Worte der Bibel gebaut haben und welche Erfahrungen wir damit gemacht haben.

Natürlich kann man Gott nicht wie ein Medikament, ein Beruhigungsmittel verwenden. Gott bleibt unbegreifbar und unverfügbar. Dennoch bildet es eine solide Basis, ein Fundament fürs Leben, wenn wir mit ihm rechnen.

Die Fluten, die Zyklone von Schicksalsschlägen und tränenreichen Stunden, die Tsunamis von großen Problemen im Beruf, in der Familie, in der Welt, die Erdbeben von Beziehungsbrüchen und persönlichen Verlusten werfen uns dann nicht total um und spülen uns nicht fort.

Jesus fügt allerdings noch einen wichtigen Gedanken hinzu. Es ist zu wenig, nur auf ihn und seine Botschaft vom menschenfreundlichen Gott zu hören, darauf zu bauen. Wir müssen auch selbst etwas tun und entsprechend handeln. Wir dürfen nicht bloß die Hände in den Schoß legen und im Gottvertrauen ausruhen.

Der Dichter Kurt Marti schreibt:

dein name möge kein hauptwort bleiben
dein name werde bewegung
dein name werde in jeder zeit konjungierbar
dein name werde tätigkeitswort.

Der Name Gottes lautet: Ich bin da. Diese Zusage bewegt uns, auch selbst da zu sein, wo wir gefordert sind, etwas zu tun.

Der Ich-bin-da-Gott möge erfahrbar werden in der Vergangenheit, Gegenwart und Zukunft, nicht nur für uns, sondern auch durch uns. Er sei eine Herausforderung und Einladung, ihm in unserem Leben Raum zu geben und seine Liebe weiterfließen zu lassen.

So wie wir mit Gott rechnen, sollen auch andere mit uns rechnen können. Das Gottvertrauen stifte uns an, einander zu vertrauen. Das Von-Gott-geliebt-Sein mache uns selbst zu Liebenden. Deshalb baut Gott auch auf uns, damit wir ihn sichtbar und erfahrbar machen in dieser Welt.

Das besondere Wort

Der dich gemacht hat, weiß auch,
was er mit dir machen will. hl. Augustinus

* * *

Dies habe ich euch gesagt, damit meine Freude in euch ist und damit eure Freude vollkommen wird. Das ist mein Gebot: Liebt einander so wie ich euch geliebt habe (Joh 15,11f).

Das Lebenselixier Freude

Es ist ein Geschenk, wenn man lachen oder zumindest lächeln kann, manchmal sogar mit Tränen in den Augen. Humorvolle Menschen sind auch glücklicher als verhärtete, verbissene. Das Wort Humor kommt vom Lateinischen und heißt Feuchtigkeit, Flüssigkeit. In einer fröhlichen, positiven Grundhaltung kommt unser Leben in Fluss, fließt lebendige Freude.

Kann man den Humor lernen? Ich denke nicht direkt, aber wir können ihm den Weg bereiten.

Vier kleine Anregungen dazu:

- Es fördert eine helle Lebensstimmung, wenn wir ganz bewusst anderen kleine Freuden bereiten und einander freundlich begegnen. Heute spricht man von Spiegelneuronen, und meint damit, was wir doch alle schon erfahren haben: Ein Kind, das angelächelt wird, lächelt mit der Zeit zurück. Genauso ist es auch bei uns Erwachsenen. Ein Mensch, der in die Ackerfurche jeden Tages ein paar Samenkörner des Wohlwollens, der Herzlichkeit, eines guten Wortes oder des aufmerksamen Zuhörens sät, erntet auch selbst viele Freuden.
- Zum Glücklichsein gehört eine tiefe Geborgenheit, das Aufgehobensein in einem grundsätzlichen Ja zu sich selbst, und auch die Haltung der Einfachheit. Wer sich selbst überaus wichtig nimmt, wer ruhelos, gehetzt, getrieben, hektisch sich immer größer machen will, wird kaum locker und gelöst lachen können, schon gar nicht über sich selbst. Das Wort Humor hängt auch mit Humus zusammen, der feuchten Erde. Fröhliche Menschen stehen mit beiden Füßen auf dem Boden des Lebens und heben sich nicht ab.

- Ein dritter Impuls, wie wir Lebensfreude gewinnen können, lautet: Versöhne dich mit deinem eigenen Leben! Phil Bosmans schreibt einmal:

Du musst Frieden machen
mit deiner Arbeit,
mit den Menschen um dich herum,
mit ihren Fehlern und Schwächen.
Du musst froh sein
mit deinem Mann, mit deiner Frau,
auch wenn du jetzt vielleicht weißt,
dass du nicht den idealen Mann,
nicht die ideale Frau getroffen hast.
(Glaube nicht, dass es so etwas gibt.)

Du musst Frieden machen
mit den Grenzen deiner Brieftasche,
mit deinem Gesicht,
das du dir nicht ausgesucht hast,
mit deiner Wohnung und mit deiner Kleidung,
mit den Bedingungen deines Lebens,
Auch wenn es der Nachbar viel besser hat
(meinst du).

Versöhne dich mit dem Leben.
Du steckst in deiner eigenen Haut,
in einer anderen Haut
kannst du nicht mehr geboren werden.

- Das Sich-freuen-Können hängt wesentlich mit der Liebe zusammen. Der Wunsch Jesu, dass unsere Freude vollkommen sei, ist eingebettet in das Gebot: *Liebt einander! (Joh 15,17).*

Hassende, Streitende, Gleichgültige, Desinteressierte, Hartherzige können sich nicht zutiefst über etwas freuen. Deshalb ist sollte unser Hauptanliegen sein, immer mehr der Liebe in unserem Leben Raum zu geben. Die Freude kommt dann von selbst.

Ich wünsche uns allen für den heutigen Tag Lichtblicke und etwas besonders Erfreuliches.

Das besondere Wort

Kleine Morgengymnastik

Ich stehe mit dem richtigen Fuß auf,
öffne das Fenster der Seele,
verbeuge mich vor allem, was liebt,
wende mein Gesicht der Sonne entgegen,
springe ein paarmal über meinen Schatten und lache mich gesund.

Hans Kruppa

Petrus fragte: Herr, wie oft muss ich meinem Bruder vergeben, wenn er sich gegen mich versündigt? Siebenmal? Jesus sagte zu ihm: Nicht siebenmal, sondern siebenundsiebzigmal! (Mt 18,21f).

Beleidigern verzeihen

Es gibt kein menschliches Zusammenleben ohne Verletzungen und Kränkungen, aber auch nicht ohne Verzeihung.

Ich brachte zu einer Predigt meinen alten Bergrucksack mit, gefüllt mit schweren Steinen.

Was schleppen wir nicht manchmal mit uns herum! Die „Steine" sind beleidigende Worte, Ungerechtigkeiten, die Bitterkeit, weil wir beim Erben zu kurz gekommen sind, eine Benachteiligung im Beruf, eine ungerechte Note in der Schule, eine Enttäuschung durch den Ehepartner, die -partnerin, einfach alles, was wir in unserem Herzen aufbewahrt haben und als schmerzliche Wunde spüren, oft jahrzehntelang. Und eines ist klar: Solange wir diese „Steine" anderen nachtragen, belasten wir uns immer selbst.

Nehmen wir an, wir sind auf jemand wütend, nicht nur für kurze Zeit, sondern über Wochen und Monate hinweg. Was machen wir dann mit unserer Wut?

Wir lassen vielleicht den Ärger an anderen aus, und das ist nicht gut.

Oder wir reagieren uns ab beim Waschen, Putzen, Schneeschaufeln, Laufen …

Häufig geschieht jedoch, dass wir unseren Zorn hinunterschlucken, in den Körper hinein stopfen. „Was kränkt, macht krank", sagt Erwin Ringel, liegt im Magen und verursacht Geschwüre, raubt uns den Schlaf, erzeugt Kopfweh, belastet die Bandscheiben. Oder die Galle läuft über, die Haut bekommt Ekzeme usw.

Oft kommt es vor, dass wir im Grunde gar nicht vergeben wollen. Wir sagen zwar: „Verzeihen schon, aber vergessen nie!“ Aber damit entlassen wir den Täter nicht aus unserem Groll, und wir bewahren die negativen Erfahrungen als Munition auf. Beim erstbesten Anlass werfen wir dann die alten Geschichten anderen wieder an den Kopf.

Warum sollen wir überhaupt vergeben? Wenn wir nach dem Motto leben „Wie du mir, so ich dir! Ich zahle dir mit gleicher Münze zurück!“, wird überhaupt nichts besser. Im Gegenteil: Die Beleidigungen bekommen „Junge“, vermehren sich, und in unseren Herzen wachsen wieder neue finstere Gedanken und Gefühle heran.

Wir könnten jedoch einen neuen Grundsatz lernen: „Wie Gott mir, so ich dir!“ Wie und weil Gott uns verzeiht, weil uns überhaupt nichts von seiner Liebe trennen kann, sollen auch wir einander trotz allem ertragen und vergeben, sogar siebenundsiebzigmal, sagt Jesus (Mt 18,22). Er selbst hat sterbend am Kreuz gebetet: *Vater, vergib ihnen, sie wissen nicht, was sie tun! (Lk 23,34).*

Wie können wir lernen, anderen zu vergeben?

- Es ist wichtig, dass das Verzeihen nicht vorschnell geschieht. Wir sagen zwar mitunter: „Die Sache ist schon in Ordnung!“, aber die erlittene Wunde eitert im Herzen weiter. Da nützt auch kein „Druckverband“, im Gegenteil, es muss die frische Luft der Wahrheit dazu kommen, und die Heilung braucht ihre Zeit. Wir müssen schauen, ob wir für die Vergebung wirklich bereit sind.
- Versuchen wir, die „Sache“ mit etwas Abstand anzuschauen und uns zu fragen: Warum hat er oder sie, ha-

ben andere, das gesagt, sich so verhalten? Aus welchen Motiven heraus? Wenn wir bei anderen den Hintergrund und ihre Lebensgeschichte in den Blick nehmen, wird manches verständlicher. Fragen wir uns auch selbst: Was hat das mit mir zu tun? Warum bin ich so verletzlich oder so empfindlich bei bestimmten Personen, genau bei dem und dem „Punkt"?

- Es hilft sicher weiter, wenn wir mit einer Vertrauensperson unsere Schwierigkeiten besprechen: „Nur was erkannt und benannt wird, kann geheilt werden!" Den Dschungel im eigenen Herzen können wir nicht selbst roden, das Wort, das uns weiterhilft, können wir uns nicht selbst sagen.
- Sicher ist es auch gut, um die Kraft zur Vergebung zu beten, vielleicht längere Zeit, gerade weil es oft wirklich sehr schwer ist, sich von einer Verletzung zu lösen: „Lieber Gott, nimm mir den Zorn oder Hass aus dem Herzen! Hilf mir, dass das Unkraut des Ärgers, der Verletzung und böser Gedanken nicht in mir weiterwuchert!" Bei Gesprächen schlage ich manchmal den Ratsuchenden vor, regelmäßig die Pfingstsequenz zu beten, in der es heißt: „Wärme du, was kalt und hart, löse, was in sich erstarrt, lenke, was den Weg verfehlt!"
- Wir könnten auch die „Steine", alles, was uns innerlich wehgetan hat, Gott übergeben, nach dem Wort aus dem Petrusbrief: *Werft alle eure Sorgen auf ihn! (1 Petr 5,7)*. „Also, lieber Gott, ent-sorge du meinen Zorn, meine Enttäuschung, meine Bitterkeit. Ich will dieses ‚Zeug' nicht länger mit mir herumtragen und lade es bei dir ab!"

  Gut und recht, aber dann erlebe ich, dass viele die „Steine", die sie auf den Altar gelegt haben, nach der Messe wieder einpacken und mit nach Hause nehmen, weil sie doch nicht vergeben können oder wollen.

- Zur Vergebung gehört meistens, sie auch auszusprechen oder in einer Geste zu zeigen, dass wir einander wieder gut sind. Der Friedensgruß bei der Messe ist das Existenzminimum für uns Christen.
- Nein, wir müssen nicht alle mögen. Manche Mitmenschen sind wirklich schwierig, haben eine andere „Blutgruppe" als wir, und wir gehen ihnen vielleicht besser aus dem Wege, aber wenigstens den Frieden sollten wir doch einander wünschen können.
- Vergessen wir nie: Wir sind von Gott geliebt, aber der Andere, die Andere, mit denen wir uns schwer tun, ebenso! Wir bleiben alle einander in der Liebe vieles schuldig. Dennoch sollte gerade die Liebe uns drängen, einander auch zu vergeben, wenn es nötig ist.

Das besondere Wort

Dieses Gebet wurde im KZ Ravensbrück auf ein Stück Packpapier geschrieben und dort gefunden:

Herr, gedenke nicht nur der Männer und Frauen guten Willens,
sondern auch der böswilligen.
Gedenke nicht nur all der Leiden,
die wir unter ihrem Joch zu erdulden haben,
gedenke auch der Früchte, die wir dank dieser Leiden
hervorgebracht haben –
unserer Kameradschaft, unserer Treue,
unserer Demut, unserer Tapferkeit und Hochherzigkeit,
der Herzensgröße, die das alles inspirierte.
Und wenn sie (die Peiniger) dann vor den Richter treten,
lass all diese Früchte, die wir hervorgebracht haben,
ihnen zu Vergeltung und zur Vergebung gereichen!

Samuel kannte den Herrn noch nicht, und das Wort des Herrn war ihm noch nicht offenbart worden. Da rief der Herr den Samuel wieder, zum dritten Mal. Er stand auf und ging zu Eli und sagte: Hier bin ich, du hast mich gerufen. Da merkte Eli, dass der Herr den Knaben gerufen hatte. Eli sagte zu Samuel: Geh, leg dich schlafen! Wenn er dich wieder ruft, dann antworte: Rede, Herr, denn dein Diener hört (1 Sam 3,7–9).

Hören lernen

Haben Sie Erfahrung? Mit dieser Frage muss jeder und jede rechnen, der oder die eine neue Arbeitsstelle sucht. Wer keine Erfahrung hat, ist meistens schlechter dran als andere BewerberInnen.

Wenn eine junge Mama mit dem ersten Baby nach Hause kommt, hat sie meistens Angst, ob sie alles richtig macht, weil sie noch unerfahren und deshalb unsicher ist. So geht es uns in vielen Situationen, in denen Neues auf uns zukommt oder von uns gefordert wird.

Haben wir Erfahrungen im Umgang mit Gott?

Dem jungen Samuel fehlte sie noch, als er dreimal in der Nacht seinen Namen rufen hörte. Der alte Priester Eli war da schon sensibler, und deshalb gab er dem Burschen den Hinweis, dass diese Stimme ein Anruf Gottes sein könnte.

Wie werden wir sicherer im Umgang mit Gott? Wo und wie ruft er uns heute? Ist nicht manches Einbildung, wenn wir meinen, Gott habe zu uns gesprochen?

Es gibt drei Wege, wie wir den Anruf Gottes vernehmen können: Wir müssen nach oben, nach unten und nach innen hören.

Mit dem **Nach-oben-Hören** meine ich, dass wir uns öffnen sollen für das Wort Gottes, das niedergeschrieben worden ist in den Hl. Schriften. Wenn wir allein oder besser noch in Gemeinschaft mit anderen in der Bibel lesen, erfahren wir, was Gott uns sagen will. Natürlich ist vieles nicht leicht oder nicht gleich verständlich. Die Bibel ist ja eine Sammlung verschiedenster Schriften und ist im Laufe von etwa tausend Jahren entstanden. Sie stammt aus einer anderen Zeit, aus anderen Kulturkreisen.

„Man kann die Bibel wörtlich nehmen oder ernst. Ich schlage vor, wir nehmen sie ernst“ (Pinchas Lapide). Deshalb sollten wir immer wieder fragen: Was ist der Sinn dieses Textes? Was bedeutet dieses Wort und was will Gott uns und mir heute damit sagen?

Wir müssen dabei nicht alles verstehen. Roger Schutz, der frühere Prior von Taizé, schreibt: „Lebe das vom Evangelium, was du davon verstanden hast, und sei es noch so wenig!“ Wenn wir nur einen Satz der Bibel begriffen, ihn ganz in uns aufgenommen haben und danach leben, dann ist das schon sehr viel. Zum Beispiel die Zusage Gottes: *Ich bin bei euch alle Tage eures Lebens! (Mt 28,20)*. Oder: *Ist Gott für uns, wer ist dann gegen uns? (Röm 8,31)*. Oder: *Was kann mich scheiden von der Liebe Christi? (Vgl. Röm 8,35)*. Oder: *Fürchte dich nicht, ich habe dich bei deinem Namen gerufen, mein bist du! (Jes 43,1)*. Nochmals: Wenn wir nur einen einzigen solchen Satz wirklich in unser Leben übernehmen und uns daran festhalten, prägt das unser ganzes Dasein.

Wir erfahren, was Gott uns sagen will, wenn wir **nach unten hören**, auf die Erde, auf der wir stehen und leben.

Die Indianer sagen: „Lege ein Ohr auf die Erde, dann ist das andere für den Himmel offen!“

Wären wir nur aufmerksam und würden wir hinhören auf den Ruf der Natur, der Pflanzen und Tiere, würden wir damit auch den Ruf Gottes hören: *Geh sorgsam um mit dieser Erde. Treibe keinen Raubbau mit den Bodenschätzen. Erhalte deinen Kindern eine lebenswerte Welt. Mit allem Vergiften und Ausbeuten vergiftest du dich, beutest du dich selbst aus.*

Aber auch im Staunen über die Wunder der Natur, im Ergriffensein von einem schönen Sonnenaufgang oder -untergang oder einer herrlichen Landschaft redet Gott zu uns.

Schließlich vernehmen wir Gottes Stimme auch in unserem Herzen und unserem Leben, wenn wir also **nach innen hören**. Es gibt Situationen, in denen wir das Gefühl haben: Da sagt mir Gott etwas! Das kann ein Glücksfall sein oder eine Schrecksekunde, ein freudiges Erlebnis oder ein Herzinfarkt, das Lächeln eines Kindes oder das Sterben eines lieben Menschen.

Oder es steigt immer wieder ein bestimmter Gedanke in uns auf, ein innerer Impuls. Solche hartnäckigen Fragen und „Gefühle" sind möglicherweise auch ein Anruf Gottes, wie bei Samuel.

Oft ist es hilfreich, auch mit jemandem darüber zu sprechen, um Klarheit zu bekommen, ob wir uns nicht täuschen. Vor allem aber können wir von Samuel lernen, immer wieder zu beten: „Rede Herr, dein Diener, deine Dienerin hört."

Das besondere Wort

Man sollte alle Tage wenigstens ein kleines Lied hören,
ein gutes Gedicht lesen,

ein treffliches Gemälde sehen
und, wenn es möglich zu machen wäre,
ein paar vernünftige Worte sprechen!
Johann Wolfgang von Goethe

* * *

Da kamen die Männer, die der Gutsherr um die elfte Stunde angeworben hatte, und jeder erhielt einen Denar. Als dann die ersten an der Reihe waren glaubten sie, mehr zu bekommen. Aber auch sie erhielten nur einen Denar (Mt 20,9f).

Gottes Gerechtigkeit

Was habe ich davon? Was bringt es mir, wenn ich da oder dort mitmache, eine Veranstaltung besuche, mir etwas anschaffe oder z. B. in die Kirche gehe?

Die Frage nach dem „Mehr-Wert“ stellt sich nicht zuletzt im religiösen Bereich. Warum beteten, fasteten die Schriftgelehrten und Pharisäer, die frommen, strenggläubigen Juden, und hielten sie alle Gebote? *Damit* sie ihre Sünden abbüßen und von Gott eine entsprechende Belohnung bekommen.

Ihnen und auch uns Heutigen erzählt Jesus eine provozierende Geschichte, die jede Lohnmoral radikal infrage stellt.

Da sucht ein Weinbergbesitzer Tagelöhner für die Weinlese. Einen Denar sollen sie bekommen. Das ist der Geldbetrag, den eine Familie damals zum Leben für einen Tag brauchte.

In der Morgenfrühe treten die ersten an. Um 9 Uhr, 12 Uhr, 15 Uhr kommen die weiteren und um 17 Uhr findet er nochmals welche, die eine Stunde lang mithelfen, die Ernte einzubringen.

Bei der Auszahlung erhalten diese auch einen Denar wie die anderen, die den ganzen Tag geschuftet und geschwitzt haben. Nur zu verständlich, dass sich diese aufregen. Das würden wir uns auch, und deshalb stört uns dieses Gleichnis.

Wozu bemühen wir uns ein Leben lang, anständig und „gehörig" zu sein, wenn dann solche, die oft genug auf Kosten der Mitmenschen, ohne Rücksicht auf Verluste gelebt haben, ohne Gewissen und Moral, auch in den Himmel kämen?

In diesen Gedanken stecken mehrere Irrtümer.
Meinen wir wirklich, ein moralisch zweifelhaftes Leben sei schöner als ein gutes, verantwortungsbewusstes? Glauben wir zudem, den Himmel verdienen zu müssen, wie wir es vielleicht früher in der Schule gelernt haben?

Vor allem aber können wir nie vor Gott hintreten mit dem Gedanken: „Jetzt habe ich mich ein Leben lang angestrengt, und was bekomme ich dafür?"

Nicht dafür, sondern überhaupt, leistungsunabhängig, empfangen wir viel, viel mehr, als uns zusteht, nämlich die ganze ungeteilte Liebe Gottes, sein unendliches Erbarmen.

Im Grunde befinden wir uns alle in der Situation derer, die erst um 17 Uhr aufgetaucht sind und nur noch ein Stündchen gearbeitet haben: Gott schenkt uns allen, ohne zu rechnen, den einen Denar seiner unbegreiflichen Liebe.

Beim Propheten Jesaia heißt es: *Der Weinberg des Herrn Zebaot ist das Haus Israel, und die Leute von Juda sind seine Lieblingspflanzung … (Jes 5,7).*

Nicht nur die Leute von Juda, sondern auch die von

Rankweil, von Österreich oder Europa, ja die Menschen überhaupt. Gottes Gerechtigkeit ist seine Liebe.

Wir erinnern uns doch, dass wir uns sehr aufregten, wenn in der Schule ein Lehrer irgendwelche SchülerInnen bevorzugte und „Schätzle“ hatte. Bei Gott ist das anders. Wir alle sind sein Schatz, seine Lieblingspflanzung!

Aus dieser Überzeugung, diesem Wissen heraus können und sollen wir dann unserem Ge-wissen entsprechend handeln und leben.

Gott braucht uns, er ruft, be-ruft uns, in seinem Weinberg mitzuarbeiten oder – anders formuliert – mit Jesus gemeinsame Sache zu machen, in seinem Geist zu handeln.

Die einen gestalten bewusst die Partnerschaft, sorgen sich um die Familie, engagieren sich darüber hinaus im sozialen und pfarrlichen Bereich, die anderen bemühen sich, im Beruf gerecht und kollegial zu arbeiten.

Die einen fördern Friedensinitiativen, die andere unterstützen Projekte in der Dritten Welt usw.

Und *wir alle* können doch dankbar sein, kleine MitarbeiterInnen im Weinberg Gottes sein zu dürfen, egal, um welche Zeit wir kommen. Gott liebt auch die Zu-spät-Kommenden.

Spuren des Lichts

82 Jahre alt ist die gute Frau. Sie hat ihren Mann längere Zeit gepflegt und ist schon seit zwanzig Jahren Witwe. Ein Sohn, geistig etwas behindert, lebt bei ihr. Gesundheitlich geht es ihr schlecht. Den Weg in die Kirche schafft sie nur noch mit großer Mühe. Von ihrer kleinen Rente gibt sie mir von Zeit zu Zeit 50 Euro für Bedürftige. Sie ist eine ganz einfache, aber tief gläubige Frau, die weiß, dass sie und ihre Angehörigen den Segen und die Hilfe Gottes brauchen.

März

Hinführung

- Wege und Ziele
- Nicht alles, aber etwas
- Je mehr du hast …
- Die Antworten Gottes
- Berg und Tal
- Ostern in Sicht
- Die Lebenssymphonie Jesu

Roland Peter Litzenburger, Abraham

Abraham spürt, dass er aufbrechen muss mit allen Risiken, die damit verbunden sind.

Er verlässt die Heimat, die Verwandtschaft und seinen Besitz, „Haus und Hof".

Auf dem Bild wird das, was er zurücklässt, schon klein, aber er hat doch manche „Verbindungen" dazu.

Abraham schreitet aus dem Bild hinaus. Der fragende Blick lässt ahnen, dass ihn vieles beschäftigt. Fragen verdunkeln den Weg, der vor ihm liegt. Die vielen „Linien" der Ungewissheit, sicher auch mancher Ängste, verdichten sich zu einer Wand. Er steht in vieler Hinsicht an.

Mit der rechten Hand hält er sich am Wanderstab fest. Ist der Glaube Halt genug?

Ein Fuß hebt sich zum nächsten Schritt.

Am intensivsten kommt seine innere Unruhe in seinem Blick zum Ausdruck.

Was hat Gott mit ihm vor? Wohin führt er ihn?

Abraham weiß es nicht. Dennoch geht er mit großem Gottvertrauen.

Erst später stärkt ihn die Zusage Gottes, dass er ihn segnet und dass seine Nachkommen so zahlreich sein werden wie die Sterne am Himmel.

Aber es braucht lange Zeit und ein treues Durchhalten, bis sich dieses Versprechen erfüllt.

Abraham verkörpert die Grundhaltung jedes glaubenden Menschen: die Bereitschaft, sich von Gott rufen und führen zu lassen, immer neu aufbrechen und alles zurücklassen, was hinderlicher Ballast ist für das Unterwegs-Sein.

Das Sich-von-etwas-Lösen ist das Eine, die **Hinführung** zu etwas Neuem das Andere. So lautet das Thema des Monats März.

Der Herr sprach zu Abraham: Zieh weg aus deinem Land, von deiner Verwandtschaft und aus deinem Vaterhaus in das Land, das ich dir zeigen werde (Gen 12,1).

Wege und Ziele

In allen möglichen Zusammenhängen hört man das Zitat „Der Weg ist das Ziel!". Angeblich stammt dieser Satz vom chinesischen Weisheitslehrer Konfuzius (551–479 v. Chr.), aber ist er deshalb auch schon richtig?

Natürlich ist es gut, auf dem Weg zu sein. Wenn wir uns nicht mehr bewegen – körperlich, geistig und in unserer persönlichen Entwicklung – verkümmern wir, rosten wir ein. Treffen wir Bekannte, fragen wir oft „Wie gehts?" und bekommen dann meist zur Antwort: „Es geht!"

„Lasst uns Gehende bleiben", mahnt auch die Theologin Dorothee Sölle.

Die Bibel ist voll von Wandergeschichten, und unzählige Male kommen in ihr die Worte „geht!" oder „geh!" vor.

Selbst Jesus hat in den letzten Jahren seines Lebens kein Daheim gehabt und ist nur herumgewandert.

Den Abraham schickt Gott ebenfalls auf den Weg: *Zieh weg aus deinem Land, von deiner Verwandtschaft und aus deinem Vaterhaus!*

Jeder Aufbruch bedeutet immer auch einen Abschied. So kann durchaus das erste Ziel sein, vom bisherigen Zustand wegzukommen.

Junge Menschen ziehen von daheim aus, Partner und Partnerinnen verlassen das Haus ihrer Beziehung, wenn sie es nicht mehr aushalten. Oder jemand geht vom Arbeitsplatz weg, weil die Situation unerträglich geworden ist.

In der Symbolgeschichte „Aufbruch“ von Kafka fragt der Knecht seinen Herrn: Wohin reitest du, Herr? Ich weiß es nicht, sagte ich, nur weg von hier, nur weg von hier. Immerfort weg von hier, nur so kann ich mein Ziel erreichen. Du kennst also dein Ziel?, fragte er. Ja, antwortete ich, ich sagte es doch: Weg von hier, das ist mein Ziel.

Da aber dieses Ziel mit dem Aufbruch schon erreicht ist, stellt sich die Frage für uns alle: „In welche Richtung soll es weitergehen? Wohin möchte *ich* kommen? Was strebe *ich* an?“

Solange das nicht klar ist, besteht die Gefahr, dass wir uns im Kreise drehen oder wir müssen mit dem Herrn Karl sagen: „I waß zwor net, wo i hin wüll, dafür bin i aber schnella durt.“

Darf ich Ihnen zwei Fragen ans Herz legen?
Habe ich mir kurzfristige Ziele für die heurige Fastenzeit gesteckt? Der Aufruf zur Buße und Umkehr ist eine Einladung, dass wir uns von unguten Haltungen und Gewohnheiten lösen, um eine neue innere Freiheit zu gewinnen und die Beziehung zu Gott und den Menschen zu verbessern.

Alle Opfer und jeder Verzicht haben nur einen Sinn und Wert, wenn dadurch die Liebe in Be-weg-ung kommt und wächst.

Die zweite Frage: Was sind die Ziele für mein Leben? Zuerst einmal für die nächsten fünf oder zehn Jahre?

Was möchte ich in dieser Zeit erreichen – beruflich, im familiären oder persönlichen Bereich? Womit möchte ich aufhören, was anfangen?

Und wenn ich an das Sterben, an das Ende meines Lebens denke, was möchte ich dann über mich sagen können?

Manche haben zum Beispiel den Wunsch, positive Spuren zu hinterlassen, etwas Bleibendes zu schaffen, in dem Acker ihres Lebens den Samen guter Gedanken und Taten gesät zu haben.

Beim Blick auf das Lebensganze ist natürlich auch wichtig, sich zu fragen, was denn Gott für mich und von mir gewollt hat.

Ich bin überzeugt, dass Gott mit jeder und jedem von uns etwas Einmaliges vorhat.

Kardinal Newman sagt: „Ich bin berufen etwas zu tun oder etwas zu sein, wofür kein anderer berufen ist! Gott kennt mich und ruft mich bei meinem Namen!“

Bei allen Aufbrüchen möge uns das Wort von Reinhold Schneider ermutigen: „Der Weg wächst im Gehen unter deinen Füßen wie durch ein Wunder!“

Das besondere Wort

Geht in euren Tag hinaus ohne vorgefasste Ideen,
ohne die Erwartung von Müdigkeit,
ohne Plan von Gott, ohne Bescheidwissen über ihn,
ohne Enthusiasmus,
ohne Bibliothek –
geht so auf die Begegnung mit ihm zu.
Brecht auf ohne Landkarte –
und wisst, dass Gott unterwegs zu finden ist,
und nicht erst am Ziel.
Versucht nicht, ihn nach Originalrezepten zu finden,
sondern lasst euch von ihm finden
in der Armut eines banalen Lebens.

Madeleine Delbrêl

Jetzt ist sie da, die Zeit der Gnade; jetzt ist er da, der Tag der Rettung (2 Kor 6,2).

Nicht alles, aber etwas

Was tun wir nicht alles, um körperlich und geistig in guter Verfassung zu sein: Gedächtnisschulung, Schigymnastik, Seniorenturnen, Nordic Walking, Kreislauf- oder Rückentraining, Entschlackungskuren usw. Eigentlich bietet die Fastenzeit jedes Jahr einen ähnlichen Fitnesskurs an, der uns hilft, dass es uns in jeder Hinsicht gut geht.

Er dauert sechs Einheiten (Wochen) mit je drei Schwerpunkten: beten, fasten und Almosen geben. Der „Erfinder" dieses Programms, das wir bei Matthäus (Mt 6,1–18) nachlesen können, ist Jesus selbst.

Beten: den Wohnsitz Gottes retten
Die holländische Jüdin Etty Hillesum wurde 1943 im KZ Auschwitz ermordet. Ihre Tagebuchnotizen erschienen als Buch mit dem Titel „Das denkende Herz". Eine ungeheuer berührende Lektüre. Darin schreibt sie: „Es ist das Einzige, auf das es ankommt: ein Stück von dir in uns selbst zu retten, Gott … Ja, mein Gott, an den Umständen scheinst du auch nicht viel ändern zu können, sie gehören nun mal zu diesem Leben. Ich fordere keine Rechenschaft von dir. Du wirst uns später zur Rechenschaft ziehen. Und mit fast jedem Herzschlag wird mir klarer, dass du uns nicht helfen kannst, sondern dass wir dir helfen müssen und deinen Wohnsitz in unserem Inneren bis zum Letzten verteidigen müssen."

Die Frage nach dem „Warum allen Leids" wird nie befriedigend beantwortet. Dennoch glauben wir, dass Gott da ist – in unseren Herzen. Beten heißt nicht, dass wir Gott mit unseren Bitten belagern oder gar umstimmen wollen, sondern, dass wir uns seiner Gegenwart öffnen, ihm in unserem Leben einen Raum geben, still werden und hinhören auf seine leise Botschaft: „Du bist von mir geliebt. Ich bin und bleibe bei dir!" Das zu hören, tut wohl.

Fasten: das Weite suchen
Wer schon einmal geflogen ist, kennt die Aufforderung im Flugzeug „Please fasten the seat belts!" – Bitte den Sitzgurt anschnallen.

Das englische Worte „fasten" leitet sich – wie auch unser deutsches Wort – von der Sprachwurzel „fest" ab, in der Bedeutung von Fest-Stehen oder Sich-fest-Machen.

Beim Fasten geht es nicht in erster Linie darum, dass wir den Gürtel enger schnallen oder auf Süßigkeiten, das Rauchen oder was weiß ich verzichten. Gott braucht nicht unser „Öpferchen", sondern will, dass wir uns freimachen von allem, was uns in unguter Weise beengt, fesselt, gefangen hält.

Als der Versucher Jesus in der Wüste mit Brot, Reichtum und Berühmt-Sein ködern will, macht dieser klar: „Es gibt für mich Wichtigeres, nämlich die Verbindung zu meinem Vater-Gott!" Und die schenkt ihm eine große innere Freiheit und Kraft.

Nochmals: Wir müssen uns keinen Sitzgurt anlegen. Im Gegenteil, es wäre gut, das zu lösen, was uns bindet. Unser Leben weitet sich, wenn wir z. B. mehr sehen als das, was das Fernsehen bietet, mehr hören als die Musikberieselung; wenn wir die Stille aushalten; uns nicht mit dem voll stopfen, was wir eigentlich nicht brauchen, weniger konsumieren, Ablenkung und Termine einbremsen …

Almosen geben: Raum schaffen für die Liebe

Das Wort „Almosen", das heute kaum mehr verwendet wird, leitet sich ab vom griechischen „Eleemosyne", und das heißt Mitleid, Erbarmen (Wir kennen es vom Kyrie eleison).

Alles Beten und Fasten hat nur den einen Sinn, dass dadurch unsere Liebe zu Gott und den Menschen wächst. Sonst können wir es vergessen. Deshalb gehört es wesentlich zum Fastentraining, Gutes zu tun. Der Alltag bietet viele Möglichkeiten, einander aufmerksam und liebevoll zu begegnen, herzlicher miteinander umzugehen. Die Phantasie der Liebe liefert laufend neue Ideen. Wie wohl kann nur schon ein Besuch, ein Anruf oder ein Lächeln tun.

Noch etwas: Das Programm Jesu scheint recht anspruchsvoll zu sein. Ist es auch! Aber zur Entlastung möchte ich sagen: Wir müssen nicht alles voll durchziehen. Es genügt, wenn wir nur schon etwas davon verwirklichen.

Das besondere Wort

Es ist ein weiter Weg von der Selbstzufriedenheit eines „guten Katholiken", der „seine Pflichten erfüllt", eine „gute Zeitung" liest, „richtig wählt" usw., im übrigen aber tut, was ihm beliebt, bis zu einem Leben an Gottes Hand und aus Gottes Hand, in der Einfalt des Kindes und der Demut des Zöllners.

hl. Edith Stein

In jener Zeit wurde Jesus vom Geist in die Wüste geführt; dort sollte er vom Teufel in Versuchung geführt werden (Mt 4,1).

Je mehr du hast …

Was ist eine Versuchung? Spontan würde ich sagen: Wenn uns etwas reizt, lockt, anmacht und wir gleichzeitig wissen, dass wir das nicht tun oder sagen, kaufen oder essen sollten.

Das Zeitwort bedeutet etwas anderes als das Hauptwort: „Versuchen" heißt probieren, wagen. Es kann ja durchaus positiv sein, etwas auszuprobieren, zu schauen, ob ich es noch schaffe, eine Zeit lang auf etwas zu verzichten, keinen Alkohol zu trinken, keine Schokolade zu essen usw. Gut und recht, aber darum geht es in der Fastenzeit eigentlich nicht.

Die Vorbereitungszeit auf Ostern ist kein Persönlichkeitstest: Was bringe ich her? Auch keine Wellness-Kur, um sich körperlich und psychisch besser zu fühlen.

Die Fastenzeit will ein Weg in eine größere Freiheit sein. Heinz Nußbaumer berichtet von einem Mönch auf dem Berg Athos, der im Gespräch zu ihm sagte: „Je mehr du hast, umso mehr hat es dich!" Und Wilhelm Willms schreibt:

so reich
waren wir nie
wie heute
so habgierig aber
waren wir auch nie
wie heute

so satt
waren wir nie
wie heute
so unersättlich aber
waren wir auch nie
wie heute

Auszug aus „quantitativer irrtum"

Frei werden wir nur, wenn wir weniger besitzen, anhäufen, uns einverleiben wollen und dankbar zufrieden sind mit dem, was uns geschenkt ist.

Leo Tolstoi erzählt in einer berührenden Geschichte von einem armen Bauern, der kaum das Nötigste zum Leben hatte. Dem wird eines Tages ein unerwartetes Glück zuteil. Ein reicher Grundbesitzer erlaubt ihm, so viel Land als sein Eigentum zu erwerben, wie er in der Zeitspanne zwischen Sonnenaufgang und -untergang zu Fuß umschreiten kann. Die einzige Bedingung: Er muss, wenn die Sonne untergeht, genau wieder an dem Punkt angekommen sein, an dem er morgens aufgebrochen ist.

Zunächst ist der arme Bauer überglücklich, weil er bei weitem nicht den ganzen Tag brauchen wird, um so viel Land zu umwandern, wie er zu einem reichlichen Lebensunterhalt braucht. So geht er frohen Mutes los, ohne Hast, mit ruhigem Schritt. Doch dann kommt ihm der Gedanke, diese einmalige Chance auf jeden Fall auszunützen und so viel Boden wie nur möglich zu gewinnen. Er malt sich aus, was er alles mit dem neu gewonnenen Reichtum anfangen kann, wozu er ihn verwenden will. Sein Schritt wird schneller, und er orientiert sich am Stand der Sonne, um nur ja nicht den Zeitpunkt zur Rückkehr zu verpassen. Er geht in einem großen Kreis weiter, um noch mehr Land zu erhalten. Dort will er noch einen Teich hinzubekommen, hier eine besonders saftige Wiese und da wiederum ein kleines Wäldchen. Sein Schritt wird hastig, sein Atem wird zum Keuchen, der Schweiß des Laufens und der Schweiß der Angst treten ihm auf die Stirn. Endlich, mit letzter Kraft ist er am Ziel angekommen: Mit dem Strahl der untergehenden Sonne erreicht er den Ausgangspunkt, ein riesiges Stück Land gehört ihm – doch, da bricht er vor Erschöpfung zusammen und stirbt; sein Herz war der Belastung nicht gewachsen. Es bleibt ihm jenes winzige Stück Erde, in dem er beerdigt wird; mehr braucht er jetzt nicht mehr.

„Je mehr du hast oder haben willst, umso mehr hat es dich."
Je weniger Ansprüche wir haben, umso freier sind wir.
In der Versuchungsgeschichte wird Jesus auch geködert: „Du bekommst Brot und mehr Ansehen und mehr Macht." Aber er bewahrt sich die Freiheit, nein zu sagen, weil Gott für ihn wichtiger ist als all das.

Die Fastenzeit ist zweitens ein Weg in ein besseres Miteinander, in die Kommunion, die Gemeinschaft mit anderen und mit Gott. Ich komme nochmals auf Wilhelm Willms zurück:

so schöne Häuser
hatten wir nie
wie heute
so unbehaust
so heimatlos aber
waren wir nie
wie heute

Auszug aus „quantitativer irrtum"

Deshalb sollen wir alles tun, was uns näher zusammenbringt.

Beim Austeilen der Asche am Aschermittwoch sagte ich abwechselnd: „Gedenke, dass du Staub bist und wieder zum Staub der Erde zurückkehrst“ und „Denk daran, alles vergeht, nur die Liebe bleibt!“

Der Aufruf zum Beten und Fasten wurde immer auch mit dem „Almosengeben“ verbunden. Wir müssen und sollen keine religiösen Leistungssportler sein, sondern liebende Menschen, die sich berühren lassen von den vielfältigen Nöten, Leiden, Sorgen der Menschen und die ihre Lasten ein wenig mittragen. Gott wird einmal das Maßband nicht um den Kopf oder die Brieftasche legen, sondern um das Herz.

Die Fastenzeit will uns in die Freiheit führen und in ein besseres Miteinander.

Das besondere Wort

Wenn jeder auf seinem Platz das Beste tut, wird es in der Welt bald besser aussehen. Adolph Kolping

Dort erschien dem Mose der Engel des Herrn in einer Flamme, die aus einem Dornbusch emporschlug. Er schaute hin: Da brannte der Dornbusch und verbrannte doch nicht. Mose sagte: Ich will dort hingehen und mir die außergewöhnliche Erscheinung ansehen. Warum verbrennt denn der Dornbusch nicht? (Ex 3,2f).

Die Antworten Gottes

Brennende Dornbüsche gibt es immer und überall. Die Dornen von Konflikten, lieblosen Bemerkungen, Beziehungsproblemen, Sorgen stechen und verletzen uns. Unglücksfälle, Krankheiten, Verluste brennen uns auf dem Herzen. Wenn ich nur an meine Erlebnisse in den letzten Tagen denke: Ein Mann um die Fünfzig leidet an einem aggressiven Hirntumor, ein Jugendlicher begeht Suizid, Trauernde berichten mir unter Tränen von ihrem Schmerz, in einer Familie gibt es massiven Streit und so geht es weiter.

Da könnte man öfters schreien: „Lieber Gott, bist du taub? Sind deine Ohren verstopft? Merkst du nicht, was auf dieser Welt los ist?"

Die erste Antwort Gottes lautet: *Doch, ich habe schon damals die Not der unterdrückten Israeliten gesehen, und ihre Klage habe ich gehört. Der Strom des Leids wälzt sich fort durch alle Jahrhunderte, durch die ganze Menschheitsgeschichte. Auch das Elend der Menschen in Haiti und Chile, die Qualen der Gefolterten, das Weinen der Frauen, die durch Krieg und Terroranschläge Kinder und Männer verloren haben, die stumpfen Blicke der Hungernden in den Elendsvierteln, das alles habe ich vor Augen, das trifft mich zutiefst. Trotzdem: „Ich bin da", lautet mein Name, ich bin mitten drin in allem Leid. Ich bin da, wo du bist* (so übersetzt Martin Buber den Namen Gottes). *Ich klage und verstumme und sterbe mit euch, mit dir!*

„Und was habe ich davon, wenn ich glauben könnte, dass Gott da ist?", fragte mich jemand. „Das ändert doch gar nichts!" Ja und nein.

An den Zuständen dieser Welt scheint auch Gott zu scheitern, zumindest an der Freiheit von uns Menschen. Aber ist es nicht tröstlich, gerade in dunklen Stunden nicht allein zu sein und glauben zu können, dass jemand da ist und mit uns unsere Ohnmacht teilt? Ich denke gerade an eine Frau, die schon lange Zeit ihren Mann rund um die Uhr pflegt, dennoch nicht verzweifelt und gerade im Glauben Kraft schöpft. Sie erfährt, dass Gott ihr beisteht und bei ihr steht.

„Lieber Gott, bist du taub und blind? Siehst du nicht, was auf dieser Welt los ist?"

Die zweite Antwort Gottes finden wir ebenfalls in der Dornbuschgeschichte.

Gott ruft: *Mose, Mose, ich brauche dich, du sollst mein Volk in die Freiheit führen!* Dabei hatte dieser Mose im Zorn einen ägyptischen Aufseher erschlagen und deshalb in die Wüste flüchten müssen.

Auch wenn wir selbst unsere Fehler haben, rechnet Gott doch mit jeder und jedem von uns. Wir sollen mithelfen, mitarbeiten, dass es gut wird mit der Welt und den Menschen.

„Hier bin ich", antwortete Mose. „Hier bin ich", sagen Menschen, die in einem Verein, in der Gemeinde, in der Pfarrgemeinde zur Stelle sind, wenn man sie braucht. „Hier bin ich", sagt die Mutter, die ihr schwerstbehindertes Kind zärtlich streichelt, oder der Mann, der zwei Jahre lang täglich seine Frau im Wachkoma im Krankenhaus besuchte. Sie alle buchstabieren durch ihre Dienste in vielfältigster Weise den Namen Gottes: „Ich bin da, wo du bist!"

In der Basilika in Rankweil ist in eindrucksvoller Weise der brennende Dornbusch dargestellt, der in der Mitte den Tabernakel umfängt. Das heißt, dass Jesus das Brot des Lebens, den Namen Gottes „Ich bin da!" glaubhaft verkörpert. Gott ist in ihm in einmaliger Weise präsent.

Jesus macht sichtbar, dass Gott ein sympathischer, wörtlich übersetzt ein mitleidender und mitsterbender Gott ist, ein mitgehender Gott, der an allen Brandplätzen des Leibes und der Seele, bei allem Schlimmen, das passiert, da ist und der will, dass auch wir da sind, wo wir gebraucht werden.

Das besondere Wort

Du musst das Leben nicht verstehen,
dann wird es werden wie ein Fest.
Und lass Dir jeden Tag geschehen
so wie ein Kind im Weitergehen
von jedem Wehen
sich viele Blüten schenken lässt.
Sie aufzusammeln und zu sparen,
das kommt dem Kind nicht in den Sinn.
Es löst sie leise aus den Haaren,
drin sie so gern gefangen waren,
und hält den lieben jungen Jahren
nach neuen seine Hände hin.
Du darfst nicht warten, bis Gott zu dir geht
und sagt: Ich bin.
Ein Gott, der seine Stärke eingesteht,
hat keinen Sinn.

Da musst du wissen, dass dich Gott durchweht
seit Anbeginn,
und wenn dein Herz dir glüht und nichts verrät,
so schafft er drin.

Rainer Maria Rilke

* * *

Etwa acht Tage nach diesen Reden nahm Jesus Petrus, Johannes und Jakobus beiseite und stieg mit ihnen auf einen Berg um zu beten. Und während er betete, veränderte sich das Aussehen seines Gesichtes, und sein Gewand wurde leuchtend weiß (Lk 9,28f).

Berg und Tal

Die Erzählung von der Verklärung Jesu auf dem Berg Tabor öffnet einen Türspalt der Hoffnung. Es gibt nicht nur die Täler der Arbeit, der Mühe und die Niederungen der Sorgen, Krankheiten, Leiden, Probleme, sondern auch die Wandlung, die Verwandlung zum Licht, zur Freude. Dieses Gipfelerlebnis, das Jesus und seine Jünger auf dem Berg Tabor hatten, will aber nicht auf ein besseres Jenseits vertrösten.

Der berühmte Regisseur und Aktionist Christoph Schlingensief war an Lungenkrebs erkrankt, musste eine Operation, Chemotherapien, Bestrahlungen und alle damit zusammenhängenden Belastungen über sich ergehen lassen.

Seine Erfahrungen, Gedanken und Gefühle hielt er wie in einem Tagebuch fest. „So schön wie hier kann es im Himmel gar nicht sein!“, heißt der Titel seines biographischen Romans.

Darin schreibt er, sicher auch mit naiven Vorstellungen: „Ich habe keine Lust, die Toten und was weiß ich wen zu treffen, ich habe keine Lust, in so einen Geheimklub abzuhauen, wo man milde lächelnd auf die Erde guckt. Ich habe keinen Bock auf Himmel, ich habe keinen Bock auf Harfe spielen und singen und irgendwo auf einer Wolke herumgammeln.

Einen Draht zu Gott habe ich trotzdem, das ist klar. Aber ich habe nicht dieses Vertrauen zu sagen: Gut, ich komme, nehmt mich auf zu euch. Vielleicht kommt das ja noch. Im Moment bin ich einfach nur traurig und habe Angst. Ich liebe das Leben so sehr, hätte so gerne mit Aino noch Jahre, Jahrzehnte verbracht.“

Trotzdem sieht er auch Trostlichter: seine Liebe zu seiner Frau Aino und auch seinen Glauben, den er in der Krankheit neu gefunden hat. Und er hat einen Traum: den Bau einer Schule und eines Theaters in Afrika.

An einer anderen Stelle stellt er fest: „Insgesamt bin ich ruhiger geworden. Der Draht zu Gott, zu Jesus und Mutter Maria ist da und beruhigt mich immer wieder aufs Neue. Natürlich habe ich meine Tiefs, bei denen ich traurig bin und denke: Wieso musste das passieren? Aber ich habe mittlerweile auch meine Hochs, meine kleinen Glücksgefühle. Manchmal kann ich diese Krankheit sogar als kleines Geschenk betrachten. Vielleicht ist es auch ein großes, weil es mich in eine andere Richtung lenkt.“
Ist diese Erkenntnis nicht eine Taborerfahrung? Auch für Schlingensief gibt es eine Klärung, Verklärung und Ver-

wandlung, so wie für die drei Jünger, die auf dem Berg Jesus in ganz neuem Licht sehen. Er ist für sie auf einmal durchscheinend, transparent für Gott. Sie begreifen dort oben, dass Gott uns Menschen in eine innere und äußere Freiheit führen will, und dass wir ihm ganz vertrauen dürfen. Mose und Elia, die ihnen erscheinen, verkörpern symbolhaft diese Botschaft.

Aber Petrus, Jakobus und Johannes können keine Hütten himmlischen Glücks bauen. Es gibt kein dauerhaftes Paradies auf Erden. Für uns alle nicht. Die Realität holt uns schon wieder herunter auf den Boden. Deshalb notiert Schlingensief: „... es gibt alles Mögliche. Das kann man doch nicht akzeptieren. Was sollen all die Leute in Afrika sagen? Und all die Eltern, die bei irgendwelchen Katastrophen ihre Kinder verloren haben? Ein Haus stürzt ein, alle sind tot, nur die Mutter hat überlebt. Was für ein Wahnsinn! Was für ein Schmerz! Mein Gott, was für gigantische Kraftwerke von Leiden fliegen hier rum, das ist doch unglaublich! Gott sei Dank ist es für uns meistens nicht so dramatisch, doch wir erleben rundum oder bei uns selbst genug Schlimmes."

Wie können wir das Dunkel des Lebens aushalten?

Indem wir so wie Jesus immer wieder auf einen Tabor steigen, einen Ort, einen Raum suchen, wo wir mit etwas Abstand unser Leben überschauen, so wie man vom Berggipfel aus den weiten Blick bekommt. Dieser Ort können auch ein Gottesdienst, ein Gespräch, eine Gemeinschaft und anderes mehr sein.

Es tröstet weiter, auf die punktuellen Lichterfahrungen zu schauen. Eine Frau, die weiß ich wie viele Krankheiten durchgemacht hat und große Schmerzen leidet, schrieb mir: „Ich hantle mich von Stern zu Stern!"

Vor allem aber sollten wir von der Taborgeschichte lernen, dass Jesus selbst mit uns hinuntersteigt in alle unsere Täler des Ärgers, der Frustration, der Belastungen und der Trauer, einfach all dessen, was uns manchmal das Herz verdunkelt.

Er geht mit uns – oder umgekehrt – er nimmt uns mit auf seinen Weg, der über den Karfreitag auf Ostern hinführt.

Spuren des Lichts

Ich besuche die Auferstehungskirche in Jerusalem. Eine ungeheure Menschenmenge erfüllt den Kirchenraum, drängt um das „Hl. Grab", um in die Grabesstätte hinein zu gelangen. Auf der anderen Seite befindet sich eine Kapelle, in der ein Felsenriss zu sehen ist, der angeblich entstanden war, als beim Tode Jesu die Erde bebte. Dort sitze ich ganz allein und denke mir: Seltsam, alle wollen in die Grabeskammer hinein, aber den Auferstandenen finden wir nicht in ihr, sondern dort, wo sich im Herzen des Menschen ein Spalt auftut und wir zu glauben, zu hoffen und zu lieben beginnen.

* * *

Jesus rief mit lauter Stimme: Lazarus, komm heraus! Da kam der Verstorbene heraus; seine Füße und Hände waren mit Binden umwickelt, und sein Gesicht war mit einem Schweißtuch verhüllt. Jesus sagte zu ihnen: Löst ihm die Binden und lasst ihn weggehen! (Joh 11,43f).

Ostern in Sicht

Wir sterben viele Tode schon vor dem Tod, und die Gräber gibt es nicht nur auf dem Friedhof.

Grab, das ist: nicht mehr weiter können, ohnmächtig, leer und ausgeronnen sein, am Boden liegen, keine Hoffnung mehr haben, am Ende, kraftlos und mutlos sein. Man fühlt sich lebendig tot.

Wer kennt nicht solche Erfahrungen?

Und dann, was hat uns wieder herausgeholfen, neue Lebenskraft gegeben?

Bei Lazarus war es Jesus, der ihm direkt befohlen hat: „Lazarus, komm heraus aus deinem Grab!“ Es wird oft berichtet, dass seine Worte bewirken, was sie sagen: „Du sollst wieder sehen können!“, „Du bist geheilt!“, „Steh auf und geh nach Hause!“

Wir kennen Ähnliches, wenn Eltern ihre Kinder bestärken: „Du kannst das, trau dich nur, wir sind ja da, probiere es einfach …“ Diese Ermutigungen wirken!

Wahrscheinlich müssten wir Jesus viel mehr beim Wort nehmen, damit wir auch erfahren: Es geschieht tatsächlich, was er sagt.

„Er riecht schon“, wendet Marta ein. Stinkt nicht vieles noch mehr, sogar bis zum Himmel, z. B. so manche Bosheit, Verlogenheit und Maßlosigkeit? Alles Lebensfeindliche verbreitet einen Leichengeruch.

Jesus lässt sich von diesem Einwand nicht abhalten. Er ruft den Lazarus zum Leben. Dabei müssen die Umstehenden aber mithelfen, indem sie den Stein vom Grab wegrollen und die Binden, die Leichentücher lösen.

Wie viele sind belastet oder wie begraben durch die „Steine“ der Selbstvorwürfe oder alter Konflikte. Auch der Verlust eines lieben Menschen ist bedrückend, ganz wörtlich. Manchmal schnüren seelische Wunden und depressive Stimmungen das Herz ein, nehmen uns den Atem. Nicht wenige erleben sich „gefesselt“ durch ihre Ängste oder Unversöhnlichkeit. Die „Binden“ bedeuten ungute Abhängigkeiten und innere Blockaden, Lebensmuster, die uns gefangen halten. Wie bei Lazarus ist unser Gericht, unser Blick manchmal verhüllt und wir tragen Masken. Was ent-bindet uns?

Heute kursiert in Artikeln und Vorträgen ein neues Fremdwort: *Resilienz*. Ich habe diesen Begriff auch nicht gekannt. Jetzt weiß ich, dass damit die innere Widerstandskraft eines Menschen gemeint ist. Ich muss oft wirklich staunen, was manche Leute durchhalten. Sie lassen sich nicht unterkriegen, bewahren sich ein tiefes Vertrauen, stehen immer wieder auf, tragen ihr Kreuz, gehen tapfer den Weg der Trauer.

Woher nehmen sie die Kraft dazu? Zum einen ist es ihr fester Glaube, dass alles einen Sinn hat. „Nichts ist umsonst, und der Herrgott wird's richten“, sagen sie in einem großen Gottvertrauen.

Zum andern fördern bestimmte Menschen, die einfach da sind, behutsam und wohltuend, die inneren Heilungskräfte.

Wer von einem Netz sensibler Aufmerksamkeit getragen wird, findet die Kraft, aus den verschiedenen „Gräbern“ herauszukommen, wieder aufzustehen. Und das ist jedes Mal ein neues Wunder.

Auferstehung heißt, neu hoffen, einen neuen Blick bekommen, neu hören und ansprechbar werden, neu reden und gute Worte finden, wieder singen können und trotz des eigenen Schmerzes andere lieben. Das vor allem!

Wo immer das geschieht, leuchtet schon Ostern auf. Alle täglichen Auferstehungen helfen uns zu glauben, dass das Leben stärker ist als alle Tode, dass die Liebe die größere

Macht ist als die Lieblosigkeit oder gar der Hass, dass Gott ein Gott der Lebenden und nicht der Toten ist.

Spuren des Lichts

Unsere Pilgergruppe darf in der Grabeskirche in Jerusalem auf dem Kalvarienberg eine hl. Messe feiern. Aber singen ist verboten. Zudem müssen wir spätestens in dreißig Minuten fertig sein. Ein Wächter schaut genau auf die Uhr. Sollten wir überziehen, würde er gleich einschreiten. Die Erlösung geschieht Gott sei Dank nicht nach der Uhr und zeitlich begrenzt. Sie braucht ihre Zeit, unterschiedlich lange.

* * *

Dann stand Jesus vom Mahl auf, legte sein Gewand ab und umgürtete sich mit einem Leinentuch. Dann goss er Wasser in eine Schüssel und begann, den Jüngern die Füße zu waschen und mit dem Leinentuch abzutrocknen, mit dem er umgürtet war (Joh 13,4f).

Die Lebenssymphonie Jesu

Bei musikalischen Werken verwendet der Komponist manchmal ein bestimmtes Thema, das sich durch das ganze Stück zieht und in Variationen immer wieder auftaucht. Beim Evangelisten Johannes findet sich in ähnlicher Weise eine durchgängige Botschaft: *Da er die Seinen, die in der Welt waren, liebte, erwies er ihnen seine Liebe bis zur Vollendung (Joh 13,1b).*

Diese Melodie klingt schon bei der Fußwaschung auf und steigert sich dann bis zum Finale beim Sterben Jesu. „Das Kreuz ist der Ernstfall seiner Liebe" (H. U. v. Balthasar).

Das Geschehen im Abendmahlssaal bildet gleichsam die Ouvertüre dazu.

Der Bericht des Johannes steckt voller Symbole. Ganz bewusst schreibt er: *Jesus legte sein Gewand ab und umgürtete sich mit einem Leinentuch (Joh 13,4).*

Das ist eine bildhafte Beschreibung der Menschwerdung Jesu. Er streift das Gewand seiner göttlichen Natur ab und legt sich ein Leinentuch um, Zeichen der Endlichkeit. Er verrichtet einen Sklavendienst, stellt sich in die letzte Reihe zu denen, die sozial als zu unterst eingestuft wurden.

Als Toter wird Jesus dann nochmals in ein Leinentuch gewickelt. Das heißt: Er trägt auch unser Leichenhemd und stirbt unsere Tode mit.

Glauben *wir* zutiefst, dass Jesus gerade dann bei uns steht, wenn wir down, niedergeschlagen sind, oder unten durch, wenn wir uns abgewertet fühlen, zu den „Minderen" gehören?

Das zweite Bild: Jesus wäscht den Jüngern und damit auch uns allen die Füße, nicht nur, weil vielleicht der Staub unserer Wege an ihnen haftet.

Mit den Füßen stehen wir in der Welt, auf dem Boden der Realität (manchmal auch neben den Schuhen). Wir gehen unsern Lebensweg, der Spuren hinterlässt in unserem Denken, Reden und Verhalten. So manche negativen oder schmerzlichen Erlebnisse und Erfahrungen legen sich wie eine Staubschicht auf unser Herz.

Die Füße sind auch eine besonders verwundbare Stelle. Die Griechen reden von der Achillesferse, unseren schwachen Punkten. Wir stolpern über viele Probleme, reiben uns wund an manchen Belastungen, bekommen innerlich Blasen, weil uns Sorgen oder bestimmte Menschen einengen.

Die Fußwaschung, oft verbunden mit einer angenehmen Salbung, bringt zum Ausdruck, dass Jesus die Wunden unseres Lebens und unseres Herzens heilen will. Genau darin zeigt sich seine Liebe zu den Jüngern und zu allen Menschen, auch zu uns.

Das dritte Bild: Auch wir gehören zu den „Seinen" (griechisch „Idioi"), die er liebt bis zur Vollendung. Das Wort Idiot hängt damit zusammen. Die Liebenden scheinen ja Toren, die Dummen zu sein in den Augen vieler, die nicht mehr sehen, dass Leben nur im Raum der Liebe gelingen kann.

Deshalb gibt uns Jesus den Auftrag, dass wir es ihm nachmachen. *Ein Beispiel habe ich euch gegeben, damit auch ihr so handelt, wie ich an euch gehandelt habe (Joh 13,15).*

Wir sollen also seine Melodie weiterspielen, sein Lied der Liebe weitersingen und hörbar machen.

Ich ließ Sechzehnjährige in der Schule schreiben, worin sie den Sinn ihres Lebens sehen. Eine schrieb: „Andere zu lieben, ihnen zu helfen, einfach für sie da zu sein, wenn es ihnen schlecht geht. Freude am Leben zu haben und diese mit den Mitmenschen zu teilen."

Die Liebe fordert, dass wir uns nach dem Beispiel Jesu hinunterbeugen zu den anderen, die wunden Stellen und den Schmutz im Zusammenleben wahrnehmen und reinigend und heilend hineinwirken in unsere Beziehungen und Mitwelt.

Dazu brauchen wir das heilende Salböl der Vergebung, der Wertschätzung und des Sich-Annehmens.

Die Lebenssymphonie Jesu kommt erst richtig zum Klingen, wenn wir mit unseren unterschiedlichen Instrumenten und Begabungen bei ihm mitspielen.

Das besondere Wort

Christ ist man nicht für sich selbst,
sondern für eine gute Welt.

aus einer Pfingstpredigt

April

Befreiung

- Worauf dürfen wir hoffen?
- Auferstehungen heute
- Ist wirklich etwas anders geworden?
- Unsere Geschichte
- Ich wittere Morgenluft
- Briefwechsel
- Wann beginnt der Tag?

Kreuzabnahme, Kapellenportal-Tympanon, Schloss Tirol, erste Hälfte des 12. Jahrhunderts

Dieses romanische Christusrelief beeindruckt.

In der Zeit seiner Entstehung wurde der Gekreuzigte nicht als Schmerzensmann mit einer Dornenkrone dargestellt, sondern als der Kyrios, als Herr über Leben und Tod, oft sogar mit einer Königskrone auf dem Haupt.

Die strahlenförmig auseinanderstrebenden Kreuzesbalken und offenen Arme wirken wie eine Einladung: Kommt alle zu mir!

Die offenen Augen zeigen, dass er nicht tot ist, sondern lebendig.

Neben Jesus steht Josef von Arimathäa, der die Erlaubnis hatte, den Toten vom Kreuz abzunehmen. Er lehnt sich direkt bei Jesus an, ist ihm ganz zugeneigt.

Hier wird sichtbar, was für uns Christen glauben bedeutet: Wir haben einen, an dem wir uns anlehnen, an dem wir uns festhalten können.

Interessanterweise schaut Josef gar nicht zu Jesus hinauf. Sein Blick geht irgendwohin auf die Seite. Oder blickt er über den Tod Jesu hinaus in den offenen Himmel, in die eigene Zukunft?

Jedenfalls gilt für uns alle: Wenn wir bei Jesus diesen Rückhalt haben, können wir getrost das im Auge haben, was auf uns zukommt oder was heute von uns gefordert und uns auferlegt ist.

Darin finden wir eine innere **Freiheit**.

* * *

Als Jesus am frühen Morgen des ersten Wochentages auferstanden war, erschien er zuerst Maria aus Magdala, aus der er sieben Dämonen ausgetrieben hatte. Sie ging und berichtete es denen, die mit ihm zusammen gewesen waren und die nun klagten und weinten. Als sie hörten, er lebe und sei von ihr gesehen worden, glaubten sie es nicht. Später erschien Jesus auch den Elf, als sie bei Tisch waren; er tadelte ihren Unglauben und ihre Verstocktheit, weil sie denen nicht glaubten, die ihn nach seiner Auferstehung gesehen hatten (Mk 16,9–11.14).

Worauf dürfen wir hoffen?

In der Osternacht feiern wir unsere Hoffnung gegen alles, was unser Leben verdunkelt und was uns Angst macht.

In der Jägersprache gibt es ein interessantes Wort. Wenn ein Tier bei einem Geräusch stehen bleibt, stutzt und aufmerksam, gespannt den Kopf hebt, um sich blickt und lauscht, sagt man weidmännisch: „Das Tier verhofft."

Ähnliches tun wir beim Auferstehungsgottesdienst, wir schauen auf das Feuer und die vielen Lichter, wir hören den Alleluja-Gesang und das Lied „Christus ist erstanden", und – wir „verhoffen".

Worauf dürfen wir denn hoffen? Ganz einfach: dass die Osterbotschaft auch für uns gilt!

Nach wie vor leiden und sterben Menschen, schreien wie Jesus am Kreuz: „Mein Gott, warum?"

Dürfen wir IHM zutrauen, dass er wie bei Jesus auch unsere Gräber aufbricht, die Steine wegrollt? Er hat uns doch nicht das Leben geschenkt, um es dann wieder endgültig zu vernichten. Die Auferweckung Jesu ist allerdings keine Wiederbelebung, keine Rückführung in das frühere Leben, sondern ein neuer schöpferischer Akt Gottes. An Jesus wird sichtbar, dass der Tod ein Durchgang, die Geburt, die Verwandlung zu einem Leben ist, das wir noch nicht kennen, in dem es aber kein Leid, keine Trauer mehr gibt. Dann wird Gott die Tränen von unseren Augen abwischen und sagen: *Jetzt ist alles gut! (Vgl. Offb 21,4).*

Ich bin überzeugt, dass Gott uns ähnlich wie damals von Zeit zu Zeit zweibeinige Engel ohne Flügel schickt, die uns etwas von der Schwere des Lebens nehmen oder Verfahrenes, Verhärtetes ins Rollen bringen wie beim Grabstein Jesu. Oft braucht es nicht viel: „Danke fürs Zuhören, jetzt sehe ich wieder ein Licht!", sagen manchmal Leute nach einem Gespräch. Wir sind selbst Osterengel, wenn wir Bedrückte ermutigen, mit ihnen weinen und in das Grab ihres Leids, ihres Verlustes hineingehen, den Schmerz zulassen, die Leichentücher schwerer Gefühle anschauen, aber auch liegen lassen.

Wir dürfen hoffen, dass sich uns der Auferstandene ebenfalls zeigt wie den Frauen und dann den Jüngern, auch wenn wir ihn nicht immer gleich erkennen.

Pierre Stutz schreibt:

Christus ist mitten unter uns,
im Aushalten unserer Ohnmacht,
im verzeihenden Miteinander,
in der zärtlichen Umarmung,
im unbequemen Engagement für Menschenrechte,
im solidarischen Aufbruch,
im Feiern des Lebens!
Auferstehung hier und jetzt!

Wir können Jesus zwar nicht mehr körperlich berühren, angreifen und festhalten, aber wir spüren seine Gegenwart überall dort, wo sein Geist wirksam wird und weiterfließt. Das Wort hoffen kommt von „hoppen", hüpfen, so wie die Kinder in Erwartung und Spannung aufgeregt herumzappeln und von einem Fuß auf den anderen hopsen, weil sie schon ganz neugierig sich auf etwas freuen.

Wir Abgebrühte, zum Teil etwas Ältere und vom Leben Gezeichnete haben diese kindliche Freude wohl schon verloren. Gerade deshalb wünsche ich uns allen, dass die Auferstehung Christi uns ansteckt, selbst immer wieder aufzustehen, trotz der Schwere im Herzen;

dass wir trotz aller schlechten Erfahrungen die Hoffnung nicht verlieren, dass es wieder besser wird und wir schlussendlich ein Leben in Fülle erwarten dürfen, das ruhig auch schon hier und jetzt beginnen könnte.

Auch wenn wir uns mit dem Herumhopsen schwerer tun als die Kinder, wünsche ich uns doch täglich neue kleine Auferstehungserfahrungen.

Spuren des Lichts

Auferstehungserfahrungen

Spontan fallen mir hier zwei ganz unterschiedliche Menschen ein: eine bescheidene ältere Frau, die ich noch nie über jemanden habe schimpfen gehört, auch nicht über den Sohn und die Schwiegertochter, die im gleichen Hause wohnen und es ihr manchmal schwer machen. Und dann die kleine Johanna, die mit ihren eineinhalb Jahren wirklich ein Sonnenschein ist, und mich vor ein paar Tagen angestrahlt hat. Sie ist noch wenig berührt von den Bosheiten und negativen Eindrücken des Lebens.

* * *

Plötzlich entstand ein gewaltiges Erdbeben; denn ein Engel des Herrn kam vom Himmel herab, trat an das Grab, wälzte den Stein weg und setzte sich darauf. Seine Gestalt leuchtete wie ein Blitz, und sein Gewand war weiß wie Schnee. Die Wächter begannen vor Angst zu zittern und fielen wie tot zu Boden (Mt 28,2–4).

Auferstehungen heute

Vor kurzem sah ich im Fernsehen einen interessanten und berührenden Film. In der kältesten Gegend Sibiriens, auf einer Insel in der Taiga, wo sich eines der schlimmsten Gefangenenlager befand und viele Tausende von Kriegsgefangenen umgekommen waren, wurde in den letzten Jahren ein neues orthodoxes Kloster für Mönche und Nonnen gebaut.

Ganz beeindruckend wurde dann gezeigt, wie sie die Osternacht feiern. Von überall her kommen die Menschen, einfache, gebildete, von Armut gezeichnete, zu diesem Gottesdienst, der vier Stunden dauert. Zum Schluss umarmen sie sich mit Freude und Begeisterung und rufen: „Christus ist auferstanden! Ja, er ist wahrhaft auferstanden!"

Ist das nicht der schönste Beweis für die Auferstehung Jesu, wenn in einem früheren kommunistischen Land, in dem die Gläubigen unterdrückt und verfolgt worden waren, nach vielen Jahrzehnten eines gottlosen Regimes die Menschen den Glauben an den auferstandenen Herrn wieder so lebendig zum Ausdruck bringen?

Schon damals, nach seinem Tod ereignete sich die Auferstehung Jesu gegen alle menschliche Logik und Erfahrung. Die politischen und religiösen Machthaber meinten, mit dem Todesurteil Jesus endgültig beseitig zu haben. Aber es kam ganz anders, als sie sich dachten. Jesus war nicht umzubringen.

Matthäus schildert, dass ein Engel vom Himmel herabstieg. Das heißt, Gott selbst greift ein. Sein Wirken ist oft leise, aber manchmal auch gewaltig wie ein Blitz, wie ein Erdbeben, umwerfend, ganz wörtlich! So erlebten es die Grabeswächter. Es haute sie um! Die Frauen am Grab erfüllen gemischte Gefühle: Angst und Freude. Es brauchte eine Zeit lang, bis sie selbst Jesus begegneten und wirklich überzeugt waren, dass er lebt.

Das Geschehen am Ostermorgen setzt sich fort durch alle Jahrhunderte, herauf bis zu uns, in allen Menschen, die sich von Jesus anrühren lassen.

Soldaten, Todeswächter gibt es auch in der eigenen Seele. Es sind die Ängste oder fixierten Gewohnheiten, die wollen, dass alles beim Alten bleibt, die uns hindern, lebendig zu werden. Aber sind uns nicht auch schon Engel begegnet, die die Steine der Trauer, der Verletzungen, der Zweifel von unserem Herzen wegrollen? Die uns helfen, aus unseren Gräbern herauszukommen?

Es ist der Auferstandene selbst, der uns ermutigt: *Fürchtet euch nicht! Habt Vertrauen, ich lebe und bin da!*

Sehr oft besuche ich kranke und sterbende Menschen und bringe ihnen die Kommunion. Ich habe meistens den Eindruck, dass die Gegenwart Jesu sie mit tiefem Frieden erfüllt.

Ich könnte noch viele Beispiele aufzählen, wie Jesus immer wieder neu aufersteht in Menschen, die – von seinem Geist bewegt – Unwahrscheinliches herbringen, die in schwierigen Situationen tapfer durchhalten, die den Mut haben, ihren Weg zu gehen, die aus ihren Gräbern herauskommen, die Versöhnung bewirken und Freude bereiten.

Henri Boulad, ein Mystiker unserer Zeit, bringt ein eindrückliches Beispiel für die Auferstehungen heute. In einem Theaterstück in Paris mit dem Titel „Ein Mensch namens Jesus“ wartete das Publikum am Schluss des Spiels auf die Auferstehung. Jesus stieg aber nicht lebend aus dem Grab, sondern statt seiner kamen viele Menschen, junge und alte, Männer, Frauen und Kinder aus seinem Grab und verteilten sich im Theater unter das Publikum. Die Zuschauer waren erstaunt und begriffen erst nach und nach: Jesus ist gestorben, aber in diesen Menschen ist er auferstanden. Er lebt wirklich!

Die Auferstehung Jesus geschieht ununterbrochen – im orthodoxen Kloster auf dem Areal eines Kriegsgefangenenlagers, im Theatersaal in Paris, aber auch in unseren Häusern, in unseren Beziehungen, in unseren Herzen, wenn wir gegen alle Enttäuschungen uns ein großes Gottvertrauen bewahren, unverwüstlich hoffen und einander lieben, respektvoll und wohlgesinnt einander begegnen.

Ich wünsche Ihnen, dass Sie das auch selbst erleben können.

Das besondere Wort

Die Erde ist uns stets eine Nummer zu klein. Wir sind stets nach mehr aus als stattfindet. Die Rechnungen bleiben offen. Religiöse Kulturen haben die Himmelssehnsucht beruhigt, indem das Leben unter dem offenen Himmel stattfand. Das ganze Leben war konzipiert als ein Weg in den Himmel. Die Erde war Ort für diesen Lebensweg. Das entlastete enorm, auch wenn es in der Form der Vertröstung auf das Jenseits viele davon abhielt, die Verhältnisse auf Erden zu ändern. Aber ist heute nicht vielen der Himmel verschlossen? Bedroht uns nicht eine fatale Vertröstung aufs Diesseits? Und ist das Leben nicht vielfach der unbemerkte, letztlich aber vergebliche Versuch, den Himmel auf Erden zu erzwingen?
Ich plädiere dagegen für die alte christliche Lebenskultur: zu leben auf dieser Erde unter dem offenen Himmel.

Paul M. Zulehner

Während die Frauen ratlos dastanden, traten zwei Männer in leuchtenden Gewändern zu ihnen. Die Frauen erschraken und blickten zu Boden. Die Männer aber sagten zu ihnen: Was sucht ihr den Lebenden bei den Toten? Er ist nicht hier, sondern er ist auferstanden (Lk 24,4–6).

Ist wirklich etwas anders geworden?

Ludwig Uhland hat vor 200 Jahren in seinem romantischen Frühlingsgedicht geschrieben:

Die linden Lüfte sind erwacht,
sie säuseln und weben Tag und Nacht,
sie schaffen an allen Enden.
O frischer Duft, o neuer Klang!
Nun, armes Herze, sei nicht bang!
Nun muss sich alles, alles wenden!

Und – was hat sich gewendet, geändert? Die Menschen sind offensichtlich gleich geblieben, die Probleme auch, mehr noch, sie werden immer größer!

Die Atomkraftwerkskatastrophe in Japan ist für mich ein Symbol für den zerstörerischen Größenwahn der Menschen, ihre Überheblichkeit und die fatale Meinung, alles im Griff zu haben, sein zu wollen wie Gott. Das kennen wir doch schon von den ersten biblischen Erzählungen.

Die atomare Strahlung belastet und verseucht auf Jahrtausende hinaus unsere Erde.

Mir kam der Gedanke, dass die Osterbotschaft genau das Gegenstück davon darstellt.

In Jesus hat sozusagen auch eine Kernschmelze stattgefunden, aber keine todbringende, sondern eine Leben schaffende. In ihm wird sichtbar, dass Gott und Mensch endgültig zusammengehören, verschmolzen sind. Wer von Gott redet, muss immer den Menschen mitdenken, umgekehrt auch, und das einzige gültige Gottesbild, das wir haben, ist der Mensch.

Tod und Auferstehung Jesu bedeuten, dass Gott selbst hinuntersteigt in die tiefste Mitte der todgeweihten Welt, in unsere Gräber und unser Elend, um seinen Lebenskeim in den innersten Kern der sterblichen Welt einzupflanzen.

Erich Kästner schreibt in seinem Gedicht „Dem revolutionären Jesus zum Geburtstag“ recht sarkastisch:

Die Menschen wurden nicht gescheit,
am wenigsten die Christenheit,
trotz allem Händefalten.
Du hattest sie vergeblich lieb.
Du starbst umsonst,
und alles blieb beim Alten!

Natürlich hat er in manchem Recht. Dennoch halte ich ihm entgegen: Dieser Christus strahlt nach wie vor, seit 2000 Jahren, in Menschen, die im Glauben weiter sehen als die 80, 90 Jährchen ihres Lebens; die tiefer sehen und überzeugt sind, dass Gott mit ihnen durch die „Wasser“ ihrer Krebserkrankung, ihrer seelischen Belastungen und Tränen, durch das „Feuer“ der Verluste, der Einsamkeit und Enttäuschungen geht. Und die Hoffnung blüht überall, nicht nur in den Margeriten, im Blütenkleid der Obstbäume, in Nester bauenden Vögeln, sondern noch mehr in Menschen, die tapfer ihre Wege weitergehen mit der Zuversicht, dass ein letzter Sinn sie trägt.

Verschiedene Personen, die ich den letzten Tagen besuchte, fallen mir ein: die Frau, die beruflich sehr belastet und frustriert ist; der ältere Mann, der seit zwei Jahren oft im Krankenhaus sein musste und jetzt nach manchen Tiefs wieder zuversichtlich lächelt; die Witwe, die sehr unter dem Tod ihres Partners leidet. Ich sehe in ihrem unverwüstlichen Hoffen-Können eine Ausstrahlung von Ostern. Die Haltung des „Und trotzdem" ist mehr als ein psychischer Überlebenstrick.

Vor allem aber die Liebe, milliardenfach gelebt und praktiziert, scheint mir die intensivste Wirkung des Auferstandenen zu sein. Er wusste sich sogar in seinem elenden Sterben noch von der Liebe des Vaters gehalten, die sein ganzes Leben durchströmte und prägte. Sie fließt weiter in allen, die in seinem Geiste leben. Vor kurzem sah ich auf der Straße einen Mann, der in einem Roll-Liegestuhl eine schwerstbehinderte junge Frau, wahrscheinlich seine Tochter, spazieren führte. Ich dachte: Das ist wahre Liebe, hier geschieht Auferstehung. Im Gegensatz zu den Todeszonen in Tschernobyl und Fukushima gibt es auch Lebenszonen: ein wohltuendes, menschenfreundliches Miteinander, herzliches Sich-um-jemand-Sorgen, ermutigende Gottesdienste, die zum Frieden anstiften.

Und jetzt?

„Nun muss sich alles, alles wenden!" In diesem „Muss" steckt etwas Unbedingtes. Wir werden tatsächlich verwandelt, wenn wir uns in das Strahlungsfeld Jesu begeben und als zweibeinige Engel ohne Flügel anderen helfen, „Steine" wegzurollen. Wir können auch mit ihnen in ihre „Gräber" hineingehen, die „Leichentücher" der Verluste anschauen und vielleicht sogar die „Ostersonne" einer kleinen Freude aufgehen lassen.

Spuren des Lichts

Er ist sterbenskrank, aber seinen 90. Geburtstag im Pflegeheim genießt er noch richtig. Über alle, die ihn besuchen, um ihm zu gratulieren, freut er sich sehr.
Er ist zwar aus der Kirche ausgetreten, aber er will doch, dass ich ihm die Krankensalbung spende, und er ist innerlich ganz dabei. Ich freue mich mit ihm.
Ich denke: Wie oft stecken wir Menschen in bestimmte „Schubladen", aber wer sieht schon in das Herz eines Menschen? Das überlassen wir lieber dem gütigen Gott.

* * *

Als es schon Morgen wurde, stand Jesus am Ufer. Doch die Jünger wussten nicht, dass es Jesus war. Jesus sagte zu ihnen: Meine Kinder, habt ihr nicht etwas zu essen? Sie antworteten ihm: Nein. Er aber sagte zu ihnen: Werft das Netz auf der rechten Seite des Bootes aus, und ihr werdet etwas fangen (Joh 21,4–6).

Unsere Geschichte

Es gibt Erzählungen in der Bibel, die mich besonders ansprechen, weil ich mich in ihnen finden kann. Eine solche ist die Geschichte von der Begegnung mit dem Auferstandenen am See Tiberias.

Von sieben Jüngern ist die Rede. Allerdings werden nur fünf namentlich angeführt. Das heißt, die anderen zwei könnten wir selbst sein, die Gerda oder die Barbara, der Erich oder der Franz.

Eine große Unsicherheit hat die Männer erfasst: Stimmt das alles mit der Auferstehung? Und überhaupt: Was sollen sie nun tun?

Diese Situation kommt uns bekannt vor. Oft wissen wir nicht, wie es weitergehen soll. Wir sind hin- und hergerissen, glauben und zweifeln gleichzeitig. Wir suchen nach Erklärungen und Deutungen für das, was geschehen ist.

Wie die Jünger kennen auch wir die Nacht der Erfolgslosigkeit. Das Netz unserer Anstrengungen bleibt leer. Wir bemühen uns zwar, und doch hat die Partnerschaft keinen Bestand, bleibt ein Konflikt ungelöst, gehen die Kinder andere Wege, als wir wollten, wird der Krankheitsverlauf nicht besser, sondern schlechter, erfüllt sich eine Hoffnung nicht, bleiben fünfzig Bewerbungsschreiben vergebens usw.

Man kann manchmal solche Erfahrungen nur aushalten, wenn man einfach etwas tut. Wie die Jünger, die mit Petrus fischen gehen. Das ist allemal besser, als einfach dazusitzen und die Hände in den Schoß zu legen.

Manche lenken sich mit einer manuellen Arbeit etwas ab. Eine Beschäftigung ist mitunter eine gute Therapie.

Die Bibel erzählt, dass im Halbdunkel der Morgendämmerung und des Herzens auf einmal Jesus da steht und sie auffordert: *Probiert es nochmals! Werft das Netz auf der rechten Seite aus!* Das ist die aktive und bewusste Seite.

Das Wunder geschieht: Die Jünger ziehen ein volles Netz an Land.

Haben *wir* nicht schon Ähnliches erfahren? Ein Erfolg

stellt sich ein, etwas wendet sich überraschend zum Guten, wir bekommen wieder Boden unter den Füßen …

In diesem Moment erkennt Johannes, der Lieblingsjünger Jesu, dass der Fremde Jesus selbst ist. Johannes hatte eine besonders tiefe Beziehung zu ihm. Deshalb sieht er mit den Augen des Herzens den Auferstandenen.

Ich denke, dass es in unserem Leben auch schon Momente gegeben hat, in denen wir tief innen gespürt und gewusst haben: Da hat uns wirklich Gott geholfen, oder: Da ist uns Jesus wahrhaftig begegnet. Das können wir anderen gar nicht beweisen oder erklären, aber wir sind doch im Inneren überzeugt, dass uns Jesus in diesem Moment ganz nahe gewesen ist.

Interessant ist auch, dass der Herr die Jünger fragt, ob sie etwas zu essen haben. Er will mit ihnen ein Frühstück einnehmen.

Das Bedürfnis, mit uns Mahl zu halten, hat in erster Linie Jesus selbst. Er sucht die Gemeinschaft mit uns. Er sehnt sich nach der Kommunion mit uns. Ist uns das bewusst, wenn wir Sonntag für Sonntag Eucharistie feiern? Wir kommen als die Eingeladenen. Das Zusammensein mit ihm sollte dann allerdings auch aufs Neue unseren Hunger nach ihm wecken.

Wir sind immer in Gefahr, die biblischen Berichte im Blick auf früher zu lesen. Das und das ist damals geschehen. Die Geschichten klingen irgendwie wunderbar, aber sind doch realitätsfremd.

Diese Sichtweise ist jedoch nicht richtig.

Die Erzählungen von Jesus und den Jüngern wollen uns die Augen öffnen. Auch heute geschieht dasselbe wie vor 2000 Jahren. Ich bin überzeugt, dass der auferstandene Herr uns auf ähnliche Weise erscheint und begegnet, wie diesen Männern mit ihren Enttäuschungen und Zweifeln.

Jesus steht am Ufer unseres Herzens und ruft uns zu:

Probier es nochmals!
Wirf dein Netz gegen alle schlechten Erfahrungen aus!
Komm, ich halte Mahl mit dir.
Hab nur Mut, ich bin da.
Vertraue mir, ich helfe dir schon.
Keine Angst, ich gehe mit dir.

Die Frage ist nur, ob wir seine Stimme auch hören und seinem Ruf trauen.

Spuren des Lichts

Ein Mann, dessen Gattin ich in der Krankheit begleitet und dann auch beerdigt habe, erzählt mir von einem Traum. Es sei ihm vorgekommen, als hätte er beim Schifahren eine Frau in einen See abgedrängt, und diese sei wie in einem Lichtbogen wieder aufgetaucht.
Ich denke spontan: Die Frau ist die „anima", seine Seele, die hinuntertaucht in die Trauer und doch wieder hochkommt. Die Kraft zum Leben ist bei ihm stärker als sein Schmerz. Kennen wir das nicht auch?

* * *

Am ersten Tag der Woche gingen die Frauen mit den wohlriechenden Salben, die sie zubereitet hatten, in aller Frühe zum Grab. Da sahen sie, dass der Stein vom Grab weggewälzt war; sie gingen hinein, aber den Leichnam Jesu, des Herrn, fanden sie nicht (Lk 24,1–3).

Ich wittere Morgenluft

Der berühmte Satz „Ich wittere Morgenluft“ geht auf das Drama „Hamlet“ von William Shakespeare zurück († 1616). Vier Jahrhunderte später sagte der Theologe Hans Urs von Balthasar sinngemäß: „Wenn die Kirche einen erbärmlichen Eindruck macht, dem leidenden, verspotteten, verhöhnten Christus am Kreuze ähnlich, dann wittere ich Morgenluft!“

Natürlich liegt der große Unterschied darin, dass Jesus unschuldig zu Tode gebracht wurde, während die Kirche, d. h. die Christen an ihren eigenen Schwächen und Fehlern leiden und oft so armselig und wenig überzeugend dastehen.

Noch andere Kräfte spielen mit. So schreibt die Frankfurter Allgemeine Zeitung: „Was täte die Gesellschaft, wenn sie nicht die Kirche als Sündenbock hätte!“

Dennoch, allen negativen Schlagzeilen zum Trotz, möchte ich sagen: „Ich wittere Morgenluft – gerade auch in diesen trüben Zeiten!“

Ich wittere Morgenluft im Blick auf Christus, den man beseitigen, begraben, aus der Welt schaffen wollte. Aber er ist nicht umzubringen. Die Frauen finden das Grab leer, mehr noch: Sie und dann auch die Jünger begegnen einem lebendigen Jesus, der ihnen greifbar, leibhaftig erscheint, der mit ihnen isst und trinkt, dessen Geist von da an Menschen erfasst und zusammenbringt, dessen Botschaft sich wie ein Lauffeuer ausbreitet.

Ich wittere Morgenluft, allen bitteren Kirchenaustritten zum Trotz, weil Menschen auf der ganzen Welt an diesen Jesus glauben und in allen Sprachen singen: „Christus ist erstanden!“

Dieser Glaube zeigt sich vielfältig: Eltern bringen Kinder zur Taufe, weil sie selbst gläubig sind und Gottes Schutz erbitten. Erstkommunikanten erahnen, was es heißt, Freunde, Freundinnen von Jesus und von ihm eingeladen zu sein. Firmlinge begreifen, dass Gott durch sie etwas zum Guten verändern will. Familien pflegen ganz bewusst kirchliche Bräuche und Zeiten. Ich bringe Älteren und Kranken die Kommunion, weil sie die Grenzen ihres Lebens spüren und gerade im Glauben Kraft finden zu sagen: „Guter Gott, dein Wille geschehe! Ich weiß mich von dir getragen, gerade auch in der Krankheit."

Ich wittere Morgenluft im Blick auf alle, die sich von Jesus inspirieren lassen und sich für andere einsetzen, die die Nächstenliebe praktizieren: pflegende Angehörige, ehrenamtliche MitarbeiterInnen in der Pfarre und bei der Caritas, Sozialpaten, HospizbegleiterInnen, Friedensaktivisten, Betreuer von Asylwerbern, HaussammlerInnen, AK-MitarbeiterInnen, solche, die im Stillen Gutes wirken, und, und …

Es gibt Besuchsdienste, Selbstbesteuerungsgruppen, Unterstützungsaktionen wie für Bischof Kräutler, Missionsbasare, Suppentage, um nur einige wenige Beispiele aufzuzählen. Eine Welt ohne den Auferstandenen wäre kalt und trostlos, denn in einem christlichen Umfeld gibt es immer Platz für die Maroden und Dementen, für Hilfsbedürftige, Belastete, Bedrückte, Fremde, Sterbende, und für die, die nichts mehr leisten können.

Ich wittere Morgenluft, weil ich Sonntag für Sonntag mit verschiedenen Christen Gottesdienste feiere. In ihnen, in ihrem Glauben, Hoffen und Lieben ist Christus auferstanden.

Das besondere Wort

Vielleicht wird nichts verlangt
von uns
während wir hier sind,
als ein Gesicht
leuchten zu machen
bis es durchsichtig wird.

Hilde Domin, Auszug aus dem Gedicht „Indischer Falter"

* * *

Euer Herz lasse sich nicht verwirren. Glaubt an Gott und glaubt an mich! (Joh 14,1).

Briefwechsel

Manchmal schreiben Menschen „offene" Briefe, um ein besonderes Anliegen publik zu machen. Wir könnten auch einen solchen Brief an Jesus richten mit ungefähr diesem Inhalt:

Lieber Herr Jesus,
du forderst uns auf: Euer Herz lasse sich nicht verwirren! Das ist wohl leichter gesagt als getan. So viele Menschen – auch wir selbst – sind oft genug durcheinander in den Gefühlen und Gedanken, in den Beziehungen, auch im Glau-

ben. Woran kann man sich im Supermarkt der religiösen und esoterischen Angebote noch halten? Wie oft wissen wir nicht, was wir tun sollen, was richtig oder falsch ist.

Sogar unter den Christen selbst gibt es eine Menge von Gruppierungen von Freikirchen über extrem konservative Traditionalisten bis zu denen, die liberal eingestellt sind. Da soll man nicht ganz wirr sein?

Kannst du uns nicht weiterhelfen? Wir sind schon auf deine Antwort gespannt.

Es grüßen dich die Sonntagschristen unserer Gemeinde.

Wie würde wohl die Antwort Jesu lauten?
Wenn ich das heutige Evangelium, einen Abschnitt aus der Abschiedsrede Jesu richtig verstanden habe würde er uns vielleicht Folgendes schreiben:

Meine Lieben,
ich kenne euren Wunsch nach Beheimatung. Jeder Mensch will irgendwo dazugehören und hinein verwoben sein in ein gutes Beziehungsnetz. Weh dem, der keine Heimat hat. Aber dennoch bleibt ihr nur Gäste auf dieser Erde. Um das Loslassen und Sterben, um diese letzte Entbindung kommt niemand herum. Aber ich verspreche euch, dass eure Sehnsucht nicht ins Leere läuft. Ich bereite euch eine Wohnung, ein unvorstellbar schönes, bleibendes Zuhause bei dem Gott, aus dessen Liebe ihr nicht herausfallen könnt, der euer ganzer Himmel ist.

Ich kenne euer Bedürfnis nach Orientierung im Leben, nach einem tieferen Sinn.

Ich kann euch nur einladen: Haltet euch an mich, geht meinen Weg mit, in meinen Fußstapfen, in meiner Spur.
Nein, ich bewahre euch nicht vor Stolpersteinen oder leidvollen Erfahrungen, vor Schmerzen und Verlusten. Es gibt bei

den Lebensproblemen keine Umleitung. Da müsst ihr mitten durch. Ich kann euch kein Rezept für einen schmerzfreien Lebenslauf anbieten. Es gibt auch keinen fertig abgepackten Lebenssinn. Den muss man sich erwandern, Tag für Tag, Schritt für Schritt. Aber ihr könnt in jeden Tag etwas Sinnvolles hineinsäen. Bleibt Gehende – ein Leben lang – auf den Wegen, die euch zu Gott und den Menschen führen. Das ist auch mein Weg gewesen.

Ich kenne eure Sehnsucht nach einem stabilen Fundament, nach gültigen Wahrheiten, auf die man bauen kann. Oft verbirgt sich dahinter die Frage nach Gott. Ihr könnt ihn aber nie erfassen und besitzen, er bleibt im Letzten unbegreiflich. Dennoch könnt ihr an mir die Wahrheit ablesen, dass Gott ein erbarmender und liebender Gott ist. Wenn ihr mich anschaut, erkennt ihr, wie Gott ist. Er ist meine – eure Herkunft und Zu-kunft. Das Wissen um seine Nähe und Treue hat mir die Kraft gegeben, auch im Leiden und Sterben nicht zu verzweifeln.

Ich kenne euren Drang nach Leben, einem erfüllten und geglückten Leben.

Wer aber sein Leben nur für sich behalten und besitzen will, wird es verlieren. Wer hingegen sich in seinem Leben einsetzt und aussetzt, wer die Liebe zu den Menschen und zur Mitwelt fließen lässt, findet ein fülliges und erfülltes Leben.

Ja, lasst euch nicht verwirren! Glaubt einfach, vertraut, dass ich der Weg, die Wahrheit und das Leben bin. Bei mir und durch mich findet ihr ein Daheim!

Es grüßt euch von Herzen,
Jesus

Ob dieser Brief ankommt – in unserem Herzen?

Das besondere Wort

Nichts soll dich ängstigen,
nichts dich erschrecken!
Alles geht vorüber,
Gott bleibt derselbe.
Geduld erreicht alles.
Wer Gott besitzt,
dem kann nichts fehlen:
Gott allein genügt.

hl. Teresa von Ávila

* * *

Ein neues Gebot gebe ich euch: Liebt einander! Wie ich euch geliebt habe, so sollt auch ihr einander lieben (Joh 13,34).

Wann beginnt der Tag?

Nachdem Judas beim Abendmahl den Bissen Brot von Jesus genommen hatte, ging er sofort hinaus, um ihn zu verraten: *Es war aber Nacht*, heißt es ausdrücklich (Joh 13,30).

Johannes will hier nicht einen Hinweis auf die Tageszeit geben, sondern er meint im übertragenen Sinn, dass damit die „Nacht" des Leidens Jesu begann. Auch die Jünger umfing bald die Schwärze der Gefangennahme und des qualvollen Sterbens Jesu. Zudem verdunkelte Angst ihr Herz: Was passiert mit uns? Und wie soll es weitergehen? Was tun wir ohne unseren Meister?

An dieser Stelle seines Evangeliums schiebt Johannes ein umfangreiches Abschiedsgespräch ein, fünf Kapitel lang, in dem das Vermächtnis Jesu zusammengefasst ist. Die jungen Christengemeinden sollen sich daran erinnern, was ihr Kerngeschäft ist: nach dem Beispiel ihres Herrn einander zu lieben. Daran wird man die Christen erkennen, dass sie die befreiende Liebe Jesu weiter praktizieren.

Immer wieder im Laufe der zweitausendjährigen Kirchengeschichte gab es dunkle, traurige Kapitel, Krisen und Verirrungen, keine Frage. Und das herauf bis in unsere Tage. Denken wir nur an die Missbrauchsgeschichten, aber auch an Fehlentwicklungen, Verhärtungen und Erstarrungen in der Kirche. Der Ruf nach Reformen ertönt von verschiedenen Seiten. Schon der hl. Hieronymus stellte im 4. Jahrhundert fest, dass die Kirche immer reformbedürftig ist.

Dennoch sei daran erinnert, dass die Christen nie das Liebesgebot Jesu vergessen haben.

Vieles, was heute bei uns zum sozialen Standard gehört, geht auf kirchliche Initiativen, besonders der Orden zurück, ist auf dem Boden der Kirche gewachsen: Krankenhäuser, Pflegeheime, Hospize, Siechenhäuser, Wohltätigkeitsvereine, Waisenhäuser, Schulen, Fürsorgeeinrichtungen, Jugendarbeit, Fremdenbetreuung und anderes mehr.

Es gab zu allen Zeiten große Beispiele der Nächstenliebe. Ich erinnere nur an die hl. Elisabeth, an Philipp Neri, Vinzenz von Paul, Don Bosco, Damian de Veuster, Mutter Teresa. Und daneben finden wir noch die vielen anderen, die im Stillen die Liebe gelebt und geschenkt haben.

Man sieht die Sterne erst in der Nacht. Wir sollen in den trüben dunklen Kirchenzeiten bewusster diese Lichtsignale wahrnehmen.

Es war aber Nacht!
Es wird aber Tag!
So lautet der Gegen-Satz zu allen Negativmeldungen.

Vieleicht kennen Sie diese Geschichte:

Ein jüdischer Weiser fragt seine Schüler: „Wie kann man den Augenblick bestimmen, wo die Nacht zu Ende ist und der Tag anbricht?" Der erste Schüler fragt: „Ist es, wenn man in der Ferne einen Feigenbaum von einer Palme unterscheiden kann?" Der Rabbi antwortet: „Nein, das ist es nicht." Der zweite Schüler meint: „Wenn man ein Schaf von einer Ziege unterscheiden kann, dann wechselt die Nacht zum Tag". „Auch das ist es nicht", lautet die Antwort des Weisen. „Aber wann ist denn der Augenblick gekommen", fragen die Schüler. Der Rabbi antwortet: „Wenn du in das Gesicht eines Menschen schaust und darin den Bruder oder die Schwester erkennst, dann ist die Nacht zu Ende, dann bricht der Tag an."

jüdische Erzählung

Die Liebe zeigt sich, wenn wir einander anschauen und uns dadurch Ansehen geben, einander wertschätzend und respektvoll begegnen, und uns als gleichwertig akzeptieren.

Der/die andere ist ein Ebenbild Gottes, genauso wie wir, mit einer eigenen Geschichte und mit ähnlichen Bedürfnissen, wie wir sie selbst haben. Martin Buber übersetzt das Gebot der Nächstenliebe: „Liebe deinen Nächsten, denn er ist wie du!"

Ich weiß natürlich, dass es bei manchen Menschen schon sehr schwer fällt, sie zu lieben. Es gibt auch lästige, schwierige Zeitgenossen, und bei manchen ist es besser, wenn man getrennte Wege geht. Wir können, wir müssen nicht alle mögen. Das Existenzminimum für uns Christen müsste jedoch sein, dass wir einander wenigstens ehrlich den Friedensgruß wünschen wollen und können.

Es wird Tag, weil es ungezählt viele Menschen gibt, die in verschiedensten Formen, mit kleinen Gesten und Aufmerksamkeiten, mit treuen Diensten und Hilfeleistungen, mit Wohlwollen und Vergebung den Auftrag Jesu erfüllen: *Das ist mein Gebot, dass ihr einander liebt, wie ich euch geliebt habe.*

Von diesen kann man sagen: „Es ist hell, weil du da bist!"

Spuren des Lichts

Beim Besuch Bethlehems sehen wir die riesige Betonmauer mitten in der Stadt. Ein bedrückender Anblick. Einen größeren Gegensatz kann man sich kaum vorstellen: Am Ort, wo wir die Geburt Jesu feiern, wurde diese schreckliche Trennungswand errichtet. Aber auf der „anderen" Seite besuchen wir das Caritas-Babyhospital, und dort sehe ich eine Mutter, die ganz zärtlich ihr Kind im Arm hält und es liebevoll anblickt. Gott sei Dank gibt es auch das.

Mai

Bestärkung

- Nicht müde werden, sondern …
- Neues Schimpfwort: Gutmenschen
- Mauern oder Windmühlen
- Sehnsucht nach Pfingsten
- Lustvoll waltende Freiheit
- Ein zeitlos gültiges Bild
- Das Geschäft Gottes

Der Sturm auf dem See, Hitda-Codex, Meschede um 1020

Wie eine Nussschale schaukelt das Boot auf dem stürmischen Wasser.
Der Wind hat das Segel zerfetzt.

Die Jünger sitzen zusammengedrängt im kleinen Schiffchen und starren verängstigt auf den Sturm, der ihnen entgegenbläst.

Sie benützen offensichtlich nicht einmal die Ruder. Es nützt sowieso nichts.

Nur einer von ihnen, wahrscheinlich Johannes, dreht sich um und tippt dem schlafenden Jesus auf die Schulter. „Herr, wach auf, wir gehen unter!"

Diese Geschichte wird seit jeher als Bild für die Kirche gedeutet, die auch verschiedenen Stürmen ausgesetzt ist, die den Gegenwind des Zeitgeistes spürt, die hin- und hergeworfen ist von verschiedenen Strömungen.

Wir finden uns aber auch selbst in der Erzählung vom Sturm auf dem See. Vieles kann uns Angst machen und uns lähmen. Das Gefühl, in einer schlimmen Situation unterzugehen, kennen wir ebenfalls.

Wäre es nicht gut, gerade dann Jesus aufzuwecken, vor allem, wenn wir meinen, er schlafe oder lasse uns allein? Wir dürfen im Tosen schlimmer Gedanken und all dessen, was abgrundtiefe Ängste in uns auslöst, zu ihm schreien. Auch wenn er uns vielleicht vorhält: „Ihr Kleingläubigen, warum habt ihr solche Angst?", er hilft uns trotzdem.

Wenn wir überzeugt sind, dass er mit uns im Boot ist, werden wir ruhiger, dann glätten sich die Wellen.

Jesus **bestärkt** uns, Gott zu vertrauen, nicht nur im Monat Mai.

Plötzlich erhob sich ein heftiger Wirbelsturm und die Wellen schlugen in das Boot, sodass es sich mit Wasser zu füllen begann (Mk 4,37).

Nicht müde werden, sondern…

Es gibt so vieles, was uns mutlos macht, belastet, ärgert, bedrückt. Deshalb möchte ich mich auf die Suche machen nach dem, was uns in solchen Situationen wieder leben hilft.

Ermutigung in der Angst
Wir kennen dieses Gefühl: Schüler hoffen ängstlich, dass sie noch einen Vierer in der Schularbeit schaffen. Manche haben Angst um die Kinder, den Partner, die Partnerin.

In einer schweren Krankheit fragen wir bange: „Wird das wieder?" Phantasien, was alles passieren könnte, machen uns das Herz eng. Die Bibel berichtet, dass sogar die Jünger, gestandene Männer, in einem Seesturm Todesangst bekommen. *Herr, rette uns, wir gehen zugrunde*, schreien sie. Aber Jesus schläft wie ein Kind im größten Lärm. Sie wecken ihn.

Und was macht er? Er stellt sich dem Sturm, dem Angstauslöser. Er spricht ihn sogar an: *Schweig! Sei still!*

Es ist oft hilfreich, das auszusprechen, was uns das Herz zusammenschnürt. Nur was erkannt und benannt wird, kann geheilt werden. Auch Jesus hatte einmal blutige Angst, in der Nacht vor seinem Sterben. Im Ringen mit Gott, im Gebet wuchs in ihm die Kraft, ja zu sagen zu dem, was auf ihn zukommt.

Die Apostel lernen in der stürmischen Nacht auf dem See, dass sie mit diesem Jesus nicht untergehen. Er stärkt in ihnen den Glauben, dass sie nicht aus der Liebe Gottes herausfallen können.

Ermutigung in der Trauer

Wer trauert, dem brennt das Herz, vor Liebe, vor Zorn, vor Schmerz, vor Sehnsucht, vor Einsamkeit. Trauer ist der Wundschmerz der Seele. In der Trauer wird alles so mühsam und schwer. Man kann nicht zu viel trauern. Manchmal fragen mich die Leute: „Ist das noch normal, wie es mir geht?" Doch, ja. Zu wenig Trauer bedeutet auch zu wenig Heilung. Die Narben bleiben allerdings ein Leben lang, und man muss mühsam lernen, mit der Lücke zu leben.

Sie wissen, unser Herz hat zwei Kammern. Auch unser emotionales Herz. In der Trauerphase wird eine zusätzliche Kammer „herausgemeißelt", und das tut weh. Wenn der neue Raum fertig ist, kann jemand einziehen, nämlich der Mensch, den wir verloren haben. Der kann dann dort wohnen. Aber es ist gut, auch eine Kammer der Freude einzurichten. Noch lieber halten sich die Toten dort auf.

Ermutigung in der Einsamkeit

Wie viele leiden darunter nicht nur allein, sondern auch einsam zu sein. Das ist nicht dasselbe.

Ich sage manchmal etwas salopp: „Nichts ist alles, aber es nicht alles nichts!" In einer Beziehung zu leben bedeutet nicht nur Glück, sondern auch Herausforderung und Mühe. Genauso kann das Alleinsein schwer sein. Es bietet aber gleichzeitig die Möglichkeit, das eigene Leben frei zu gestalten. Wir suchen das Glück sehr oft am „anderen Ufer" und übersehen dabei die positiven Möglichkeiten im eigenen Leben.

Grundsätzlich dürfen wir nicht bloß darauf warten, dass jemand zu uns kommt, uns anruft, sich um uns kümmert.

Besser ist es, sich selbst auf den Weg zu machen und jemanden zu besuchen, mit anderen zu telefonieren, ihnen einen Brief zu schreiben. Eine Frau erzählte mir: „Wenn mir die Decke auf den Kopf fällt und mir daheim alles zu viel wird, lasse ich die Bügelwäsche oder anderes liegen und mache einen Besuch im Seniorenheim oder sonst wo. Dann geht es mir gleich besser."

Ich kenne viele Alleinstehende, die aus ihrer Situation tapfer das Beste machen. Sie sind für andere ein Segen, ein Geschenk des Himmels. Und man muss es ihnen auch manchmal sagen.

Ermutigung in der Resignation

Die Wurzel dafür liegt in Enttäuschungen oder schlechten Erfahrungen, in Misserfolgen und Verletzungen. Auf einmal mag man nicht mehr, versiegt die Kraft zum Weitermachen oder Kämpfen. Im Grunde möchten wir doch, dass uns jemand ansieht, schätzt, in den Arm nimmt, bestätigt und liebt – trotz allem, auch wenn wir nicht perfekt und großartig sind. Dann bekommt unser Herz wieder kleine Flügel.

Das kann man allerdings nicht machen, man muss es sich schenken lassen.

Vielleicht könnten wir manchmal an das Wort von Hilde Domin denken: „Nicht müde werden, sondern dem Wunder leise wie einem Vogel die Hand hinhalten!" Versuchen wir einfach, auch Gott das Herz hinzuhalten, der zu uns ja sagt, unbedingt, der uns liebevoll anschaut und uns ermutigt: „Fürchte dich nicht. Ich habe dich bei deinem Namen gerufen. Ich lasse dich nicht fallen!"

Spuren des Lichts

Ich besuche eine Frau, deren Mann vor einem halben Jahr gestorben ist. Während ich mit ihr rede, malt die sechsjährige Enkelin ein ganz fröhliches Frühlingsbild. Beim Abschied drückt sie es mir in die Hände. Das sei für mich! Ist das nicht auch wunderbar, ganz wörtlich, denn ich bin im Herzen berührt und freue mich?!

* * *

Wenn aber der Beistand kommt, den ich euch vom Vater aus senden werde, der Geist der Wahrheit, der vom Vater ausgeht, dann wird er Zeugnis für mich ablegen (Joh 15,26).

Neues Schimpfwort: Gutmenschen

Es ist schon interessant: Immer häufiger taucht in diversen Leserbriefen oder Vorträgen der Begriff „Gutmenschen" auf. Wenn ich es recht verstehe, meinen die Schreiber damit naive Christen, blinde Träumer, „linke" Spinner (warum nur „linke" und nicht „rechte"?), „grüne" Phantasten, realitätsfremde Weltverbesserer, unpolitische Fromme. Immerhin gesteht man ihnen noch zu, dass sie gut sein wollen, aber sie laufen in die falsche Richtung und vertreten verkehrte Ansichten. So einfach ist es aber nicht. Wer verdient denn wirklich die erwähnte Bezeichnung?

Der absolute Gutmensch ist Jesus!

Zumindest für uns Christen. Er hat nicht nur die Liebe gepredigt, sondern er hat sie auch verkörpert und bis zur letzten Konsequenz gelebt. Sein Sterben am Kreuz ist der Ernstfall seiner Liebe gewesen. Haben wir begriffen, wie radikal Jesus in seiner Liebe ist, gerade auch den Ausgegrenzten und Abgelehnten, den Heiden und Ausländern gegenüber? Er stellt sie sogar als gutes Beispiel hin und sucht für viele provozierend den Kontakt mit den Dirnen, Zöllnern (Betrügern) und Sündern.

Dieser Jesus hat sich nach seinem Tod, seiner Auferstehung nicht in den Himmel verabschiedet, sondern er bleibt bei uns bis ans Ende der Welt (Mt 28,20), nicht körperlich, aber doch ganz real durch seinen Geist.

In einer Pfarre lag auf dem Seitenaltar ein Fürbittbuch, in das die Leute ihre Anliegen eintragen konnten. In den Tagen um Christi Himmelfahrt schrieb jemand – der Schrift nach ein Jugendlicher – hinein: „Jetzt bist du also droben, Jesus. Ist es dort schön? Hier unten nicht!“

Die Antwort Jesu könnte vielleicht so lauten: *Ich bin eigentlich nicht weggegangen, denn ich wirke in euch durch meinen Geist. Und ich brauche dich, damit sich in dieser Welt etwas zum Besseren wandelt. Du kannst mithelfen, dass da und dort ein bisschen der Himmel herunter fließt auf diese geschundene Erde, auch hinein in die Menschenherzen, die müden, traurigen, belasteten.*

So vieles steht dem Geist Jesu entgegen. Ich denke ganz konkret an manche Äußerungen, die im Zusammenhang mit der Diskussion um den Islam und die Minarette zu hören und zu lesen waren. Natürlich hat jeder das Recht, seine eigene Meinung zu besitzen und öffentlich zu vertreten. Die Frage ist jedoch, ob diese auch der biblischen Botschaft entspricht. Wenn alle streitbaren Verteidiger eines christlichen Abendlandes viel mehr die Bibel lesen würden und die Botschaft Jesu ernst nähmen, dann müssten sie doch das Miteinander fördern und das Trennende abbauen, anstatt kämpferisch, aggressiv gegen bestimmte Menschengruppen auf die Barrikaden zu steigen.

Wer sind die Gutmenschen unserer Zeit?
Für mich ist klar, dass diejenigen zu ihnen zählen, die barmherzig mit den Menschen umgehen; die sich selbst von Gott geliebt wissen und dementsprechend dann auch die anderen, selbst die Schwierigen und Lästigen, die Fremden und Andersgläubigen, sogar die Feinde lieben, d. h. respektvoll und gerecht mit ihnen umgehen und sogar für sie beten; die auf Gott vertrauen und unverdrossen mitarbeiten, ein gerechtes und friedliches Miteinander zu fördern; die aufstehen gegen alles, was das Leben von Menschen und Tieren zerstört, die die Schöpfung bewahren – nicht zuletzt als Lebensraum für unsere Kindeskinder; die bereit sind, auch einen Preis dafür zu bezahlen, um nur einige Beispiele aufzuzählen.

Die wahren Gutmenschen fragen bei allem, was sie sagen oder tun, ob das der Absicht und der Liebe Gottes entspricht.

Natürlich zähle ich mich nicht von vornherein zu den Gutmenschen, weil ich um die eigene Sündigkeit weiß. Aber ich bleibe dabei, dass ich zu ihnen gehören möchte, im oben beschriebenen Sinn, auch wenn manche diese Einstellung belächeln oder schlechtmachen. Wir sind alle aufgerufen, „Gutmenschen" zu sein. Schön wäre es, wenn der Geist Jesu uns wie ein Sturm bewegen, wie ein Feuer in uns brennen und Sprachenwunder bewirken würde.

Beten wir darum!

Das besondere Wort

Die Barmherzigen sind leise.
Sie fallen nicht auf.
Sie machen kein Aufheben von sich.
Sie streben nicht nach oben.
Sie beugen sich nach unten, zu dem, der ihrer bedarf.
Sie stellen sich auf die gleiche Stufe, sie sind neben ihm, nicht über ihm.
Sie richten ihn auf, in seiner Würde als Mensch, in den aufrechten Gang, in das Ebenbild Gottes.
Die Barmherzigen sind still. Sie machen keine Karriere „nach oben".
Ihr Leben ist eine Karriere „nach unten".
In ihnen wurzelt das Reich Gottes. sel. Papst Johannes XXIII.

* * *

Der Wind weht, wo er will (Joh 3,8).

Mauern oder Windmühlen

Ein chinesisches Sprichwort lautet: „Wenn der Wind des Wandels weht, bauen die einen Mauern, die anderen Windmühlen!" Noch nie in der Menschheitsgeschichte hat es so viele Veränderungen gegeben wie heute, in jeder Hinsicht. Unsere Ur-Urgroßeltern würden sich wie auf einem anderen Planeten vorkommen. Diese rasante Entwicklung löst bei vielen Menschen große Ängste aus. Jede Wandlung geht ihnen gegen den Strich. Sie bauen deshalb Mauern, hinter die sie sich zurückziehen. Sie wollen oder können die veränderten Realitäten gar nicht mehr wahrnehmen. Im Gegensatz dazu haben andere wiederum Lust am Neuen. Ihnen ist das erstarrte Festhalten am Früheren total zuwider. Sie brauchen den frischen Wind, der die Windmühlen ihrer Ideen und Pläne in Schwung hält.

Momentan hat man den Eindruck, die Probleme in der Kirche hören nicht auf. Es ist allerdings keine Lösung, wenn wir wie die Israeliten vor 3000 Jahren zurück wollten zu den „Fleischtöpfen" Ägyptens. Denen schien das Leben in Unterdrückung noch besser zu sein als der mühsame Marsch durch die Wüste. Die Kirche als das wandernde Volk Gottes bleibt wesenhaft vor-läufig, im doppelten Sinn. Sie soll vorwärts gehen und ist nie endgültig, perfekt, sondern mangelhaft und vergänglich wie wir alle. In Anlehnung an ein Wort von Heinrich Heine könnte man manchmal sagen: „Denk ich an die Kirche in der Nacht, so bin ich um den Schlaf gebracht." Dennoch schlafe ich gut.

Manchmal frage ich mich schon, was Jesus sagen würde, käme er heute leibhaftig wieder in die Kirche. Wie ginge es ihm? Würde er wütend werden wie damals bei der Tempelaustreibung und die sturen „Rinder" erstarrter Strukturen, die gurrenden „Tauben" kontroverser oder überholter Ansichten fortjagen, die „Tische" der „Geldwechsler", die mit Gott Geschäfte machen, umwerfen? Aber sicher würde er auch anerkennen, dass durch alle Jahrhunderte in dieser Gemeinschaft sein Evangelium verkündet und von ungezählten Christen gelebt worden ist, dass es viel echten Glauben, unerschütterliche Hoffnung und wirklich tätige Liebe gibt. Das Konzil formte die Kirche zu einer großen Windmühle für den Hl. Geist. Das Problem ist nur, dass auch neue Stürme aus verschiedenen Richtungen blasen.

Tagtäglich begegne ich Menschen, die ihr verängstigtes oder belastetes Herz offen halten für den „Wind“ Gottes und ihm zutrauen, dass er immer wieder neue Wege eröffnet, neue Kraft schenkt. Viele nehmen spontane Impulse als Anruf Gottes auf und lassen sich bewegen, sich für jemanden oder etwas einzusetzen, einen Dienst zu übernehmen…

Ich denke an die Frau, die an Kieferkrebs erkrankt ist und Chemotherapien, Bestrahlungen und eine schwere Operation durchgestanden hat. Dennoch lächelt sie dankbar. Sie ist optimistisch und fühlt sich durch ihren Glauben an den mitgehenden Gott ermutigt. Mir kommen viele ehrenamtliche Helfer und Helferinnen in den Sinn, z. B. der pensionierte Lehrer, der den Kinder von Asylwerbern Nachhilfeunterricht gibt, oder die Haussammler und -sammlerinnen der Caritas, die von Tür zu Tür gehen, weil sie überzeugt sind: Man muss etwas für notleidende Menschen tun. Bloß schön reden und diskutieren ist zu wenig.

Oft begegne ich Trauernden, die es schwer haben, deren Herz verdunkelt ist. Sie leben den Satz eines Gedichtes von Hilde Domin: „Stehen bleiben und sich umdrehen hilft nicht. Es muss gegangen sein!“ Aber irgendwann gelingt es ihnen doch, in der veränderten Lebenssituation eine Herausforderung und Chance zu sehen. Sie lassen sich bewegen wie eine Windmühle und wagen es, neue Schritte zum Leben zu gehen. Sie wissen: „Nur wer sich ändert, bleibt sich treu“ (Herbert Haag).

Als wir ein Friedensgebet veranstalteten, fragte mich jemand: „Und, was ändert euer Beten? Meinst du wirklich, dass das etwas nützt?“

Natürlich bin ich davon überzeugt. Wir müssen im Gebet nicht Gott umstimmen. Das Beten wandelt *uns*. Wir stellen dabei die Segel unserer Herzen in den „Atem“ seiner Friedensabsichten. Wir trauen dem Geist Gottes zu, dass er, wie bei einer Windmühle, die Körner vieler guter Gedanken und Wünsche mahlt, damit das Brot eines friedlichen Miteinanders gebacken werden kann. Wir wollen die Energie Gottes nützen.

Es wäre schön, wenn viele dabei mitmachten.

Spuren des Lichts

Aussagen von Menschen, die bei der Caritas Hilfe suchen:

„Ich weiß nicht, zu wem ich sonst gehen soll. Ich konnte keine Miete zahlen, Geschenke für die Kinder sind auch nicht drinnen. Ich brauche jemand zum Reden. Hast du einen Termin für mich …“

„Hier in der Notschlafstelle werde ich als Mensch behandelt. Ich bin froh, dass Sie mir helfen, eine Wohnung zu finden.“

„Im HIOB (Anlaufstelle für Drogensüchtige) kann ich mich ohne Druck aufhalten und bekomme auch etwas zum Essen. Irgendwann schaffe ich es, von der Droge wegzukommen. Gott sei Dank gibt es diese Caritas.“

Danach aber wird es geschehen, dass ich meinen Geist ausgieße über alles Fleisch. Eure Söhne und Töchter werden Propheten sein, eure Alten werden Träume haben, und eure jungen Männer haben Visionen (Joël 3,1).

Sehnsucht nach Pfingsten

Die habe ich, wenn ich zurückdenke an das Zweite Vatikanische Konzil, das am 11. Oktober 1962 begonnen hat.

Die Jungen heute können sich gar nicht mehr vorstellen, welch ermutigende, hoffnungsvolle Stimmung die gesamte Kirche erfasst hatte. Die Begeisterung von damals trägt mich (und sicher viele, viele andere) noch heute. Das Erstaunliche dabei: Das Konzil mit der großartigen „Schwungmasse" wurde – gegen den Widerstand der Kurie – durch einen einzigen Mann ausgelöst: Papst Johannes XXIII.

Ich gerate ins Träumen. Wie wunderbar wäre doch wieder so ein Pfingstereignis wie vor 50 Jahren!

Gegen alle Schwarzseher und Angsthasen

In der Eröffnungsansprache zum Konzil, wirklich eine „Jahrhundertrede", sagte er: „Es verletzt uns, wenn wir Vorhaltungen von Leuten anhören müssen, die nur Missstände und Fehlentwicklungen zur Kenntnis nehmen in der Meinung, dass alles schlechter wird. Wir müssen diesen Unglückspropheten widersprechen, die nur Unheil voraussagen, als ob der Untergang der Welt unmittelbar bevorstünde!" (Nr. 8).

Das kann ich nur unterstreichen, auch wenn mich natürlich so manche Entwicklungen belasten, z. B. die atomare Verseuchung, die Klimaveränderung, die arrogante Skrupellosigkeit der Finanzbosse, die Schere zwischen Arm und Reich und anderes mehr. Aber ich sehe auch den großartigen Einsatz von Menschen innerhalb und außerhalb der Kirche für Gerechtigkeit, Frieden und die Bewahrung der Schöpfung. Im Nahbereich fallen mir pflegende Angehörige ein und ungezählte kleine Lichtpunkte von sozialem Engagement, von Hilfeleistungen und Aufmerksamkeiten.

Im Sinne des Konzilspapstes wünsche ich trotz der Probleme unserer Zeit vor allem den Kirchenoberen viel mehr Gelassenheit und weniger Angst.

Gegen alle Härte

Oft frage ich mich: Was für einer Kirche begegnen denn die Menschen? Wie erleben sie die am Rande der Gesellschaft? Vorschriften da, Bedingungen dort. Papst Johannes hingegen erklärt, dass die Kirche eher das „Heilmittel der Barmherzigkeit als das der Strenge gebrauchen möge. Sie soll sich als gütige und geduldige Mutter erweisen, voll Barmherzigkeit und Wohlwollen gerade jenen gegenüber, die sich vor ihr entfernt haben" (Nr. 16,17).

Dazu passt ein mündlich überliefertes Wort von ihm: „Ich bin nicht schön, schaut mich nur an, aber ihr werdet es gut haben bei mir!"

Wir müssen alles tun, dass die christliche Religion bei uns nicht zu einem Regelwerk verkommt oder verbürokratisiert. In diesem Zusammenhang träume ich von Christen, die haupt- und ehrenamtlich den Menschen nachgehen, sie dort aufsuchen, wo sie mit ihren Problemen leben. Daran mangelt es leider.

Gegen das Sitzen- und Stehenbleiben

Zweimal spricht der Papst davon, dass beim Konzil nicht irgendwelche Glaubensartikel diskutiert werden. Die Kirche soll vielmehr mutig einen Sprung nach vorne machen und aufzeigen, wie christlicher Glaube heute gelebt werden kann (Nr. 15).

Alles krampfhafte Festhalten am Alten ist da hinderlich. Wenn von Rom die frühere (tridentinische) Messe jetzt wieder propagiert wird, kann ich kein Vorwärtsspringen erkennen.

Andere Themen stehen an, denken wir nur an die Frauen, den Priestermangel, die Kirchenfernen, um nur einiges aufzuzählen.

Das berühmte Wort vom „Aggiornamento", das auch Johannes XXIII. geprägt hat, geht in diese Richtung: Die Botschaft Jesu muss in Sprache und Inhalt „verheutigt", d. h. so verkündet werden, dass Menschen unserer Zeit sie verstehen.

Die Leichtigkeit des Hüpfens und Springens, wie wir es manchmal bei Kindern sehen, wünsche ich mir für unsere Glaubensgemeinschaft.

Gegen die Mutlosigkeit

Am Pfingstmontag 1963 ist Papst Johannes gestorben. Einige Tage vorher diktierte er: „Wir sind darauf ausgerichtet, dem Menschen als solchem zu dienen, nicht bloß den Katholiken, darauf, in erster Linie und überall die Rechte der menschlichen Person und nicht nur diejenigen der katholischen Kirche zu verteidigen. Es ist der Augenblick gekommen, die Zeichen der Zeit zu erkennen, die von ihnen gebotenen Möglichkeiten zu ergreifen und in die Zukunft zu blicken!"

Visionäre Worte eines 82-jährigen Mannes vor 50 Jahren!

Das war für mich ein Pfingsten, nach dem ich mich immer mehr sehne.

Spuren des Lichts

Ein mir bekannter Witwer hat mit 82 Jahren nach dem Tode seiner Gattin kochen, waschen und bügeln gelernt. Trotz seiner Trauer bewältigt er seine Situation recht gut. Wer möchte sagen, das alles sei selbstverständlich?
Oder dass ein Mann – Mitte fünfzig –, der weiß, dass er in nächster Zeit sterben wird, mit mir offen darüber redet?

* * *

Gott hat die Welt so sehr geliebt, dass er seinen einzigen Sohn hingab, damit jeder, der an ihn glaubt, nicht zugrunde geht, sondern das ewige Leben hat (Joh 3,16).

Lustvoll waltende Freiheit

Letzthin sagte Kardinal Schönborn im Blick auf die Kirchenaustritte: „Aus der Liebe Gottes kann niemand austreten." Ein wunderbarer, großartiger Satz mit Konsequenzen, wenn man ihn ernst nimmt. Auch von der Taufe und Firmung kann man nicht austreten, und genauso wenig aus der Liebe Gottes.

Die Kernbotschaft der Hl. Schrift lautet: *Gott ist die Liebe! (1 Joh 4,8).* Im Grunde besagt die Lehre von der Dreieinigkeit, die im 4. Jahrhundert definiert wurde, dasselbe: Der eine liebende Gott ist für uns Schöpfer, Vater, Mutter.

Er wird sichtbar und greifbar in Jesus als Gott mit uns, und er wirkt, strömt, weht, fließt weiter in uns als Hl. Geist.

Ich möchte heute zwei Eigenschaften oder Wirkungen der göttlichen Liebe herausgreifen. Dazu hat mich ein Wort des Schweizer Dichters Kurt Marti inspiriert, der schreibt: „Gott ist lustvoll waltende Freiheit und Urzeugung der Demokratie!"

Liebe setzt Freiheit voraus. Sie bedeutet immer das freie Ja zu Gott oder zu einem Menschen, und sie macht uns gleichzeitig frei. Ein altes Wort für heiraten lautet „freien". Wir kennen noch den Begriff „Freier". Diesen Gedanken greift das Hochzeitsgebet auf, das ich manchmal verwende:

Du willst unsere Befreiung, Gott! Darum „freien" Menschen einander, um sich gegenseitig frei zu machen zur Entfaltung all ihrer Kräfte und schöpferischen Möglichkeiten.
Lass die beiden ihre eigene Lebensform finden und entwickeln.
Schenke ihnen Geduld und Einfühlung füreinander, sodass sie in Freude und Leid immer fester zusammenwachsen.
Öffne sie aber auch für die Freuden und Sorgen ihrer Mitmenschen, ihrer Umwelt, damit ihre Ehe sich bewähre als Einübung in mehr Menschlichkeit, mehr Verständnis, mehr Liebe.
Lass sie in Freiheit miteinander leben und frei werden für ihre Mitmenschen. *nach Kurt Marti*

Jeder Zwang, jeder moralische Druck widerspricht der Liebe und damit auch dem Wesen Gottes. Wie oft sagen Menschen zueinander: „Wenn du mich liebst, dann musst du …!" Aber Liebe stellt keine Bedingungen. Sie ist ein freies, radikales Sich-offen-Halten und -Hingeben, was aber nicht heißt, dass man auch alles bejahen und akzeptieren muss.

Eine Sinngeschichte erzählt:

Eine Mutter ging mit ihrer Tochter am Strand entlang spazieren. Da fragte die Tochter: „Mutter, was muss ich tun, um in meiner Ehe glücklich zu werden?" Die Mutter, eine reife, erfahrene Frau, blieb stehen, beugte sich nieder und füllte beide Hände mit Sand. Dann schloss sie eine Hand zu einer Faust. Da quoll der Sand durch die Finger und fiel auf den Strand. „Das ist meine Antwort", sagte die Mutter sanft. „Den anderen festhalten, ihn besitzen wollen aus Furcht, ihn verlieren zu können, den anderen an sich binden, das ist der Weg der Vereinsamung. Das ist das Ende für eine lebendige Beziehung. Man muss sich offen halten für das freie Geben und Empfangen.

Quelle unbekannt

Ich denke, dass sich auch deshalb viele Paare scheiden lassen, weil sie Liebe und Bindung verwechseln. Liebe ist immer lustvoll waltende Freiheit und die Urzeugung der Demokratie.

Liebe verträgt kein Herrschen über andere, will keine Machtstrukturen, Über- und Unterordnung, sondern will das Miteinander, die Kommunion, das Teilen, das Anteil-Nehmen und Teilhaben-Lassen. Die Fußwaschung und das autoritäre, hierarchische Herrschen über andere stehen immer im Gegensatz. Auch in der Kirche scheint man das manchmal zu vergessen.

Natürlich ist das alles viel leichter gesagt, als auch wirklich gelebt und umgesetzt.

So sehr hat Gott die Welt geliebt, dass er seinen Sohn gab (im Urtext heißt es nicht „hingab", sondern „gab"). Jesus verkörpert die Selbstmitteilung Gottes, die Liebe Gottes, die wesenhaft befreiend und erlösend ist und alle auf die gleiche Stufe stellt.

…. *damit jeder/jede, der/die an ihn glaubt*, … also alle, die sich von seinem Geist inspirieren lassen, sich einlassen auf eine liebende Beziehung zu ihm und den Menschen,

…. *das ewige Leben hat.* Damit ist nicht das Leben nach dem Tod gemeint, sondern gutes, erfülltes, bleibendes, freies Leben.

Manchmal steht auf Todesanzeigen: „Wer geliebt wird, stirbt nicht!"

Wir könnten genauso sagen: „Wer sich einlässt auf die Liebe Gottes, lebt erst richtig und für immer."

Das besondere Wort

Liebe ist kein Pensum das man absolviert,
sondern ein Anruf an die schöpferischen Möglichkeiten
des Herzens. Renate Otto

* * *

Ich bin der gute Hirt. Der gute Hirt gibt sein Leben hin für die Schafe (Joh 10,11).

Ein zeitlos gültiges Bild

Jesus verstand es ausgezeichnet, bei den Alltagserfahrungen anzuknüpfen und Geschichten zu erzählen, die die Zuhörer sofort angesprochen und ihre Herzen geöffnet haben.

So ist es auch beim Bildwort vom guten Hirten. Sicher haben nur wenige von uns schon selbst einen richtigen Hirten gesehen oder erlebt. Dennoch berührt uns dieser Vergleich, und wir erahnen, was Jesus uns damit sagen will, uns allen verspricht.

Ich bin der gute Hirt. Ich schaue auf euch!
Für ein Kind ist es ungeheuer wichtig, dass Mama und Papa es liebevoll anschauen. Das gibt ihm fürs ganze Leben Ansehen, Selbstwert und Vertrauen. Jeder besorgte, freundliche Blick tut kranken und pflegebedürftigen Menschen wohl, ist ein kleiner Troststern in den Nächten des Herzens.

Können *wir* glauben, dass Jesus uns ansieht, ein Auge auf uns hat, uns im Auge behält?

Ich bin der gute Hirt. Ich bleibe bei euch.
„Ich laufe nicht davon, wenn es schwierig und kritisch wird. Ich teile mit euch die Wellentäler und Wellenberge des Lebens."

Wie viele drückt es hinunter in die Einsamkeit, in die Depression, in die Arbeitslosigkeit, in die Trauer, in Beziehungsbrüche oder schwere Krankheiten. Jesus leidet mit uns und hält mit uns diese Situationen aus, aber er freut sich ebenso mit uns in den Stunden des Glücks und des Lachens.

Dieses „Ich-bleibe-bei-Euch" verwirklichen auch viele Männer und Frauen, die regelmäßig in Pflegeheimen Dienste tun oder jemanden besuchen, die Sterbende begleiten, die oft jahrelang daheim Angehörige betreuen und auch aushalten.

Ich bin der gute Hirt. Ich kenne jeden und jede von euch.
Das Wort „kennen" bedeutet in der hebräischen Sprache ein liebendes Einssein. *Adam erkannte seine Frau Eva, und sie wurde schwanger*, heißt es in der Hl. Schrift (Gen 4,1).

Jesus sagt damit, dass er zu uns eine so enge, intime Beziehung hat wie zu seinem Vater. Von seiner Seite fließt uns bedingungslose Liebe zu.

Dürfen wir dann in der Kirche, z. B. bei der Sakramentenspendung, so viele Bedingungen stellen? „Du bekommst von uns nur etwas, wenn du das und das erfüllst!" Eine evangelische Schülerin fragte mich: „Warum darf ich nicht mit zum Abendmahl, wenn ich Jesus empfangen will?" Jedes Ausschließen ist nicht und nie im Sinne Jesu, der sagt: *Ich habe noch andere Schafe, die nicht aus diesem Stall sind. Auch sie muss ich führen (Joh 10,16).*

Hier denke ich auch an die Menschen, die aus der Kirche ausgetreten sind. Viele von ihnen sind gegangen, weil ihnen enges Denken und Ausgrenzungen die Weite des Glaubens genommen haben. Jesus sagt hingegen zu allen Menschen: *Ihr liegt mir am Herzen! Gerade weil ich euch kenne!*

Ich bin der gute Hirt. Ich gebe mein Leben für euch.
Richtig übersetzt müsste es heißen: Ich stelle mich euch zur Verfügung. In dieser Formulierung liegt viel Freiheit. Und was machen wir mit seinem Angebot? Es hängt von uns ab, ob wir uns auf ihn einlassen, oder umgekehrt, ob wir ihn einlassen in unser Leben, Denken und Handeln. Das „Sich-von-ihm-geliebt-Wissen" schenkt uns eine große innere Freiheit und Kraft, und beides brauchen wir.

Das besondere Wort

Das verlorene Schaf

Ein Schaf fand ein Loch im Zaun und kroch hindurch. Es war sehr froh, abzuhauen. Es lief weit weg und fand nicht mehr zurück. Und dann merkte es, dass ihm ein Wolf folgte. Es lief und lief, aber der Wolf blieb ihm auf den Fersen, bis der Hirte kam, es aufnahm und liebevoll zurück in den Pferch trug. Und trotz allen Drängens weigerte sich der Hirte, das Loch im Zaun zu vernageln.

Quelle unbekannt

* * *

Wenn jemand mich liebt, wird er an meinem Wort festhalten; mein Vater wird ihn lieben und wir werden zu ihm kommen und bei ihm wohnen (Joh 14,23).

Das Geschäft Gottes

Eine Mutter geht mit ihrem Kind spazieren. Als sie bei einer Kirche vorbeikommen, fragt es: „Mama, wer wohnt da drin?“ „Der liebe Gott!“ „Aber du hast doch gesagt, dass Gott im Himmel wohnt.“ Darauf die Mutter: „Ja, dort ist er daheim, aber hier hat er sein Geschäft!“

Beide Aussagen stimmen nicht. Gott wohnt nicht weit weg im Himmel, sondern – ja, wo wohnt Gott? Die beste Antwort lautet: „Gott wohnt, wo man ihn einlässt!“ Man könnte genauso sagen: „Gott wohnt, wo Menschen einander lieben.“

Gott wohnt in unseren Herzen, in unseren Beziehungen, in unseren Familien, in den Vätern und Müttern, in den alleinstehenden Frauen und Männern und in den Kindern, wann immer wir einander von Herzen gut sind, uns um ein gutes Miteinander bemühen, einander tragen und ertragen, manchmal auch vergeben.

Der zweite Teil der Antwort in dieser Geschichte ist ebenso falsch. Gott betreibt nicht im Kirchengebäude sein Geschäft. Er hat es schon längst uns Menschen übergeben. Unsere Aufgabe ist es, in den verschiedensten Tätigkeitsbereichen in seinem Geiste zu wirken.

Die einen setzen sich dafür ein, unsere Schöpfung zu bewahren, gegen Umweltzerstörungen, gegen die Ölverpestung, gegen die Ausrottung der Wale und anderer Tiere, gegen die atomare Verseuchung und die Vergiftung der Natur zu kämpfen, um nur einige Beispiele zu nennen.

Andere engagieren sich für den Frieden im Kleinen, im Betrieb, in der Nachbarschaft, in der Schule, aber auch im Großen, und unterstützen verschiedene Friedensaktivitäten.

Wiederum andere fördern die Integration, suchen die Begegnung mit Fremden und tragen dazu bei, dass sich Menschen anderer Herkunft auch bei uns heimisch fühlen können. Das „Mauern-bauen-und-sich-Abgrenzen“ ist nie im Sinne Jesu, entspricht nicht seiner Mentalität. Die Kommunion, die wir empfangen, muss immer auch zur Kommunikation führen.

Gehören nicht auch die Mütter und Väter in besonderer Weise zu den Mitarbeitern, ja Geschäftsleitern Gottes, weil die Familien die ersten Orte sind, wo Kinder erfahren können, dass sie geborgen, angenommen, einfach geliebt sind, und wo sie auch wichtige soziale Verhaltensweisen lernen, das Teilen, das Rücksicht-Nehmen, Aufeinander-Schauen, auch das Streiten und Versöhnen, das Einander-Helfen und das Lieben.

Die Familie ist eine Filiale des Geschäftes Gottes, das den Firmennamen trägt: Reich Gottes.

Gott braucht jede und jeden in seinem Geschäft, Verheiratete und Alleinstehende, Frauen und Männer, Junge und Ältere. Alle können und sollen bei ihm „mitmachen".

Und falls wir manchmal müde oder mutlos werden, daran zweifeln, ob die Liebe sich lohnt und wir nicht letztlich die Dummen und Ausgenützten sind, dann sollten wir an das Wort Jesu denken: *Euer Herz beunruhige sich nicht und verzage nicht! (Joh 14,27). Ich bleibe bei euch und stärke euch durch meinen Geist, den Beistand! Die Liebe wird zwar manchmal gekreuzigt, aber sie ist letztlich stärker als alle Bosheit, alles Tödliche und Unmenschliche. Deshalb bin ich aus dem Grab erstanden. Die wahre Liebe ist nicht umzubringen, sie lebt und wirkt weiter! Alle Negativmeldungen und unguten Erfahrungen sollen euch nicht erschüttern. Glaubt an die Kraft der Liebe!*

Das besondere Wort

Mitunter trifft man Menschen, die strahlen Wärme und Freude und Wohlwollen aus. In ihrer Nähe fühlt man sich wohl, geborgen. Sie nehmen einen an, wie man ist; sie lassen zu, dass man sich so gibt, wie man sein möchte. Sie freuen sich, wenn man kommt, und sie wünschen einem Gutes, wenn man geht. Man hat nicht den Eindruck, dass man ihnen zur Last fiel; auch nicht, dass man ihre wertvolle Zeit in Anspruch nahm. Sie verhalten sich so, als wäre man erwartet worden. Sie halten es für das Wichtigste des Augenblickes: sich jetzt mit uns zu unterhalten.

Adalbert Ludwig Balling

Juni

Anstiftung

- Türme bauen
- Gottesbilder
- Der Ball Gottes
- Fürchtet euch nicht!
- Sich aufrichten
- Aufbauend
- Ihr seid das Licht der Welt

Hl. Dreifaltigkeit, Fresko in Urschalling, 12. Jahrhundert

Ein ungewohntes Bild

Dieses wunderschöne Fresko findet sich in einer Dorfkirche am Chiemsee. Es zeigt die Dreifaltigkeit mit der „Geistin“, der Frau in der Mitte. Die drei Gestalten haben nur zwei Hände, sie sind also eins. Ihre Heiligenscheine ergänzen sich, und zeigen miteinander die drei „Strahlen“ der Dreieinigkeit. Der an einen Mutterschoß erinnernde Faltenwurf mag deutlich machen, dass aus der „ruach“, der „Geistin“, dem Geistatem Gottes alles Leben entstammt.

Die Hände des Vaters und des Sohnes berühren sanft die Frau an den Schultern und symbolisieren nochmals die zärtliche, in sich strömende Liebe Gottes, der/die eins ist in den drei Personen.

Für mich ist dieses Bild eine kleine **Anstiftung** des Hl. Geistes, in einer männerlastigen Kirche den Frauen mehr Raum zu geben und zu betonen, dass wir als Getaufte alle gleich sind an Würde und Rechten (Vgl. Gal 3,28).

Lassen wir uns vom Hl. Geist dazu bewegen!

Heiliger Vater, bewahre sie in deinem Namen, den du mir gegeben hast, damit sie eins sind wie wir (Joh 17,11).

Türme bauen

Zu Pfingsten – so berichtet die Apostelgeschichte – geschah etwas Unbegreifliches: Tausende Menschen, die nach Jerusalem gepilgert waren, erfassten trotz der unterschiedlichen Herkunft und Sprachen, was die Apostel von Jesus erzählten. Sie wurden innerlich angerührt und begriffen später, dass der Hl. Geist das bewirkt hatte.

Das Gegenstück zu diesem Ereignis ist die Geschichte vom Turmbau in Babel.

Da wollten die Menschen immer höher hinaus. *Auf, bauen wir einen Turm mit einer Spitze bis zum Himmel,* sagten sie zueinander (Gen 11,4). Die Folge war die Sprachenverwirrung. Sie konnten einander nicht mehr verstehen.

Das Türme-Errichten hat also Tradition und signalisiert immer ein Machtstreben: Die Geschlechtertürme in San Gimignano in der Toskana – wer kann sich einen noch größeren Turm leisten? – oder die Wolkenkratzer der Banken und Wirtschaftsimperien in Manhatten und anderswo. Städte und Länder haben den Ehrgeiz, die höchsten Gebäude der Welt zu besitzen. Die Fernsehtürme symbolisieren den allgegenwärtigen Einfluss der Medien. Die Bohrtürme weisen auf die unersättliche Machtfülle der Ölmultis hin. Und die Kirchentürme und Minarette sind auch nicht nur gebaut worden, damit die Glocken oder Gebetsrufe besser gehört werden, sondern sie drücken zugleich einen religiösen Anspruch aus.

Menschen, die vom Geist Jesu erfüllt sind, brauchen keine **Imponiertürme**, um vor anderen groß dazustehen. Im Gegenteil, sie wissen sich klein vor Gott und beugen sich zu denen hinunter, die unten, am Boden sind. Sie sind sich nicht zu gut, irgendwo mitzuhelfen, wo jemand gebraucht wird. In einer Todesanzeige stand: „Er hat mehr getan, als es seine Pflicht war!" Eine jede Gemeinschaft, jeder Verein, jede Pfarrgemeinde lebt wesentlich von der Mithilfe jener, die Kuchen backen, etwas aufbauen helfen, Würstchen grillen, bedienen, Müllbeutel leeren, aufräumen, also die „Bodenarbeit" verrichten.

Menschen, die vom Geist Jesu erfüllt sind, brauchen keine **Konkurrenztürme**, wollen nicht größer oder besser sein als die anderen. Wie viele Menschen vergleichen sich dauernd mit irgendwelchen Leuten und möchten am liebsten immer selbst im Scheinwerferlicht stehen.

Schon in der jungen Kirche gab es Streitigkeiten, rivalisierten verschiedene Gruppen untereinander. Jesus ahnte das wohl voraus, wenn er bei seinem Abschied eindringlich und ausdrücklich betet, dass seine Jünger und alle, die seinen Namen tragen, eins sind, das heißt zusammenhalten und einander respektieren.

Menschen, die vom Geist Jesu erfüllt sind, brauchen auch keine **Wachtürme**, von denen aus die Grenzen oder Lager kontrolliert werden.

Weil die Kirche meinte, allein die Wahrheit zu besitzen, wurde natürlich auch über sie gewacht. Mit Angstmachen und strengen Vorschriften wurde auf den rechten Glauben geachtet. Das Konzil hat zum Glück die Gewissens- und Religionsfreiheit als Recht jedes Menschen deklariert, aber gerade damit haben verschiedene religiöse Gruppen große

Mühe. Echter Glaube ist befreiend, holt uns heraus aus der Enge und führt uns hinaus in die Weite.

Menschen, die vom Geist Jesu erfüllt sind, brauchen keine **Selbstherrlichkeitstürme**, meinen nicht, alles selbst leisten und machen zu können und zu müssen. Deshalb betet sogar Jesus selbst, dass der Vater die Jünger und Jüngerinnen stärken, ermutigen und zusammenführen soll.

Die Apostel und die Jüngerinnen haben auch gemeinsam um das Kommen des Geistes gebetet, weil sie nicht wussten, wie es weitergehen soll und was jetzt ihre Aufgabe ist.

Wenn wir beten, geben wir Gott Raum, be-anspruchen wir Gott, weil wir spüren: Da kommen wir allein nicht weiter, das schaffen wir nicht aus eigener Kraft. Alle Gebete bringen zum Ausdruck, dass wir Gottes Beistand, Hilfe, Trost und Geist brauchen.

Halten wir dem Geist Gottes, der weht, wo er will, die Türen und Fenster des Hauses offen (Joh 3,8).

Das besondere Wort

Beten ist das einzige Mittel, um Ordnung, Friede und Ruhe in unser tägliches Handeln zu bringen. Mahatma Gandhi

Darum geht zu allen Völkern und macht alle Menschen zu meinen Jüngern; tauft sie auf den Namen des Vaters, des Sohnes und des Hl. Geistes (Mt 28,19).

Gottesbilder

Die Lehre von der Dreifaltigkeit oder Dreieinigkeit ist ein Theologenkonstrukt, ein Versuch, die unterschiedliche Redeweisen von Gott, seinem Handeln und Wirken zusammenzubringen, zu verstehen, was die Bibel meint, wenn sie von Vater, Sohn und Hl. Geist spricht.

Was die Biogenetik und Hirnforschung als neueste Erkenntnisse präsentieren, wissen wir im Grunde schon lange: Wir Menschen sind auf Verbundenheit, Kooperation und das Miteinander hin angelegt. Die Liebe ist das tragende Lebensprinzip, weil Gott selbst die Liebe ist.

Auf einem Babybild las ich den Spruch: „Ein bisschen Mama, ein bisschen Papa und ganz viel Wunder!" Das gilt auch für uns. Einiges haben wir von den Eltern mitbekommen. Das große Wunder liegt jedoch darin, dass uns das Leben von einem liebenden Gott zufließt, der wesenhaft ein Gott der Gemeinschaft und Beziehung ist.

Wir können es auch so formulieren: Dieser eine Gott ist als Schöpfer ein Gott *für uns*. Wir nennen ihn Vater oder Mutter.

Gleichzeitig zeigt er sich als Gott *mit uns*, erfahrbar und greifbar geworden in Jesus, der unsere Menschenwege mitgegangen ist und mitgeht.

Und derselbe Gott wirkt als Gott *in uns*. Wir nennen ihn den Hl. Geist.

Trotzdem haben wir von Gott nicht viel begriffen.

Das vierte Laterankonzil (1215) lehrt: Bei allen analogen Aussagen über Gott ist die Unähnlichkeit größer als die Ähnlichkeit. Wenn wir also sagen, Gott sei wie ein Vater oder eine Mutter, stimmt das nur zu einem geringeren Teil, denn Gott bleibt viel mehr unbegreiflich.

Deshalb heißt es schon im zweiten Gebot, wir sollen uns kein Gottesbild machen. Aber wir halten uns nicht daran, ganz einfach, weil wir immer nur anschaulich, bildhaft denken können.

Dennoch muss uns klar sein, dass alle Darstellungen von Gott mehr falsch als richtig sind. Am einfachsten ist es, wir halten uns an Jesus, denn ihn können wir uns wenigstens konkret vorstellen, als guten Hirten, als Leidenden am Kreuz, als Menschenbruder und Auferstandenen. Die Frage ist, ob *wir* ihm ähnlich schauen, weil wir ja seine Brüder und Schwestern sind? Verkörpern wir wie Jesus etwas von der Liebe und dem Erbarmen Gottes?

Am schwierigsten ist die Darstellung des Geistes Gottes, weil wir mit dem Bild von der Taube nicht mehr viel anfangen können. Sie wird seit der Sintflut als Symbol des Friedens und der Hoffnung gesehen (Gen 8,11). Die Schönheit der Braut wird mit einer Taube verglichen (Hld 1,15). Sie verkörpert auch das Liebeswort des Vaters an seinen Sohn bei der Taufe im Jordan (Joh 1,32). Am Beginn des Schöpfungsberichtes heißt es: *Der Geist Gottes schwebte über den Wassern (Gen 1,2).*

In der Hl. Schrift ist von der „ruach elohim“ die Rede, von der Geistkraft oder dem Atem Gottes. Das Wort „ruach“ für Geist ist in der hebräischen Sprache weiblich, also die „Geistin“ Gottes.

Liegt es nicht nahe, sich Gott als männlich und weiblich vorzustellen, nachdem wir als seine Ebenbilder dasselbe von uns sagen?

Überall, wo in deutschen Übersetzungen vom Geist Gottes die Rede ist, sollten wir besser von der Wirkkraft des Geistes sprechen. Es ist auffallend, dass es mehr Bibelstellen gibt, als man denkt, in denen Gott mit einer Frau verglichen wird und weibliche Züge trägt.

Das Nachdenken über den dreieinigen Gott führt uns zu uns selbst zurück. Nicht nur *wir* haben Bilder von Gott. Auch er hat umgekehrt eine Vision, eine Vorstellung von uns, wie wir sein könnten und sollten als seine Geschöpfe und Kinder.

Ich möchte die Spekulationen über Gott beenden und einfach daran erinnern: *Wir* sind das lebendige Gottesbild heute. An uns soll anschaulich werden, wie Gott ist, indem wir seine Liebe und seine Menschenfreundlichkeit verkörpern.

Auf den Fotos in den neuen Pässen schauen wir furchtbar aus, weil wir kein Lächeln zeigen, keine Miene verziehen dürfen.

Beim Passbild für den Himmel kommt es im Gegensatz dazu vor allem darauf an, dass unser Gesicht und Herz etwas von der Liebe Gottes ausstrahlen.

Das besondere Wort

Die Geistkraft JHWHs … ist auf mir.
Weil Gott mich gesalbt hat, bin ich gesandt, den Armen eine frohe Botschaft zu verkünden, die zu verbinden, die ein zerbrochenes Herz haben, auszurufen den Gefangenen die

Befreiung und den Gebundenen die Lösung ihrer Fesseln, ….
zu trösten alle, die trauern … (Jes 61,1f)

aus: Bibel in gerechter Sprache

* * *

Wenn aber jener kommt, der Geist der Wahrheit, wird er euch in die ganze Wahrheit führen (Joh 16,13).

Der Ball Gottes

Wir beginnen jeden Gottesdienst mit einem Kreuzzeichen. Dieses Ritual erinnert vor allem an den Kreuzestod Jesu.

Das Kreuz ist ein uraltes, schon vorchristliches Menschheitssymbol.

Die Vertikale zeigt die Verbindung von oben und unten, von der geistigen und sinnlichen Welt, von Himmel und Erde.

In der Horizontalen kommt zum Ausdruck, dass wir ein Teil dieser Erde sind und in Beziehung stehen zur Mitwelt und zu anderen Menschen.

Wenn wir uns als Christen bekreuzigen, sagen wir:

Im Namen des Vaters … „Gott, du bist unser Vater, unsere Mutter, der Schöpfer dieser Welt. Von dir fließt uns das Leben zu, unaufhörlich, und damit auch deine Liebe. In deinem Namen, in deinem Auftrag sind wir berufen, die Erde verantwortungsbewusst zu gestalten, das Leben zu schützen und zu fördern.“

… und des Sohnes … Das heißt: „Gott, du bist in Jesus von Nazareth auf unsere Ebene herabgekommen, einer von uns geworden. Du überwindest alles, was uns trennt, voneinander und von dir; du entlastest uns von unserer Schuld, willst unsere Befreiung und Erlösung. Weil Jesus unser Bruder ist, sind wir als Menschen deine Kinder, gehören wir zu deiner Verwandtschaft, leuchtet in jedem Gesicht etwas von dir auf.

Wir dürfen glauben, dass du ein Herz hast für uns alle. Das ist die Wahrheit, von der Jesus spricht."

… und des Hl. Geistes beten wir dann weiter. Damit bekennen wir: „Gott, deine Kraft, deine Liebe wirkt weiter durch alle Zeiten. Allem Ungeist zum Trotz setzt sich dein guter Geist durch, aller Lieblosigkeit zum Trotz glauben wir an die Macht der Liebe und an deine Gegenwart in unseren Herzen. Unter allen Steinen der alltäglichen Last, der Konflikte, Spannungen, der Müdigkeit und eigenen Schwäche bist du in deinem Geist gegenwärtig als tragende Mitte und Quelle unseres Lebens!"

Madeleine Delbrêl, eine französische Mystikerin, bringt das Bild vom Ball des Gehorsams, vom Ball der Liebe Gottes. Gott selbst ist der große Tänzer, der uns im Takt der Musik bewegt. Sie schreibt:

Ball des Gehorsams

[…] An uns ist's, uns von dir erfinden zu lassen,
um fröhliche Leute zu sein, die ihr Leben mit dir tanzen.
Will einer ein guter Tänzer sein,
mit dir oder sonst wie, darf er nicht wissen,
wohin es führt.
Nur folgen muss man,
aufgelegt sein und schwerelos,

vor allem sich nicht versteifen.
Man soll dir, Gott, keine Erklärungen abverlangen über die Schritte,
die du zu tun beliebst,
sondern sein wie eine Verlängerung deiner, behände und wendig,
und durch dich hindurch den Takt des Orchesters aufnehmen.
Man darf nicht um jeden Preis vorankommen wollen,
sondern soll zufrieden sein, sich zu drehen,
seitwärts zu steppen, anzuhalten wenn nötig,
und zu gleiten anstatt zu schreiten.
Und all das wären nur idiotische Schritte,
machte nicht die Musik daraus eine Harmonie.

Wir sollen uns einfach von Gott führen lassen. Oft stolpern wir im Leben, versteifen wir uns, bewegen wir uns hölzern, verstehen nicht die Tanzschritte des Lebens, die vor und zurück oder seitwärts gehen.

Je lockerer wir uns Gott überlassen, umso schöner und leichter bewegen wir uns.

Ich finde, das ist ein ungewöhnliches, aber sehr treffendes Bild: sich im Tanz des Lebens von Gott führen lassen.

Daran soll das Ritual des Kreuzzeichens erinnern: „Im Namen des Vaters, des Sohnes und des Heiligen Geistes gestalten wir das Leben und nehmen wir seine Bewegung, seine Melodie, seine Liebe auf."

Spuren des Lichts

Eine Schulklasse übergibt mir eine Dankeskarte mit vielen Wollfäden. Jeder von ihnen soll ein kleines Stück ihres Glücks sein, das sie weiterschenken möchten. Allein schon die Idee ist großartig. Auch Gott will sein Glück mit uns teilen!

Darum fürchtet euch nicht vor den Menschen, denn nichts ist verhüllt, was nicht enthüllt wird, und nichts ist verborgen, was nicht bekannt ist (Mt 10,26).

Fürchtet euch nicht!

Um die geheimnisvollen Worte Jesu zu verstehen, muss man wissen, in welchem Zusammenhang sie gesagt worden sind. Jesus schickt die Jünger aus zum Künden und Heilen, aber er warnt sie gleichzeitig vor möglichen Schwierigkeiten. Deshalb macht er ihnen Mut.

Fürchtet euch nicht!
So klingt seine Grundmelodie: *Fürchtet euch nicht, auch wenn euch andere Böses antun und Übel wollen. Einmal kommt alles ans Tageslicht. Vor Gott werden jegliche Gemeinheiten und Ungerechtigkeiten, mit denen Menschen einander verletzen, sichtbar. Alles Heuchlerische wird entlarvt, aufgedeckt. Nichts ist verborgen, was nicht bekannt wird – im Negativen wie auch im Positiven!*

Gott leuchtet auch unsere Herzen aus und entdeckt da sicher so manche Schatten. Unsere Motive, unsere Worte und Handlungen sind nicht immer nur edel. Aber er sieht auch die verborgenen, liebevollen Gedanken und Taten. Alles Gute, das wir oft unbemerkt und unbedankt verrichten, kommt ebenfalls einmal zum Vorschein und wirkt weiter.

Fürchtet euch nicht, stärkt uns Jesus.
Fürchtet euch nicht vor denen, die euch äußerlich schaden oder benachteiligen. Das tut zwar auch weh. Aber wichtiger ist es, dass ihr innerlich unbeschadet bleibt. Im Herzen soll sich

nicht das Geröll erlittener Bitterkeiten ansammeln. Achtet darauf, dass eure Mitte heil bleibt. Lasst euch nicht anstecken von den Bosheiten und Unehrlichkeiten anderer.

Es gibt Menschen, die zwar viel Leid durch Mitmenschen, Verwandte, Nachbarn und Arbeitskollegen und -kolleginnen erlitten haben, die aber trotzdem nicht vergrämt oder verbittert, sondern ehrlich und aufrichtig, gütig und wohlwollend sind; die nicht zuletzt aus dem Glauben heraus die Kraft haben, den Kreislauf des Bösen zu durchbrechen.

Fürchtet euch nicht, tröstet Jesus weiter.
Gott sorgt sich um euch. Er kümmert sich um euch!

Die Vergleiche vom Spatz, der nicht ohne den Willen Gottes aus dem Nest fällt und von den Haaren, die alle gezählt sind, klingen ja direkt übertrieben (Mt 10,29f). Das ist wirklich schwer zu glauben, geschehen doch tagtäglich die schlimmsten Dinge! Oft genug drängt sich die Frage auf: „Lieber Gott, wie kannst du das zulassen, dass ein Kind unheilbar erkrankt, dass eine Mama, ein Papa von der Familie wegstirbt, dass Unschuldige leiden müssen? Uferlos sind die Schmerzen und Tränen vieler Menschen!"

Wir wissen darauf keine Antwort. Dennoch – all diesen bitteren Erfahrungen zum Trotz – ermutigt uns Jesus: *Habt unbedingt das Vertrauen auf Gott. Er umhüllt euch mit seiner Liebe und seinem Erbarmen.*

Jesus hat ja auch selbst diese Spannung ausgehalten. Einerseits schreit er: *Mein Gott, warum hast du mich verlassen? (Mt 27,46).* Und doch fast gleichzeitig kann er beten: *Vater, in deine Hände lege ich meinen Geist! (Lk 23,46).*

Fürchtet euch nicht!
Die letzte Begründung dafür ist die Zusage Jesu, dass er sich für uns einsetzt, für uns hinsteht.

Wer sich vor den Menschen zu mir bekennt, zu dem werde auch ich mich vor meinem Vater im Himmel bekennen (Mt 10,32).

Und sogar: *Wenn wir untreu sind, bleibt er uns doch treu, denn er kann sich selbst nicht verleugnen (2 Tim 2,13).*

Jesu Zusage lautet einfach: *Auch wenn alles daneben geht, ihr sogar schuldig geworden seid, ich bin vor dem richtenden Auge Gottes euer Verteidiger! Keine Angst, haltet euch an mir fest. Ich werde es schon richten.*

Das besondere Wort

„Fürchtet euch nicht!"
Jemand hat nachgezählt:
366-mal sagst du uns das in der Bibel,
Herr, für jeden Tag im Jahr einmal
und für den Schalttag noch einmal extra dazu.
Jeden Tag, beim Erwachen,
kann ich dich also noch mit geschlossenen Augen fragen:
„Was sagst du mir heute?"
Ich weiß schon von vornherein, was:
„Fürchte dich nicht",
sagst du mir, und das gilt
für den Tag und die Nacht,
bis anderntags früh.
Erwache ich dann und frag dich wieder:
„Was sagst du mir heute?"
Dann hör ich dich sagen:
„Fürchte dich nicht."

Silja Walter

Am Sabbat lehrte Jesus in einer Synagoge. Dort saß eine Frau, die seit 18 Jahren krank war, weil sie von einem Dämon geplagt wurde; ihr Rücken war verkrümmt und sie konnte nicht mehr aufrecht gehen (Lk 13,10f).

Sich aufrichten

Wirklich eine sehr berührende Geschichte!

Die Frau ist gekrümmt, gebückt. Wir wissen nicht warum, was sie belastet.

Drückt uns nicht auch so mancher „Rucksack" hinunter: die Sorge um die Kinder, ein Beziehungsbruch, Krankheiten, Einsamkeit, Arbeitslosigkeit, ein Alkoholproblem bei Angehörigen, Schulden, der Verlust eines lieben Menschen oder die Frage: Wie geht es weiter? Was kommt noch alles auf mich zu? Werde ich das schaffen?

Sind nicht immer mehr Menschen depressiv, wörtlich niedergedrückt? Sie können dann nicht mehr innerlich aufrecht stehen, zu sich stehen. Sie sind gefangen in einem Kreislauf negativer Gedanken und schwerer Gefühle. „Ich habe schon öfters bei Ihnen angerufen, heute ist in mir wieder alles dunkel und leer. Am liebsten möchte ich mich ins Bett verkriechen", sagte eine Anruferin bei der Telefonseelsorge.

In dieser Haltung kann man auch nicht mehr richtig durchatmen. Manchmal geht uns in ähnlicher Weise die Luft aus, weil eine Dauerbelastung zu groß ist. Ich denke da an pflegende Angehörige, die oft meinen, alles selbst machen zu müssen und die sich schwer tun, eine Hilfe anzunehmen.

Anderen schnürt es die Brust zusammen, weil ungute Erlebnisse, Verletzungen, Benachteiligungen sie beengen, oft auch, weil sie nicht verzeihen können und nachtragend sind. Sie tragen die Last unerledigter Geschichten mit sich herum.

Wenn man niedergedrückt ist, verengt sich das Gesichtsfeld. Dann fehlen der Weit- und der Überblick. Man starrt dann immer auf das gleiche Problem und sieht keinen Sinn mehr im Leben. „Warum soll ich leben, wenn ich so gerne tot wäre?" „Ich halte es nicht mehr aus. Ich habe immer stark sein müssen, jetzt will ich nicht mehr!", lauten die Aussagen solcher Menschen.

Wir alle verkörpern so manches von der Frau, die Jesus gegenübersteht.

Achtzehn Jahre leidet sie schon. 3 x 6 = 18. Sechs ist die Zahl der Unvollkommenheit, die Zahl der Arbeitstage in der Schöpfungsgeschichte. Der siebte Tag der Ruhe, der Erlösung, der Auferstehung fehlt aber noch.

In der Überlastung können wir auch nicht mehr richtig abschalten. Wir fühlen uns ausgebrannt. „Burn-out" ist, etwas vereinfacht gesagt, ein in die Berufswelt verlagertes persönliches Problem, z. B. dass man nicht mehr abschalten und „nein" sagen kann.

Kehren wir zurück zur Geschichte von der gekrümmten Frau:

Jesus nimmt sie wahr. Er blickt sie an, und das gibt ihr Ansehen und Würde – trotz ihrer Krankheit, ihrer Schwäche und ihrer Grenzen.

Können wir glauben, dass Jesus auch uns wohlwollend, liebevoll anschaut und wir für ihn wichtig sind? „Meine Güte, dass du zu mir kommst!", sagte ein sterbender Mann kürzlich zu mir. „Du bist es mir wert, ich schätze dich", antwortete ich. „Schon?", fragte er ungläubig.

Vor Jesus müssen wir uns nicht verstecken, dürfen wir sein, wie wir sind. Auch wenn wir uns schlecht fühlen und uns selbst Vorwürfe machen. Er tut es nicht!

Als Nächstes spricht Jesus die Frau an. Er ruft sie zu sich und sagt zu ihr: *Du bist von deinen Leiden erlöst!*

Seine Worte haben eine große Kraft und bewirken, was sie verheißen.

Haben wir nicht auch schon erlebt, dass ein Satz aus der Hl. Schrift oder etwas, was jemand uns gesagt hat, uns zutiefst bewegt, verändert und durchs ganze Leben begleitet, z. B. eine Anerkennung, ein Lob, eine Ermutigung, ein Kompliment. Das vergisst man nie mehr! Davon zehren wir lange!

Noch etwas: Jesus berührt die Frau, legt ihr die Hände auf. In allen Sakramenten erfahren wir auch sinnenhaft, leiblich diese Geste der Zuneigung. Jesus bleibt nicht auf Distanz. Vor allem bei der Krankensalbung ist es ein eindrucksvolles Ritual, wenn durch die Handauflegung zum Ausdruck gebracht wird: *Gott beschützt und behütet dich, er sorgt sich um dich. Du musst keine Angst haben. Er geht mit dir den Weg der Krankheit. Seine heilsame Nähe umhüllt und stärkt dich!*

Ich telefonierte mit einer Frau, die schon jahrelang große Schmerzen hat, nicht mehr gehen kann und jetzt auf einem Auge erblindet ist. Auf meine Frage, wie es ihr gehe, antwortete sie dennoch: „Mir geht es gut!" Ich weiß, dass sie auch vor allem aus dem Glauben die Kraft schöpft, so positiv zu denken.

Die Geschichte von der Heilung der Frau schließt mit der Feststellung, dass der Mensch für Gott wichtiger ist als der Sabbat, als alle Gesetze und Vorschriften. Das ist wohl die schönste Botschaft dieser Erzählung: Gott geht es um den Menschen, gerade um den leidenden und kranken! Und – er will uns aufrichten!

Spuren des Lichts

Ich besuche ein Ehepaar, das vor einem Jahr eines der drei Kinder durch einen tragischen Unfall verloren hat.
Der Weg der Trauer ist für sie ganz schwer. Die Mutter erzählt, dass sie die Fäden vieler schöner Erinnerungen, das, was früher war, jetzt „hineinstricke" in einen schützenden und wärmenden Pullover. Sie verdrängt nichts und weiß, dass sie lernen muss, mit der Lücke zu leben. Und sie lässt die Tränen zu, die noch oft kommen werden. Auch ein Trost!

* * *

Er sagte: Mit dem Reich Gottes ist es so, wie wenn ein Mann Samen auf seinen Acker sät; dann schläft er und steht wieder auf, es wird Nacht und wird Tag, der Samen keimt und wächst und der Mann weiß nicht, wie (Mk 4,26f).

Aufbauend

An jedem Sonn- und Feiertag blättern und lesen wir in der Kirche im großen Buch der Geschichte Gottes mit uns Menschen. Interessant ist zum Beispiel das Gleichnis von der still wachsenden Saat (Mk 4,26–29). Die Überschrift könnte lauten: *Habt Geduld, bleibt gelassen!*

Leichter gesagt als getan. Je nach Temperament empfinden wir es als furchtbar langweilig oder könnten wir aus der Haut fahren, weil so wenig vorwärts geht und sich nichts ändert.

Bei uns persönlich: Wir bleiben doch in erschreckender Weise die Alten und fragen uns manchmal bedrückt, was denn aus unserem Leben herausschaut.

Für unsere Umgebung gilt dasselbe: Immer die gleichen Menschen, die gleichen Probleme, und wir gehen uns nicht selten auf die Nerven.

Von der Politik muss ich gar nicht reden. Was wird dort schon anders?

Auch in der Kirche, werden die nötigen Reformen nicht mutig vorangetrieben. Die Konzilsaufbrüche waren noch spannend, aber heute fahren wir sehr oft im Rückwärtsgang, und viele Seelsorgebereiche trocknen aus.

Kurz und gut: Wir hätten in vielen Bereichen allen Grund, ungeduldig zu werden.

Und – was sagt Jesus dazu?

Es ist interessant. Einerseits kämpft er leidenschaftlich für die Sache Gottes. Andererseits tut er so, als hätte er alle Zeit der Welt und nicht bloß drei Jahre. Er wandert zu Fuß herum, verweilt stundenlang bei den Zöllnern, isst und trinkt mit ihnen (Mk 2,15–17), er gibt sich mit den Kranken ab, verbringt einen halben Tag bei Martha und Maria (Lk 10,38–42), lässt sich von den Frauen aufhalten, die mit ihren Kindern kommen (Mk 10,13–16).

Offensichtlich hat er das ungeheuer tiefe Vertrauen, dass das Reich Gottes, das er verkündet und bringt, von selbst weiter wächst, automatisch, heißt es im biblischen Text.

Sich und uns zum Trost erzählt Jesus eine wunderbare Geschichte von dem Mann, der erlebt, dass seine Aussaat Tag und Nacht wächst, auch ohne ihn. *Es genügt,* tröstet Jesus, *wenn ihr den guten Samen der Frohen Botschaft, den Samen des Glaubens, der Hoffnung und der Liebe ausstreut. Die Saat eures Einsatzes geht auf, ohne dass ihr etwas tut!*

Das stimmt natürlich nicht ganz, denn ein Gärtner muss auch jäten und düngen.

Trotzdem ermutigt uns Jesus: *Habt Geduld und bleibt gelassen. Es ist nichts umsonst, was ihr z. B. als Eltern euren Kindern vorgelebt und mitgegeben habt. Aus allem, was ihr in verschiedener Hinsicht für andere getan habt, wächst Gutes heraus!*

Und wer meint, in der Kirche gehe alles abwärts, darf dennoch überzeugt sein: Für das Wachsen und die Ernte ist Gott zuständig. Wir müssen nicht alles selbst machen. Schon Martin Luther schreibt einmal: „Während ich mein Tröpflein Wittembergisch Bier trinke, läuft das Evangelium!“ Die Botschaft Jesu breitet sich aus – auch ohne ihn.

Als zweiten Titel würde ich schreiben: *Nur Mut, aus Kleinem wird Großes!*

Dazu erzählt Jesus die Geschichte vom Senfkorn. Es ist ja unglaublich: Aus einem winzigen, stecknadelgroßen Samenkorn wächst eine Staude von zwei, drei Metern Größe (Mk 4,30–32).

Hat nicht Jesus selbst mit einem Dutzend schwerfälliger, begriffsstutziger Handwerker und einigen mutigen Frauen begonnen – und, was ist aus diesen im Grunde kleinen Anfängen nicht alles geworden?

Dabei sind wir noch lange nicht am Ende der Zeit angelangt. Wir dürfen vertrauen, dass Gott aus unseren schwachen Bemühungen und dem mangelhaften Tun Großartiges wachsen lassen kann.

Glauben wir das als Jugendliche, als Eltern, als Priester, als Alleinstehende, als Senioren?

Oft scheint es uns so mickrig und wenig zu sein, was wir in unserem Leben vorwärtsbringen und zur Verbesserung der Zustände beitragen. *Ihr werdet staunen*, behauptet Jesus, *welch herrliche Ernte Gott am Ende der Zeit einfährt.*

Ich finde die Botschaft Jesu wirklich unglaublich, provozierend und doch aufbauend: *Habt Geduld und bleibt gelassen! Nur Mut, aus Kleinem wird Großes!*

In einer Zeit, in der so viel gejammert wird und Menschen mutlos sind, ist es gut, sich an das Wort Jesu zu halten: Der Samen jedes liebevollen Gedankens, jedes hilfreichen Wortes, jeder guten Tat wächst und wächst und wächst …

Das besondere Wort

Ich fahre fort,
jeden Tag
irgendein Samenkorn zu säen.
Wenn es an der Zeit ist,
werde ich
oder andere
es ernten!

sel. Papst Johannes XXIII.

* * *

So soll euer Licht vor den Menschen leuchten, damit sie eure guten Werke sehen und euren Vater im Himmel preisen (Mt 5,16).

Ihr seid das Licht der Welt

„Es ist hell, weil du da bist!“ Dieses afrikanische Grußwort konnten die Menschen auch zu Jesus sagen. In seiner Gegenwart wurde ihnen licht und warm ums Herz. Er zündete Lichter der Hoffnung und Ermutigung an, weil er vom Vater im Himmel sprach, vom erbarmenden Gott, vom himmlischen Hochzeitsfest. Die belastende Schulderfahrung wurde gelöst und gelöscht, wenn sie hörten: Ich vergebe dir. Die Helle eines neuen Morgens brach an für die ausgegrenzten Zöllner, Sünder und Dirnen. Wie ein Sonnenstrahl wirkte seine heilende Kraft im Dunkel der Krankheiten. Er sagte sogar selbst von sich: *Ich bin das Licht der Welt! (Joh 8,12).*

Jesus ergänzt dieses Wort mit der Feststellung: *Ihr seid das Licht der Welt! (Mt 5,14).* Nicht: „Ihr sollt oder könnt Licht sein“, nein, „ihr *seid* es, existenziell“! Auch wenn der Alltagsschutt vieles in unseren Herzen zudeckt, zutiefst in uns leuchtet etwas vom Glanz Gottes, weil wir seine Geschöpfe, seine Kinder, seine Ebenbilder sind.

Vor Jahren hielt ich in Feldkirch einen Gottesdienst für Trauerselbsthilfegruppen nach Krebs. 500 Frauen aus ganz Österreich nahmen daran teil, alle mit ihren Krebs- und Leidensgeschichten. Trotzdem, oder gerade deshalb, las dann eine von ihnen einen wunderbaren Text von Nelson Mandela vor:

Wir sind alle bestimmt zu leuchten, wie es die Kinder tun.
Wir sind geboren worden, um den Glanz Gottes,
der in uns ist, zu manifestieren.
ER ist nicht nur in einigen von uns, er ist in jedem einzelnen.
Und wenn wir unser Licht erscheinen lassen,
geben wir unbewusst anderen die Erlaubnis, dasselbe zu tun.

Diese Frauen haben in der dunklen Zeit ihrer Erkrankung ihren Selbstwert erkannt, haben durch ihre Tapferkeit, ihren Humor, ihre Stärke auch das Leben anderer heller gemacht.

Ich erinnere mich an einen Schülergottesdienst. Um dieses Wort vom Licht zu veranschaulichen, hatte ich am Ambo eine Kerze angezündet und anschließend einen Topf darüber gestülpt. Einige Minuten lang erklärte ich, dass es keinen Sinn macht, ein Licht zuzudecken. Wir löschen es zudem aus, wenn wir Angst haben, uns schlechter fühlen als andere oder gleichgültig und rücksichtslos sind, im Streit leben usw.

Dann hob ich den Topf hoch in der Meinung, dass das Licht inzwischen ausgegangen sei, aber – und wir mussten alle lachen – die Kerze brannte noch fröhlich weiter, wahrscheinlich, weil das Gefäß zu groß und zu viel Sauerstoff vorhanden war.

Ihr seid das Licht der Welt!
Das Licht bleibt, auch im lästigen, schwierigen, egoistischen, komplizierten, süchtigen Menschen, sogar – und das klingt provozierend, in dem Mann, der sein Stiefkind zu Tode geschüttelt hat. Selbst eine so furchtbare Tat nimmt ihm nicht den innersten Glanz seiner Menschenwürde. Im Grunde sind die, die ihn dann selbst umbringen wollten, auch nicht besser. *Wer den anderen hasst, ist ein Mörder,* schreibt Johannes (1 Joh 3,15). Vielleicht war der Schächter, dem Jesus sterbend vergeben hat, nicht nur ein Straßenräuber, sondern zudem ein Gewalttäter. Auch ihm hat Jesus vergeben.

Ihr seid das Licht der Welt!
Es gibt ungezählte Möglichkeiten, wie wir das sichtbar machen können. Jesaia zählt einige davon auf: *Teile das Brot,*

nimm Anteil an der Not, am Leid anderer, spüre den Hunger ihres Herzens. Menschen, die kein Obdach für ihre wunde Seele haben, nimm auf in das Haus deines Wohlwollens, deiner Herzlichkeit. Solche, die „nackt" dastehen wegen eines Fehlers, bloßgestellt werden, umhülle mit dem Mantel deiner Güte und Geduld. Entziehe dich nicht deinen Verwandten oder auch Bekannten! (Vgl. Jes 58,6–8). Natürlich ist das alles ist nicht so einfach.

Ich besuche regelmäßig einen 82-jährigen Mann in einem Pflegeheim. „Das ist ein Sterbehaus", sagte er einmal. „Ja, das stimmt", antwortete ich, „aber ich wünsche dir, dass es für dich auch ein Lebenshaus sein kann!" „Das ist es, wenn du da bist", meinte er. Es geht hier nicht um mich, sondern um uns alle. Wir können einander lebensförderlich begegnen, und dann wird das Wort Jesu wahr: *Ihr seid das Licht der Welt!*

Ich meine, es ist gut, wenn wir nicht gleich schon moralische Appelle zum Handeln aus den Worten Jesu heraushören, sondern einfach in den nächsten Tagen sein Wort immer neu wiederholen, uns laut oder leise sagen: *Ihr seid das Licht der Welt*! Also bin auch ich Licht der Welt.

Allein schon dieser Satz macht unser Leben hell!

Spuren des Lichts

Ein Mitarbeiter wechselt zu einer anderen sozialen Einrichtung. Er bedankt sich bei der Verabschiedung auch ausdrücklich dafür, dass er durch das Miteinander bei der Arbeit seine Kirchenkrise habe überwinden können und wieder zum Glauben gefunden habe. „Wer vom Glauben redet, glaubt nicht, nur wer nach dem Glauben handelt, glaubt", sagt er wörtlich.

Juli

Verlockung

- Auch unsere Geschichte
- Die Provokation Jesu
- Eine hoffnungsvolle Geschichte
- Beides wachsen lassen
- Wider die Angst
- Von Schätzen und Perlen
- Nicht nur die Mauern Jerichos

Berufung der Apostel Petrus und Andreas, Mosaik, Sant'Apollinare Nuovo, Ravenna, um 520

Dieses wunderbare Mosaikbild hat seinen Glanz und seine Aussagekraft durch alle Jahrhunderte bewahrt.

Die zwei Gestalten am Ufer verkörpern beide Jesus, und zwar als göttliche und menschliche Person. Der Gottessohn im königlichen Purpurgewand und mit einem Heiligenschein segnet die Jünger, aber er schaut dabei nicht sie an, sondern uns, die Betrachter.

Die Jünger im Boot achten gar nicht auf ihre Arbeit. Das, was Jesus zu ihnen sagt, scheint für sie wichtiger zu sein. Sie sind ihm ganz zugewandt.

Wir könnten diese Darstellung als **Verlockung** betrachten, einen ganzen Monat lang, unsere Aufmerksamkeit auf Jesus zu richten, auf seine Botschaft, und uns von ihm auf seinen Weg mitnehmen zu lassen.

Fürchte dich nicht! Von jetzt an wirst du Menschen fangen (Lk 5,10).

Auch unsere Geschichte

Das Bild vom reichen Fischfang lädt ein, die dargestellte Geschichte (Lk 5,1–11) etwas genauer zu betrachten.

Jesus hat jeden/jede von uns im Blick, die wir – so wie Petrus – auch manchmal sagen müssen: „Ich habe die ganze Nacht gearbeitet und nichts gefangen. Ich habe mich so sehr bemüht – in der Partnerschaft, im Beruf, in der Erziehung oder in anderen Bereichen, aber es ist leider umsonst, vergebens gewesen." Oft fragen wir uns: „Was haben meine Anstrengungen schon gebracht?" Vieles müssen wir als vergebliche Liebesmühe abhaken.

Jesus steht am Ufer.

Es gibt Bibelstellen, in denen heißt es, dass Jesus zu den Jüngern ins Boot stieg. (Mt 14,32; Mk 6,51) Manchmal sind wir überzeugt, dass er mit uns im selben Boot sitzt, die Unsicherheiten des Lebens mit uns aushält, das Hin und Hergeworfen-Sein, und dass er unsere Ängste und Hoffnungen kennt und teilt.

Aber dann haben wir wiederum den Eindruck, er stehe abseits, am Ufer auf sicherem Boden, während wir uns anstrengen oder an etwas leiden, vielleicht sogar untergehen.

Die ausgestreckte Hand Jesu macht sichtbar, dass er dem Petrus zweimal einen Auftrag erteilt.

Der erste lautet: *Fahr hinaus auf den See. Dort werft eure Netze zum Fang aus! (Lk 5,4).*

Für einen erfahrenen Fischer ist das ein unsinniger Befehl. Wenn man in der Nacht nichts fängt, wird am helllichten Tag erst recht kein Fisch im Netz zappeln. Dennoch tut Petrus, was Jesus sagt, – „auf dein Wort hin, dir zuliebe!"

Ich denke, dass Jesus uns alle ermutigt: *Trotz der schlechten Erfahrungen, gegen alle Vernunft, probiert es nochmals, werft das Netz der Geduld, eines neuen Versuchs, eines Gesprächs, der Freundlichkeit, des Wohlwollens, der Hoffnung aus!* Der Erfolg gibt Jesus Recht. Das Netz wird übervoll.

Die beiden Jünger auf dem Bild konzentrieren sich allerdings nicht auf das Netz oder das Wasser, sondern auf Jesus. Besser, als auf die eigene Arbeit und persönlichen Probleme fixiert zu sein, ist es, Jesus im Auge zu haben, auf ihn zu schauen und zu hören.

Der zweite Anruf an Petrus und uns alle lautet: *Fürchte dich nicht! Von jetzt an wirst du Menschen fangen! (Lk 5,10).*

Warum diese Aufforderung an Petrus: *Fürchte dich nicht!?* Ich denke, Jesus kennt ihn zu gut. Er durchschaut seine zweifelnden, ängstlichen Gedanken. Und deshalb ermutigt er ihn: *Du darfst nicht nur auf dich selbst schauen, sondern sollst auch mit mir, mit meiner Hilfe rechnen. Ich traue dir zu, dass du mit mir eine neue Aufgabe übernimmst. Als Fischer sollst du mithelfen, dass Menschen, die den Boden unter den Füßen verloren haben, die untergehen in Sorgen, Selbstvorwürfen, in der eigenen belastenden Vergangenheit, denen das Wasser bis zu Hals steht, dass diese wieder leben können, aufrecht, in Freiheit und Würde, und wieder einen neuen Lebenssinn und Lebensfreude finden. Zu ihrer Lebendigkeit, zu einem guten Leben sollst du beitragen!*

Interessanterweise bekommt Petrus erst in dem Augenblick diesen Auftrag, als er sich der eigenen Schwäche bewusst wird und bekennt: „Ich bin ein Sünder“, als er in die Knie geht. Da steht er den Absichten Jesu nicht mehr im Weg.

Bei dem Bild fällt auf, dass einer rudert und der andere das Netz einholt. Wir müssen nicht alle dasselbe tun, sondern sollen in unterschiedlicher Weise, nach unseren Begabungen, mithelfen, dass etwas von erfülltem Leben möglich wird.

Ein Fisch schwimmt davon. Ich finde das tröstlich. Es wird nie alles hundertprozentig laufen, auch in der Kirche nicht. Mitunter geht etwas daneben. „Erfolg ist keiner der Namen Gottes“, sagt Martin Buber. Es genügt, einfach zu tun, was wir können. Das reicht. Das andere dürfen wir getrost Gott überlassen. Er findet seine Leute sogar außerhalb des Kirchennetzes, auch außerhalb unserer Wünsche und Vorstellungen.

Je mehr wir uns einlassen auf diese Geschichte, umso mehr sind wir „im Bilde“, erkennen wir, was unsere Berufung ist.

Spuren des Lichts

Ich erinnere mich an eine alte Spruchkarte: „Wenn du Menschen fangen willst, musst du dein Herz an die Angel hängen!"

Dasselbe – nur mit anderen Worten – meint ein Arzt, der zu mir sagt: „Du musst die Menschen lieben, sonst kannst du nichts tun." Wie wahr!

Als Jesus weiterging, sah er einen Mann namens Matthäus am Zoll sitzen und sagte zu ihm: Folge mir nach! (Mt 9,9).

Die Provokation Jesu

Man muss sich das konkret vorstellen: Jesus kommt an der Zollstelle vorbei, schaut dem Zollpächter Matthäus eine Zeit lang zu, wie er den Leuten Geld abknöpft, oft mehr als es recht ist, und sagt dann auf einmal zu ihm: *Folge mir nach!* Der geht mit, aber eigentlich folgt dann Jesus dem Matthäus in sein Haus. Er lässt sich dort in Ruhe nieder, begrüßt die Frau und die Kinder, auch das Personal, wartet und schaut, was es zu essen und trinken gibt, und lässt es sich offensichtlich gut schmecken.

Die Pharisäer sind empört. Sie sind sehr konsequent und streng in ihrem Glauben, haben ihre Prinzipien. Sie reden mit einem Zöller gar nicht und würden das Haus eines solchen Gauners nicht einmal betreten. „Sage mir, mit wem du umgehst, und ich sage dir, wer du bist.“ Wir kennen dieses Sprichwort. Schlechte Gesellschaft verdirbt den Menschen. Schon der Psalmist betet: *Verhasst ist mir die Schar derer, die Unrecht tun, ich sitze nicht bei den Frevlern! (Ps 26,5).*

Vielleicht sprechen die Pharisäer einige Jünger durchs Fenster oder vor dem Haus an: „Warum tut das Jesus, der vorgibt, im Namen Gottes zu lehren und zu handeln?“

Die Antwort Jesu, der das mitgehört hat, klingt für die frommen Ohren wirklich provozierend:

Ihr haltet euch für gut und gottgefällig. Ihr meint, bei euch sei alles in Ordnung. Mag sein, aber ich komme gerade zu denen, bei denen nicht alles o. k. ist, die „Dreck am Stecken“ haben, die nicht zu den Anständigen gehören.

Die brauchen mich, wie die Kranken den Arzt. Sie sollen durch mich erfahren, dass Gott auch für sie ein Herz hat, gerade für sie, und dass er sich ihnen barmherzig und vergebend zuwendet.

Matthäus ist durch diese Begegnung mit Jesus ganz betroffen und angerührt. Deshalb schließt er sich ihm an und geht mit ihm.

Im Grunde würde jeder Personalchef die Hände überm Kopf zusammenschlagen angesichts der Mitarbeiterauswahl Jesu: Matthäus, den er als Kranken einstuft, schickt er aus zum Heilen (Mt 10,8), den ungläubigen Thomas zur Verkündigung des Glaubens (Joh 20,24–29), den schwachen und feigen Petrus zur Leitung und Stärkung seiner Brüder (Lk 22,31–34).

Mit solcher Personalpolitik käme man heute nicht weit. Oder doch? Diese Männer machen sichtbar, welch positive Kräfte das Vertrauen weckt, und sie verkörpern glaubhaft die Botschaft Jesu, dass die Barmherzigkeit wichtiger ist als alle „frommen" Opfer.

Zwei „verrückte" Konsequenzen ergeben sich daraus:

Erstens dürfen wir glauben, dass Gott uns nie abschreibt, auch wenn wir manchmal unehrlich, zweifelnd, feige, ängstlich, glaubensschwach sind. Mehr noch, Gott rechnet trotz aller Mängel mit uns und traut uns zu, dass wir auch ein Stück weit beim Kommen seines Reiches, wie die Bibel sagt, mithelfen können. In unserem Beruf , in der Familie, im Alltag, in der Freizeit …

Gott will auch mit uns und durch uns die Welt zum Besseren verwandeln, oder anders formuliert: Jesus sagt auch zu uns/zu mir: *Folge mir nach!*

Zweitens werden wir nie eine Kirche der „Reinen“ sein, sondern immer auch eine Kirche von Sündern. Sie ist so gut und so schlecht wie wir alle, wie ich! Aber es darf uns trösten und entlasten, dass Jesus nicht zu den moralisch Gesunden kommt, sondern zu den Menschen, bei denen manches krankt und die so vieles kränkt. Daran sollten wir bei allen Auseinandersetzungen in der Kirche und über die Kirche öfters denken.

Das besondere Wort

Johannes Tauler († 1361), ein deutscher Mystiker schrieb vor ca. 650 (!) Jahren:
Das Pferd macht den Mist in dem Stall, und obgleich der Mist Unsauberkeit und üblen Geruch an sich hat, so zieht doch dasselbe Pferd denselben Mist mit großer Mühe auf das Feld; und daraus wachsen der edle Weizen und der edle süße Wein, die niemals so wüchsen, wäre der Mist nicht da. Nun, dein Mist sind deine eigenen Mängel, die du nicht beseitigen, nicht überwinden noch ablegen kannst. Die trage mit Mühe und Fleiß auf den Acker des liebreichen Willen Gottes in rechter Gelassenheit deiner selbst. Streue deinen Mist auf dieses edle Feld. Daraus sprießt ohne allen Zweifel edle, wonnigliche Frucht auf.

Natürlich können wir das, was bei uns nicht gut war, therapeutisch aufarbeiten, aber es gehört dennoch bleibend zu unserer Lebensgeschichte. Besser ist es, alles Sündhafte und Fehlerhafte sozusagen vor Gott auszubreiten und sich von ihm sagen zu lassen, dass wir uns nicht selbst erlösen müssen oder können. Wir dürfen jedoch hoffen, dass seine Liebe, sein Erbarmen, seine Vergebung immer größer sind als unsere Schuld. Letztlich kann nur er uns entlasten. Mit den Augen des Glaubens sehen wir sogar, dass Gott gerade durch den Mist auf dem Acker unsere Lebens-„Blumen“ erblühen lässt.

* * *

Ein Sämann ging aufs Feld um zu säen. Als er säte, fiel ein Teil der Körner auf den Weg, und die Vögel kamen und fraßen sie. Ein anderer Teil fiel auf felsigen Boden, wo es nur wenig Erde gab. Wieder ein anderer Teil fiel in die Dornen, und die Dornen wuchsen und erstickten die Saat. Ein anderer Teil schließlich fiel auf guten Boden und brachte Frucht, teils hundertfach, teils sechzigfach, teils dreißigfach. Wer Ohren hat, der höre (Mt 13,3f.7–9).

Eine hoffnungsvolle Geschichte

In vielen Kommentaren oder Predigten zum Gleichnis vom Sämann wird recht gerne moralisiert: Die Saat bedeute die Botschaft Jesu, und wir seien die Weg-Menschen, hektisch, verhärtet. Der felsige, karge Boden veranschaulicht unsere Oberflächlichkeit und mangelnde Ausdauer. Bei den Dornen sollten wir an unsere Alltagsprobleme und Sorgen denken, die verhindern, dass bei uns Gutes wächst. Bei all diesen Erklärungen schließt sich dann der Appell an, guter, aufnahmebereiter Boden für die Worte der Hl. Schrift zu sein.

Da ist natürlich viel Wahres und Richtiges daran, aber ich möchte vier andere Akzente setzen, die mir aufs Neue bewusst geworden sind:

Es fällt auf, dass Jesus seine Saat sehr großzügig austeilt. Er wendet sich an alle Menschen, auch mit dem Risiko, dass er bei einem Großteil von ihnen kein dauerhaftes Gehör findet, dass nur eine relativ kleine Gruppe ihm wirklich nachfolgt. Dennoch macht er es wie Gott, der die Sonne seiner Liebe über alle Menschen scheinen lässt, nicht nur über die, die sie dankbar annehmen und weiterschenken.

Oder – ein anderes Beispiel – bei der Hochzeit zu Kana beschafft Jesus 600 Liter Wein, nicht bloß ein kleines Fässchen voll, auch wenn wahrscheinlich einige zu viel davon getrunken haben.

Ich wünsche mir für uns persönlich und für die Kirche viel mehr Großzügigkeit und Weite. Der Gedanke oder Wunsch, nur eine kleine Herde von gefestigten und 100%igen Christen zu hegen und zu pflegen, widerspricht dem Evangelium.

Ein weiterer Gedanke: Vielleicht hat sich Jesus selbst manchmal gefragt: Was erreiche ich wirklich? Was bringt mein Einsatz? Drei Viertel seiner „Predigt", seiner Anliegen gehen nach dem Gleichnis gar nicht oder nur kurzfristig auf.

Wie oft haben wir selbst das Gefühl, dass wir uns in einer Sache umsonst angestrengt haben, alle Liebesmühe und alles Beten haben scheinbar nichts genützt.

Könnte es aber nicht auch ein wenigstens schwacher Trost sein, dass es Gott bzw. Jesus nicht besser geht? Sein größter Misserfolg, das Sterben am Kreuz, hat aber den Durchbruch zum Leben gebracht. Das könnte auch für unsere Misserfolge gelten.

Damit bin ich bei der dritten Einsicht: Durch dieses Gleichnis weht ein Hoffnungsatem. Auch wenn vieles daneben geht, wächst doch bei Jesus und bei uns mehr aus unserem Bemühen als wir meinen. Eltern, Lehrer, Priester, sozial Tätige, Haupt- und Ehrenamtliche in verschiedenen Bereichen dürfen und sollen glauben, dass ihr Einsatz 100-, 60-, 30fache Frucht bringt. Rein mathematisch erbringt das Viertel der Saat 2500 %, 15.000 %, 750 %. Das ist doch gewaltig viel. Haben wir nicht auch schon erlebt, dass bei manchen Menschen mitunter mehr an Glaube und Liebe da ist, als man rein menschlich erwarten konnte?

Einen vierten Impuls möchte ich anfügen: Ich denke, es ist gut, nicht immer Erfolgskontrollen zu machen, sondern einfach in die tägliche Ackerfurche heute, morgen ein paar gute Gedanken oder aufbauende Worte hineinzusäen, ein Gebet oder einen Segenswunsch, etwas Aufmerksamkeit und Güte, etwas Geduld und Friedfertigkeit!

Was schlussendlich wächst, ist nicht unsere Sache. Das können wir getrost Gott überlassen. Fürs Wachsen ist er zuständig.

Spuren des Lichts

Manchmal frage ich mich selbstkritisch, was wohl meine Schüler und Schülerinnen im Religionsunterricht gelernt haben. Wenn nur bei einem Teil von ihnen der Satz hängen bleibt, den ich ihnen oft und oft gesagt habe: „Glauben heißt, sich von Gott geliebt zu wissen!", dann ist das auch schon etwas. Damit tröste ich mich.

Und Jesus erzählte ihnen noch ein anderes Gleichnis: Mit dem Himmelreich ist es wie mit einem Mann, der guten Samen auf seinen Acker säte. Während nun die Leute schliefen, kam sein Feind, säte Unkraut unter den Weizen und ging wieder weg. Als die Saat aufging und sich die Ähren bildeten, kam auch das Unkraut zum Vorschein (Mt 13,24–26).

Beides wachsen lassen

Noch leben wir nicht in einer heilen Welt, und den Himmel auf Erden finden wir nur bruchstückhaft. Auch Jesus musste erleben, dass mitten im „Weizen" seiner Verkündigung und seines Einsatzes für die Menschen das „Unkraut" der Ablehnung und des Widerstandes wuchs.

Auch in den ersten Christengemeinden gab es schon Rivalitäten und Parteiungen. Das ist in der Kirche heute nicht anders. Selbst in den Klöstern und frömmsten Gruppen wird gestritten, und in den besten Familien tauchen so manche Probleme auf. Sogar im eigenen Herzensgarten wächst mehr, als wir gesät oder gewollt haben: böse Gedanken, Lieblosigkeit, Unversöhnlichkeit usw.

Woher das kommt? Wir müssen als Begründung gar nicht erst den Teufel her bemühen. Wir sind einfach gebrochen, gespalten in unserem Wollen und Tun. Theologen erklären diese Tatsache mit dem Begriff der Erbsünde.

Es stellt sich natürlich schnell einmal die Frage, wie wir reagieren und damit umgehen sollen.

Von Johannes dem Täufer, der mit Feuer und Schwert dreinfuhr, bis zu evangelikalen Christengemeinschaften und streng religiösen Gruppen, die rigoros gläubig und ungläubig trennen, wollen viele eine reine, integre Christenschar.

Auch in der Kirche bestand und besteht immer die Tendenz, Menschen auszuschließen, die gewisse Kriterien nicht erfüllen. Oder man stellt ihnen strenge weise Bedingungen.

Wer diese nicht einhält, darf nicht getauft werden, darf nicht zur Kommunion, zur Firmung und anderen Sakramenten zugelassen werden. Natürlich steckt dahinter die Sorge um einen würdigen Empfang und echten Glauben, aber wer sieht schon immer in das Menschenherz? Wir sind nie eine Kirche der Reinen.

Jesus legt eine andere Strategie nahe: Er kennt den Taumellolch, auch Tollkorn genannt, ein lästiges, hartnäckiges Unkraut im Getreidefeld. Er wird etwa so hoch wie der Weizen und schaut ihm sehr ähnlich. Aber die Körner des Taumellolches verderben das Mehl, weil sie oft einen giftigen Pilz enthalten.

Wir können manchmal gar nicht so leicht unterscheiden, was wirklich gut und böse ist. Das sieht man oft erst im Nachhinein. Zudem – so Jesus – im Eifer, Negatives zu bekämpfen, zerstören wir gleichzeitig viele positive Ansätze und wertvolles Bemühen. Besser ist es, das Gute zu fördern. Es gibt ja einige Redensarten in diese Richtung: Mit einem Löffel Honig fängt man mehr Fliegen als mit einem Fass Essig. Oder: Kinder und Uhren dürfen nicht ständig aufgezogen werden. Man muss sie auch gehen lassen.

Kurz und gut, Jesus empfiehlt: Lasst beides – Unkraut und Weizen – wachsen bis zur Ernte. Der Schnitter, d. h. Gott selbst, wird dann unsere Lebensfrüchte sortieren. Liebe und Lieblosigkeit sind oft so eng ineinander verwoben, dass wir nur sagen können: „Guter Gott, das kannst nur du trennen, und wir hoffen, dass du bei allen unseren Mängeln auch einige Körner echter, selbstloser Liebe findest."

Drei Symbole mögen das Gesagte veranschaulichen.

- **Ein Liegestuhl**
  Die Knechte im Gleichnis haben ja auch geschlafen und sich ausgeruht. Weizen und Unkraut wachsen dauernd, bei Tag und bei Nacht. Deshalb ist es gut, sich auch regelmäßig Ruhepausen zu gönnen. Vor allem wünsche ich uns eine riesengroße Gelassenheit und ein tiefes Gottvertrauen. Wir müssen nicht die religiösen Saubermacher sein. Gott bestimmt, wann die Zeit der Ernte da ist, und er wird dann unser Leben gewichten und den Weizen einfahren in seine Scheune.
- **Eine Hacke**
  Ich meine, dass das Gleichnis uns nicht zur Beliebigkeit und Gleichgültigkeit verführen will. Wo es uns möglich ist, sollen wir natürlich im täglichen Zusammenleben, in der Kirche, in der Gesellschaft und in der Welt das offensichtliche Unkraut der Ungerechtigkeit, des Unfriedens, der Unmenschlichkeit bekämpfen und ausrotten, aber nicht fanatisch.
- **Weizen und Gießkanne**
  Sie mögen uns schließlich daran erinnern, dass es unsere Aufgabe ist, die Samenkörner der Liebe auszustreuen und zu gießen, täglich neu, mit der Hoffnung, dass doch da und dort bei uns etwas Gutes herauswächst.
  Seien wir lieber Sämänner und Säfrauen als moralisierende Saubermacher.

Das besondere Wort

Auch wenn du alles machst,
was du kannst,
so gut du es kannst,
so oft du es kannst;
manches wird dir nicht gelingen,
wie du es wünschst.
Dir nicht,
mir nicht,
niemandem. Max Feigenwinter

* * *

Nachdem er sie weggeschickt hatte, stieg er auf einen Berg, um in der Einsamkeit zu beten. Spät am Abend war er immer noch allein auf dem Berg. Das Boot aber war schon viele Stadien vom Land entfernt und wurde von den Wellen hin und her geworfen; denn sie hatten Gegenwind. In der vierten Nachtwache kam Jesus zu ihnen; er ging auf dem See (Mt 14,23–25).

Wider die Angst

Die Erzählung, wie Jesus übers Wasser geht, ist unsere Geschichte. Fast Satz für Satz lassen sich Querverbindungen herstellen zwischen den Ereignissen in jener für die Jünger unvergesslichen Nacht und unserem Leben heute.

Jesus stieg auf einen Berg, um in der Einsamkeit zu beten, heißt es. Er brauchte den Abstand vom täglichen Ansturm und das immer neue Hinhören im Gebet: *Gott, was willst du von mir? Was ist dein Auftrag für mich?*

Mit ähnlicher Absicht gehen z. B. Menschen sonntags in die Messe, weil es ihnen wohl tut, weil sie dort zur Ruhe kommen und das Herz für Gott öffnen können.

Die Jünger, so wird weiter erzählt, wollen indessen im Boot ans andere Ufer fahren. Es ist dunkel geworden, Sturm kommt auf.

Wir kennen das auch: Manchmal ist's im eigenen Herzen finstere Nacht. Auch wir sind von den Wellen verschiedener Gefühle und Gedanken hin und her geworfen, der Wind so mancher Probleme bläst uns entgegen.

In der größten Dunkelheit, um Mitternacht, kommt Jesus ihnen entgegen. Ist er's wirklich? Oder ein Trugbild? Ein Geist? Haben wir nicht auch schon kritisch gefragt: Stimmt das alles, was wir von Jesus hören? Ist es nicht bloß Einbildung?

Dennoch können wir glauben, dass er auch uns anspricht und ermutigt: *Habt keine Angst. Ich bin wirklich da!*

Und durch alle Zeiten hindurch klingt seine Einladung: *Kommt! Kommt zu mir, auch mit dem Rucksack eurer Sorgen und aller Schwere eurer Herzen!*

Sicher hat es schon oft gute Momente gegeben, in denen wir gespürt haben: Der Glaube trägt, gibt mir Halt und Hoffnung! Da habe ich Boden unter den Füßen!

Aber dann kommen auf einmal wieder Zweifel, wir versinken in schweren Gedanken und können nur noch schreien: „Herr, rette mich, ich gehe zugrunde!"

Ich bin überzeugt, dass Jesus uns immer seine Hand hinhält und manchmal mit einem leisen Vorwurf sagt: *Du*

Kleingläubiger, du Kleingläubige, warum hast du gezweifelt?

Die Bibel berichtet, dass der Wind sich legt, als er zu ihnen ins Boot steigt.

In jedem Testament, in jedem Gebet kommt er aufs Neue in unsere Lebensschiffe, in die Boote der Familie, des Berufs, der Beziehungsprobleme, der Krankheit.

Und je mehr wir das glauben, davon überzeugt sind, umso ruhiger, zuversichtlicher, gelassener werden wir.

Das bestätigt mir der Mann, der nach einem Hirnschlag im Rollstuhl sitzt; die Frau, die vor ein paar Monaten ihren Partner verloren hat; der Arbeitslose, der nicht mehr weiß, wie es weitergeht.

Zum Schluss dieser Geschichte heißt es: *Die Jünger im Boot aber fielen vor Jesus nieder und sagten: Wahrhaftig, du bist Gottes Sohn (Mt 14,33).*

Vielleicht können wir in ähnlicher Weise aus eigener Erfahrung bestätigen: In diesem Jesus wird wirklich Gott selbst zum Greifen.

Das besondere Wort

Halte dich an Gott!
Mach es wie der Vogel,
der nicht aufhört zu singen,
auch wenn er spürt,
dass der Ast nachgibt,
weil er weiß,
dass er Flügel hat. hl. Johannes Don Bosco

Mit dem Himmelreich ist es wie mit einem Schatz, der in einem Acker vergraben war. Ein Mann entdeckte ihn, grub ihn aber wieder ein. Und in seiner Freude verkaufte er alles, was er besaß, und kaufte den Acker. Auch ist es mit dem Himmelreich wie mit einem Kaufmann, der schöne Perlen suchte. Als er eine besonders wertvolle Perle fand, verkaufte er alles, was er besaß, und kaufte sie (Mt 13,44–46).

Von Schätzen und Perlen

Die Gleichnisse vom Schatz im Acker und von der Perle klingen wie ein Märchen, aber sie enthalten einen tiefen Sinn und vermitteln eine bleibende Wahrheit.

Es sind zwei Fundgeschichten.

Der eine, ein Tagelöhner, stößt beim Pflügen plötzlich auf einen Widerstand und entdeckt beim Nachgraben einen Tonkrug oder eine Kiste mit einem großen Schatz.

Der Acker ist ein Bild für den Alltag, für das Territorium, auf dem sich unser Leben abspielt. Auch da tauchen manchmal ganz unerwartet Hindernisse auf, Probleme, Schwierigkeiten, Sorgen. Doch – wer weiß, möglich wär's ja – vielleicht ist gerade darin etwas Wertvolles verborgen, eine wichtige Einsicht, ein einmaliges Glück, ein positiver Aspekt.

Der andere, ein Kaufmann und Perlenhändler, findet sozusagen in seinem Job, bei der täglichen Arbeit, eine ganz besonders kostbare Perle, die er unbedingt haben muss.

Für beide Männer ändert sich jedenfalls schlagartig ihre Situation. Der unerwartete Fund bedeutet einen Wendepunkt in ihrem Leben.

Kennen wir nicht auch solche Erlebnisse, die sehr prägend sind?

Für ein junges Ehepaar ist es z. B. die Geburt ihres ersten Kindes. Sogar Männer sind dabei manchmal zu Tränen gerührt. Oder: Ein Krebspatient erfährt nach Operationen und Chemotherapien, dass er total geheilt ist. Mit welchem Hochgefühl geht er zur Krankenhaustüre hinaus! Er hat einen Lotto-Sechser gewonnen.

So ähnlich ist es vielen Menschen ergangen, die durch die Begegnung mit Jesus ein neues Leben bekommen haben:

Einer, der nichts mehr gesehen hat, auch keine Lebensperspektive, macht große Augen, bekommt einen neuen Blick.

Eine jahrelang gekrümmte Frau kann sich wieder aufrichten und zu sich stehen.

Ein sprachlos Gewordener wird fähig, sich mitzuteilen, traut sich wieder zu reden.

Ein innerlich und äußerlich Lahmer spürt neue Lebensenergie.

Ein Zachäus, der wegen seiner krummen Touren gehasst wird, erlebt das Wunder, geliebt zu sein.

Eine psychisch kranke Maria Magdalena blüht in der Beziehung zu Jesus auf.

Solche Geschichten berichten von „Schätzen im Acker“ und „kostbaren Perlen“, die verschiedene Männer und Frauen plötzlich entdeckt haben.

Jesus verbindet diese lebensverändernden Erfahrungen mit Gott. In seinem Handeln wird Gott zum Greifen, da langt, „reicht“ Gott herein in unser Leben. Deshalb spricht Jesus in diesem Zusammenhang vom Reich Gottes.

Menschen, die so einen Glückstreffer gemacht haben, werden diesen natürlich um kein Geld in der Welt wieder hergeben wollen. Auch der Landarbeiter und der Kaufmann im Gleichnis verkaufen voll Freude alles, was sie haben, um den größten Schatz ihres Lebens zu behalten. Sie schauen auf das, was sie gefunden haben, was ihnen zugefallen ist, nicht auf den Preis, den sie dafür zahlen müssen. Der Gewinn ist größer als alles, was sie hatten.

Sagen wir nicht mitunter: „Für kein Geld in der Welt gäbe ich das her!" Was? Für manche ist es der Glaube. „Wenn ich nicht mehr glauben könnte, müsste ich verzweifeln!", äußern solche, die von einem schweren Schicksal getroffen wurden. Oder: „Die Hoffnung ist das Einzige und das Größte, was ich habe!"

Wenn wir eine Pyramide mit den wichtigsten und wertvollsten Dingen in unserem Leben zeichnen würden oder eine aufsteigende Skala, was würden wir, was würde ich an die oberste Stelle setzen als die Hauptsache, als das Kostbarste meines Lebens? Ich denke, es wäre nützlich, darüber ein bisschen nachzudenken.

Im Übrigen finde ich es gut, nicht auf den einzigen, großen Schatz zu warten, sondern einfach auf dem Acker des Lebens weiter zu pflügen und vor allem bei den Widerständen und Hindernissen genau hinzuschauen. Auch darin sind Schätze versteckt.

Und bleiben wir wie der Kaufmann bei den täglichen Geschäften und Verpflichtungen. Vielleicht fallen uns dann auch manche Perlen ins Auge, nicht nur *die* einzigartige, besondere, sondern auch die vielen kleinen, die jeder Tag für uns bereithält.

Spuren des Lichts

Von Zeit zu Zeit besuche ich eine Frau, die vor einem Jahr ihren Mann verloren hat. Sie sagt: „Ich muss mir abgewöhnen zu denken: Nie wieder. Es ist jetzt einfach anders." Sie findet viel Trost und Kraft im Gebet und wächst in die Haltung hinein: „Ich bin neugierig, was Gott mit mir noch vorhat."

* * *

Ich schenke euch ein neues Herz und lege meinen Geist in euch. Ich nehme das Herz von Stein aus eurer Brust und gebe euch ein Herz von Fleisch (Ez 36,26).

Nicht nur die Mauern Jerichos

Manche Eindrücke meiner Jerusalemreise gehen mir nach, beschäftigen mich nach wie vor, z. B. die riesigen, im Gesamten 709 Kilometer langen Sperranlagen mit der Mauer, die sich auch quer durch die Stadt Bethlehem zieht.

Mauern gab es schon „immer". Die Griechen haben solche im 5. und 4. Jahrhundert vor Chr. gebaut und die Römer den Limes, den befestigten Grenzwall gegen die Germanen. Die chinesische Mauer mit ihren 5755 Kilometern Länge beeindruckt auch heute die Touristen. Wir kennen die mittelalterlichen Stadtmauern. Nicht zu vergessen die vielen „eisernen Vorhänge" oder die berüchtigte Berliner Mauer, die vor 23 Jahren gefallen ist, und andere Beispiele mehr.

Mauern sind immer ein fragwürdiger Schutz.

Ganz einfach, weil sie uns voneinander trennen. Mit ihnen engen sich die „Mauererbauer“ selbst ein. Wir Menschen sind grundsätzlich Gemeinschaftswesen und auf das Miteinander angelegt. Wie leben von Beziehungen.

Aber alle Schutzwände verengen unseren Blick und auch den Geist, isolieren uns. Sie vermindern die Freiheit und vermehren nur Vorurteile und Ängste, fordern immer neue Sicherheitsmaßnahmen und Abwehr. Man muss ja mit dem Schlimmsten rechnen.

Eine Frau, der ich von unserer Reise erzählte, schrieb mir zurück: „Es kann der Frömmste nicht im Frieden leben, wenn es dem bösen Nachbarn nicht gefällt. Viele Grundstücke mit ihren Zäunen und Begrenzungen sehen manchmal aus wie Zwinger. Das Gericht kommt mit Schlichten kaum mehr nach. Mauern entstehen im Kopf und richten nur Unheil an …“ Wie wahr!

Gibt es ein Mittel dagegen?

Diese Frage beschäftigt mich sehr. Um zu verstehen, warum solche Barrieren im Großen und Kleinen errichtet werden, muss man zuerst einmal auf beiden Seiten der Mauern stehen. Die Sichtweise der Gegner ist immer verschieden und notgedrungen einseitig. Die Fundamente felsenfester Meinungen zu erschüttern ist allerdings nicht so leicht.

Da helfen nur Begegnungen von Mensch zu Mensch. Weltweit werden gigantische Summen für die Rüstung und kriegerischen Aktionen verwendet. Stellen wir uns vor, man gäbe dieses Geld für Friedenscamps, für interkulturelle und interreligiöse Aktivitäten aus, für Einsätze in armen Ländern und Begegnungen verfeindeter Gruppierungen, würden dann nicht doch so manche Mauern einstürzen?

Man muss miteinander reden und sich anblicken. „Dein Ort ist, wo Augen dich ansehen. Wo sich die Augen treffen, entstehst du", schreibt Hilde Domin. Dann nehmen wir uns wahr als verletzliche Menschen mit Kränkungen und Leiden, mit gleichen Sehnsüchten, Hoffnungen und Bedürfnissen, dann wächst ein Lichtbogen von Menschlichkeit. Und aus dem Ich und Du wird ein Wir.

Auch die Bibel gibt Anleitungen, wie Hindernisse und Abschottungen überwunden werden können. Eine finden wir in der Erzählung von der Einnahme der Grenzstadt Jericho durch die Israeliten. Nicht mit Waffengewalt, sondern sie umkreisten sieben Tage lang die Stadtmauern, bliesen mit Widderhörnern, schrien zu Gott und trugen die Bundeslade mit sich. Sie machten eine „Wallfahrt", weil sie der Zusage Gottes trauten, dass er sie führt und begleitet.

Haben nicht auch die berühmten Montagsgebete in der St. Nikolaikirche in Leipzig das Wunder bewirkt, dass die Mauer gefallen ist wie die in Jericho? (Jos 6,1–21).

Das andere Beispiel finden wir im Psalm 18, dem Lied Davids: *Du führtest mich hinaus ins Weite. Mit dir erstürme ich Wälle, mit meinem Gott überspringe ich Mauern! (V 20.30)* David hatte Probleme mit dem schwermütigen, angst- und machtbesessenen Vorgänger König Saul und musste erst lernen, dass Gott nicht die „Felsbrocken" auf seinem Weg beseitigt. Dennoch half er ihm, darüber hinweg zu kommen, sogar darüber zu springen, wie es heißt. Auch heute finden viele im Glauben die Kraft, mit Schwierigkeiten zu leben, die Menschen so zu nehmen, wie sie sind, oder Verluste auszuhalten, statt sich einzuigeln.

„Baue keine Mauer um dein Herz!“

Dieser Satz aus einem berührenden Text begleitet mich schon lange. Wir sind immer in Gefahr, dass wir uns aufgrund von Kränkungen zurückziehen, dabei aber einsam und verbittert werden und Feindbilder aufbauen. Jede Mauer verhärtet das Herz. Wir halten auf diese Weise nicht nur weitere schlechte Erfahrungen fern, sondern auch neue gute. Zuneigung, Hoffnung, Liebe, Vergebung und Freude dringen nur in unser Inneres, wenn wir Mauern beseitigen.

Spuren des Lichts

Zu einer Israelreise gehört ein Bad im Toten Meer. Als Tourist muss man sich das gönnen, um zu erleben, wie das salzhaltige Wasser einen trägt und man, im Wasser liegend, die Zeitung lesen kann.
„Ich bin getragen, nicht nur in diesem toten Gewässer, sondern überhaupt – von der Hand eines liebenden Gottes“, denke ich, gemütlich im Wasser liegend.
Nach dem Baden dort ist das gründliche Duschen wichtig, sonst jucken und kratzen die Salzrückstände.
Bei der Begegnung mit Gott sind keine Reinigungsbäder notwendig.

August

Hoffnung

- Eine Frau mit Selbstbewusstsein
- „Haltegriffe“ fürs Leben
- Wer ist dieser Jesus?
- Neue Kardinaltugenden
- Freiheit und Stärke
- Wie sollen wir uns verhalten?
- Gottes Einladung

Piero della Francesca, Madonna del Parto, Monterchi, um 1450

Dieses faszinierende Fresko wurde von Piero della Francesca für die Friedhofskapelle in Monterchi, einem kleinen Ort in der Toskana, gemalt.

Die Darstellung des berühmten Renaissancekünstlers trägt den Namen „Madonna del Parto“. Vor allem schwangere Frauen pilgerten sehr oft zu diesem Bild, um für eine gute Geburt zu beten.

Heute befindet es sich in einem eigens dafür errichteten Museum.

Frauen, die ein Kind erwarten, sind guter Hoffnung. Und jedes neugeborene Menschenkind weckt viele Erwartungen, aber auch unsere Fürsorge und Zärtlichkeit. Es stellt einen hoffnungsvollen Anfang dar.

Spüren wir im Monat August unseren **Hoffnungen** nach, die wir als Glaubende an Jesus Christus festmachen.

* * *

Meine Seele preist die Größe des Herrn und mein Geist jubelt über Gott, meinen Retter. Denn auf die Niedrigkeit seiner Magd hat er geschaut (Lk 1,46–48).

Eine Frau mit Selbstbewusstsein

Bei einer Wallfahrt nach Assisi besuchten wir eigens Monterchi, um diese einzigartige Mariendarstellung zu sehen.

Zwei Engel ziehen eine Art Bühnenvorhang zur Seite, damit Maria in der Mitte des Bildes erscheinen kann. Ich dachte ganz spontan: „Ihr Auftritt, bitte…"

Selbstbewusst, aufrecht steht sie da, hochschwanger, in der Kleidung damaliger vornehmer Frauen. „Sie ist ganz schwanger", meinte eine der Mitreisenden. Maria stützt die linke Hand in die Hüfte, so als ob ihr der Rücken schmerzte, oder vielleicht noch besser als Geste der inneren Stärke und Entschiedenheit. Mit der Rechten weist sie auf ihren Bauch, und das etwas geöffnete Kleid kündigt die bald bevorstehende Geburt an. Es scheint, als ob Maria auf den hinweisen möchte, der in ihr heranwächst, den Gott-mit-Uns.

Interessant ist der Blick Marias. Sie schaut niemanden an, sondern sie steht einfach da, ruht ganz in sich. Und im Heiligenschein spiegeln sich die Fliesen des Fußbodens wider. Das bedeutet, Maria steht mit beiden Füßen auf der Erde, sie ist geerdet, wie wir heute sagen.

Mir gefällt dieses Bild so gut, weil es eine innerlich starke Maria zeigt. Dabei weiß sie sehr wohl, dass sie von sich aus ein kleiner, geringer, schwacher Mensch ist. „Gott hat auf die Niedrigkeit seiner Magd geschaut", bekennt sie. Trotzdem kann sie überzeugt „ich" sagen: „Großes hat an mir getan der Mächtige! Ich bin also jemand! Es ist großartig, dass Gott durch mich Mensch geworden ist, dass er durch mich wirkt und ich sein Werkzeug sein darf!" Maria erklärt auch, woher sie ihr Selbstbewusstsein bezieht:

„Gott hat auf mich geschaut. Das gibt mir Ansehen!" Im lateinischen Text steht dafür das Wort „respexit". Das heißt: „Gott hat Respekt vor mir. Er lässt mir die Freiheit. Gott wartet auf mein Ja. Er achtet, respektiert, schätzt mich, sogar dann, wenn ich nein sagen würde zu seinem Vorhaben!" Und Maria fährt fort: „Gottes Erbarmen gilt mir und allen Armseligen." Auch hier ist das lateinische Wort interessant: „misericordia". Wörtlich übersetzt heißt das: Gott hat ein Herz für die, die in der Misere stecken, denen es miserabel, mies geht, die arm dran sind.

In einem sehr schönen Text von Antje Sabine Naegeli beginnt jeder Satz mit den Worten: Ich bin wert!

„Ich bin wert, auch wenn ich vieles an mir entdecke, das mich entmutigt …

Ich bin wert, auch wenn es Menschen gibt, die mich ablehnen …

Ich bin wert, auch wenn meine Kräfte gering sind und ich mir nur wenig zutrauen kann …

Ich bin wert, auch wenn ich wenig Liebe empfangen kann und andere es mir schwer gemacht haben … "

Und sie schließt dann mit der Feststellung: „Ich bin wert, weil ich von dir gewollt und bejaht bin, du, mein Gott. Das übersteigt mein Fühlen und Begreifen. … Du hast ungezählte Möglichkeiten, mir Anteil zu schenken an deinen guten Gedanken über mich!"

Aus solchem Glauben bezog Maria ihren Selbstwert. Ich kenne viele Menschen, die sich – immer im Vergleich mit anderen – minderwertig vorkommen. Wie sehr wünschte ich ihnen, dass sie, wie die Madonna del Parto, aufrecht zu sich stehen können aus dem Glauben heraus, von Gott bedingungslos geliebt zu sein.

Am 15. August feiern wir Maria Himmelfahrt, besser und richtiger formuliert das Fest der Aufnahme Marias in den Himmel. Den Himmel, die Gemeinschaft mit Gott, können wir nicht selbst verdienen oder mit guten Werken „erkaufen". Nicht wir „fahren" zu Gott, sondern er nimmt uns auf zu sich, bei sich. Wir schreiben Maria etwas zu, was wir auch für uns selbst erhoffen dürfen, nämlich, dass wir im Tode nicht ausgelöscht, sondern hineinverwandelt werden in ein Leben ohne Trauer und Leid, ohne Tränen und Tod. Diese Perspektive gibt uns nochmals eine besondere Würde. Das „Ich" bleibt. Das wunderbare Marienbild könnte uns daran erinnern, dass wir alle eine innere Größe haben. Wir sind im Tiefsten schwanger mit einem Gott, dessen Züge wir tragen, der uns bejaht, der durch uns das Licht der Welt erblickt und der uns zu sich heimholen will.

Das besondere Wort

Reisevorschläge

Wir können nach Nazareth reisen,
wo Maria aufwuchs und lebte.
Besser ist es,
Nazareth auf der Landkarte unseres Lebens zu suchen,
dort, wo wir ansprechbar waren für Gott
und angerührt wurden von einem Engel ohne Flügel.

Wir können nach Bethlehem reisen.
Besser ist es,
die Gottesgeburt in unserem Herzen zu feiern,
als er bestimmend in unser Leben trat.
Statt am 25. Dezember war's vielleicht am 13. Mai.

Wir können nach Ägypten reisen.
Besser ist es,
die Fluchtwege unseres Lebens im Nachhinein
als Wege Gottes mit uns zu entziffern,
und darauf zu vertrauen,
dass er uns zurückführt in die Heimatorte des Herzens.

Wir können nach Kana reisen.
Besser ist es, sensibel zu bleiben für die heutigen Nöte
und Jesus Wandlungen zuzutrauen
vom Wasser zu Wein,
von den Tränen zur Freude,
von der Enttäuschung zum gemeinsamen Fest.

Herr, zu wem sollen wir gehen? Du hast die Worte ewigen Lebens! (Joh 6,68).

„Haltegriffe" fürs Leben

Es war an einem warmen Sommerabend. Wir saßen draußen bei einem Glas Wein zusammen. Das Gespräch über die Neuigkeiten des Tages hatte sich erschöpft. Bis es ganz neu hervorbrach mit einer einzigen Frage. Einer hatte sie gestellt. Aber jeder hörte sie als seine eigene Frage. Sie lautete: „Was ist dein wichtigstes Wort?"

Der Frager hatte sie anders formuliert. Aber darauf lief sie doch schließlich hinaus. „Welches Wort ist für dich das wichtigste? Welches Wort lässt dich aufleben, ist für dich Trost, Ermutigung, Antrieb?" Die Antworten waren so verschieden wie die Gesichter um den Tisch. Hatten sie etwas Gemeinsames? Einer nannte auf die Frage nach seinem wichtigsten Wort eine Landschaft, weit weg, irgendwo am Meer. Fernweh lag in diesem Wort. Oder gar Heimweh? Er hatte eine gute Zeit dort verbracht.

Eine andere nannte eine Tätigkeit, in welcher sie ganz aufgeht. „Dann fühle ich mich manchmal ganz in Übereinstimmung mit mir und mit der Welt", fuhr sie fort. Man mochte es ihr abnehmen, wenn sie so von der Lieblingsbeschäftigung sprach.

Wieder jemand nannte eine Jahreszeit. Von diesen Wochen zehre er während der übrigen Monate.

Einer nannte ein Kunstwerk. Er suche es oft auf. Die Frage, ob er eine Abbildung davon in seiner Wohnung aufgehängt habe, verneinte er.

Zwischendurch erinnerte einer an Joseph von Eichendorffs Gedichtzeile: „Und die Welt hebt an zu singen, triffst du nur das Zauberwort." Werner Thissen, Das Zauberwort

Seltsamerweise wurde das Wort Liebe nie erwähnt.

Zu diesem Gespräch passt auch die Aussage der Dichterin Rose Ausländer: „Mein schönstes Wort heißt Du!"

Ich stelle mir vor, dass Petrus dasselbe zu Jesu sagen konnte. Auch wenn er von dessen Rede nicht alles verstanden hatte, war er doch von der Person und Botschaft Jesu fasziniert. Die wunderbaren Geschichten, die Gleichnisse Jesu berührten ihn. Andere Sätze blieben in seinem Herzen hängen, wie zum Beispiel:

Ich bin der gute Hirte. Ich schaue auf euch und beschütze euch (Vgl. Joh 10,14).

Ich bin der Weg. Ich zeige euch den Weg, wie es gut werden kann mit der Welt und den Menschen (Vgl. Joh 14,6).

Ich bin die Quelle des Lebens. Durch mich kommt euer Leben in Fluss (Vgl. Joh 4,14).

Ich bin das Licht der Welt. Ich lasse die Sonne der Hoffnung für euch aufgehen (Vgl. Joh 8,12).

Wer mich sieht, sieht den Vater (Joh 14,9).

Kommt alle zu mir, die ihr Mühe habt und belastet seid. Bei mir kommt ihr zur Ruhe und könnt neue Kraft schöpfen (Vgl. Mt 11,28).

An solchen Worten hielt Petrus sich fest. Gab es auch etwas Schöneres als zu erleben, wie Jesus mit den Menschen umging, wie er Kranke heilte, schuldig Gewordene entlastete, den Kontakt mit Randgruppen, ja mit den Menschen aller Schichten suchte und wie er von Gott sprach, als sei er das Selbstverständlichste und wohne gleich nebenan?

Der Glaube an Gott war für Jesus keine Belastung und Verpflichtung, sondern etwas Befreiendes. Und deshalb erklärte Petrus: *Zu wem sollen wir gehen? Du hast Worte des ewigen Lebens! (Joh 6,68).*

Ich komme zum Eingangsbeispiel zurück und frage Sie und mich in ähnlicher Weise: Gibt es ein Wort der Hl. Schrift, das ich besonders liebe und schätze? Einen bestimmten Satz, eine Geschichte?

Ich stellte diese Frage letzthin beim Autofahren an zwei Mitreisende. Sie antworteten spontan: *Ich bin bei euch alle Tage! (Mt 28,20)* und: *Fürchte dich nicht! (Lk 1,30).*

Welches ist mein Satz?

Wir werden nie alle Aussagen der Bibel kennen und verstehen. Es genügt jedoch, wenn wir wenigstens etwas von der Botschaft Jesu tief im Herzen bewahren und uns daran festhalten.

In einem Kaufhaus in einer Großstadt Amerikas sah ich vor kurzem ein riesiges Werbeplakat „The true religion" – die wahre Religion. Damit war eine Jeansmarke gemeint.

Die wahre Religion sind nicht bestimmte Kleidungsstücke oder andere Dinge. Das Wort „Religion" kommt von „religere", das heißt wörtlich „rückbinden". Die wahre Religion ist die Bindung an einen Gott, der ein Freund des Lebens und der Menschen ist. Die wahre Religion liegt in der Beziehung zu Jesu, in dem Gott für uns sichtbar und greifbar geworden ist.

Die Frage Jesu lautete: *Wollt auch ihr weggehen? (Joh 6,67).* Wir kennen die Antwort des Petrus. Was wollen und können *wir* darauf antworten?

Spuren des Lichts

Ein lange gehegter Wunsch ging in Erfüllung: Mit einer Pilgergruppe kann ich den Mosesberg in der Sinai-Wüste besteigen. Fast viertausend Stufen vom Katharinenkloster aus. Trotz großer Hitze gehen wir nachmittags los, um oben auf dem Gipfel den Sonnenuntergang zu erleben. Unvorstellbar schön – der Ausblick, die Weite und Einöde der Berge, das tiefe Orange der untergehenden Sonne, die Erinnerung an Mose, der hier vor mehr als dreitausend Jahren die Zehn Gebote niederschrieb – und der Gedanke, dass sich Gott mit uns Menschen für immer verbündet hat. An diesem Ort denke ich ganz besonders an die Zusage Gottes: „Ich bin dort, wo du bist!"

* * *

Ich aber sage dir: Du bist Petrus und auf diesen Felsen werde ich meine Kirche bauen, und die Mächte der Unterwelt werden sie nicht überwältigen (Mt 16,18).

Wer ist dieser Jesus?

Meinungsumfragen sind in der Politik, in der Wirtschaft und in den Medien sehr beliebt. Auch Jesus startet eine solche: *Für wen halten mich die Leute? (Mt 16,13).*

Das Ergebnis ist allerdings nicht befriedigend.

Jesus will kein Täufer Johannes sein, der als strenger Asket allen ins Gewissen redet. Im Gegensatz zu ihm liebt Jesus auch das gesellige Zusammensein mit unterschiedlichen Menschen, oft mit solchen, deren Lebenswandel anstößig ist, obwohl er dafür heftig kritisiert wird.

Genauso wenig kann er mit Elija identifiziert werden, der sehr rigoros für den reinen Glauben kämpft und 500 Baalspriester töten lässt.

Dem Unglückspropheten und leidgeprüften Mahner Jeremia ist er ebenfalls nicht gleichzusetzen.

Die Rückmeldungen der Jünger führen zu einer weiteren Frage: *Ihr aber, für wen haltet ihr mich? (Mt 16,15).*

Jetzt will es Jesus genau wissen. Diese Frage steht nach wie vor im Raum, durch alle 2000 Jahre hindurch. Christen und Nicht-Christen, Glaubende und Nicht-Glaubende, Junge und Alte, wir alle, Sie, du, ich sind angefragt: „Wer ist dieser Jesus für mich?" Die Antwort darauf kann nur jeder, jede für sich selbst geben.

Das Bekenntnis des Petrus ist klar und doch geheimnisvoll, wie ein Geistesblitz von oben: „Du bist der Messias", das heißt: der Befreier und Erlöser, „der Sohn des lebendigen Gottes!"

Dieser Begriff „Sohn Gottes" drückt Ähnlichkeit, Verbundenheit und Intimität aus. In der Bibel werden zwar alle Menschen Söhne und Töchter Gottes genannt, aber in Jesus ist Gott in einmaliger Weise lebendig und leibhaftig erfahrbar, direkt zum Greifen. In seiner Nähe öffnet sich der Himmel, spüren die Menschen die Nähe Gottes.

Eigentlich überraschend antwortet Jesus dem Petrus: *Du bist der Fels, auf den ich meine Kirche aufbaue.*

Es gibt verschiedene Erklärungen für dieses Wort.

Origines und die orthodoxe Kirche meinen, der Felsen, auf den Jesus setzt, sei der Glaube des Petrus und aller Christen. Dieser Gedanke macht viel Sinn.

Augustinus deutet das Bild anders: Christus selbst ist der Fels. So schreibt es auch Paulus (1 Kor 10,4). Petrus steht in enger Verbindung mit ihm, und wir dürfen uns ebenfalls als Teil dieses Felsens sehen.

Die Interpretation, Jesus habe hier das Papsttum begründet, entstand erst im fünften Jahrhundert durch Papst Leo den Großen. Diese Deutung wird allerdings von den Exegeten heute mehrheitlich abgelehnt.

Am wahrscheinlichsten ist wohl der Gedanke, dass Jesus auf Menschen baut, die durch ihren Glauben mit ihm verbunden sind.

Manchmal hat man das Gefühl, dass die Kirche keineswegs auf einem Felsen in der Brandung steht, und nicht wenige sagen: „Christus ja – Kirche nein!"

Im Blick auf die Bibel kann man diesen Satz nicht gelten lassen.

Jesus hat eine Gemeinschaft gegründet, die in seinem Geist handelt und seine Botschaft weiter verkündet. Natürlich muss man sich dauernd fragen, ob die Kirche oder die Kirchen dem entsprechen, was Jesus gewollt hat. Weil wir eine Kirche von Gerechten und Sündern sind – auch wir gehören dazu –, bleibt sie stets reformbedürftig.

Kehren wir zurück zu uns, zurück zu den Fragen: Wer ist dieser Jesus für mich? Und: Ist mir bewusst, dass er auf mich bauen will?

Das besondere Wort

Darum, mein Freund, brauche ich so sehr Deine Freundschaft. Zu dir kann ich kommen, ohne eine Uniform anziehen oder einen Koran hersagen zu müssen; kein Stück meiner inneren

Heimat brauche ich preiszugeben. In deiner Nähe habe ich mich nicht zu entschuldigen, nicht zu verteidigen, brauche ich nichts zu beweisen. Dein Jasagen zu dem, was ich bin, hat Dich gegen Haltung und Bekenntnis nachsichtig gemacht, so oft es nötig war. Ich weiß Dir Dank dafür, dass Du mich so hinnimmst, wie ich bin. Antoine de Saint-Exupéry

* * *

Du sollst den Nächsten lieben wie dich selbst (Lk 10,27).

Neue Kardinaltugenden

Es wäre eine gute Frage für die Millionenshow: Welche vier Tugenden gehören zu den so genannten Kardinaltugenden? Wüssten *Sie* es? Die richtige Antwort lautet: Klugheit (Weisheit), Gerechtigkeit, Starkmut (Tapferkeit) und Mäßigung (Besonnenheit).

Diese Auflistung stammt vom Kirchenvater Ambrosius (4. Jahrhundert).

Kardinal Franz König erklärte in einem Zeitungsinterview, es bräuchte für das 21. Jahrhundert vier weitere Tugenden, nämlich Ehrfurcht, Toleranz, Friedensliebe und Solidarität. Diesen Empfehlungen schließe ich mich voll an, denn nur in diesen Haltungen können wir den weltweiten Problemen unserer Zeit begegnen.

Ehrfurcht

Wir leben in einer Macherwelt. Je mehr der Mensch meint, alles selbst machen zu können und im Griff zu haben, umso gefährlicher wird es, denken wir nur an die von uns verursachten Klimaveränderungen oder an die Eingriffe in das menschliche Leben. Von den tiefgefrorenen, künstlich befruchteten oder geklonten Embryonen bis zum Beenden des Lebens durch die Euthanasie sind wir am „Machen“! Das Leben ist und bleibt aber letztlich ein Geschenk, mit dem wir ganz sorgsam umgehen sollen.

Zur Ehrfurcht gehört auch der Respekt vor jedem Menschen. Ich besuchte eine Tagung: „Kinder aus Suchtfamilien“. Eine wichtige Aussage dabei lautete, dass wir auch jedem/jeder Alkoholkranken und Drogensüchtigen mit einer innerlich bejahenden Haltung begegnen sollen. Nicht die Sucht, sondern der Süchtige ist als Mensch zu akzeptieren. Nur so wird eine Veränderung – wenn überhaupt – möglich.

Toleranz

Dieser Begriff leitet sich ab vom lateinischen Wort „tolerare“ – aushalten, ertragen, erdulden.

Toleranz bedeutet nicht, dass wir mit allem einverstanden sein müssen, was andere tun oder sagen, wie sie sich verhalten. Aber wir sollen jedem Menschen zugestehen, seine eigene Meinung zu haben und zu vertreten, solange dadurch nicht die Freiheit und Rechte anderer verletzt werden.

Toleranz meint nicht Gleichgültigkeit oder Standpunktlosigkeit. Im Gegenteil. Erst wenn wir unsere eigene Identität gefunden haben und wissen, wo wir stehen, können wir auch die Mitmenschen in ihrem Anderssein annehmen. Wieso lassen wir uns so leicht verunsichern? Je standfester wir sind, umso mehr können wir dann andere Ansichten und Überzeugungen tolerieren. Es gibt bei uns eine wertvolle Initiative. Da kommen Jugendliche verschiedener Nationalitäten und Religionen zusammen, um miteinander zu tanzen. Das Ergebnis ist beeindruckend. „Tanz die Toleranz" heißt diese Aktion, die auch für die Erwachsenen bereichernd wäre.

Friedensliebe

Streit und Kriege gibt es seit Beginn der Menschheitsgeschichte. Das gehört zum Urwaldprinzip des Überlebens. Aber gleichzeitig steckt in uns die Sehnsucht nach Frieden. Auch die Biogenetik zeigt, dass der Mensch auf Kooperation und Gemeinschaft hin angelegt ist. Es tut z. B. uns allen wohl, wenn wir spüren, dass andere uns wertschätzen und respektieren. Die „Goldene Regel" für ein friedliches Zusammenleben lautet: *Alles, was ihr von anderen erwartet, das tut auch ihnen! (Mt 7,12).* Nur so kann es Frieden geben. Wir sollten ihn einüben bei den Auseinandersetzungen mit anderen, bei Konflikten daheim, in der Schule, im Verein oder am Arbeitsplatz. Dazu braucht es vor allem die Rücksichtnahme auf andere und die Kompromissbereitschaft jedes einzelnen.

Solidarität

Dieses Wort bedeutet ursprünglich dicht, fest, stabil (lat. solidus). Solidarität heißt, dass wir als Menschen alle auf demselben Boden stehen, konkret auf dem Erdboden: die Äthiopier, auf die eine neue Hungersnot zukommt, die Burmesen, denen ein Zyklon alles zerstört hat, die Indios in Brasilien, denen die Lebensgrundlage genommen wird, wir Österreicher, denen es im Gesamten gut geht, auch die Christen, die Moslems, die Buddhisten und, und …

Wir sind mit der ganzen Welt vernetzt, ob wir wollen oder nicht. Wir leben nicht auf einer Insel. Was wir tun oder auch unterlassen, wirkt sich immer auf andere aus.

Natürlich werden wir nicht alle Weltprobleme lösen, aber da und dort können wir uns mit Menschen solidarisieren, die in irgendeiner Weise zu kurz kommen oder Unrecht erleiden. Es ist erfreulich und beeindruckend, wie viele Menschen sich bei verschiedenen Aktionen für andere einsetzen.

Ich bin überzeugt, dass die Forderungen Kardinal Königs prophetische Worte sind.

Spuren des Lichts

Am 22. Juli 2011 geschah in Norwegen das furchtbare Attentat, bei dem Anders Behring Breivik 77 Menschen tötete. Mich hat beeindruckt, was der norwegische Ministerpräsident Jens Stoltenberg kurz danach sagte: „Die Konsequenzen aus dem schrecklichen Massaker sind nicht Angst, sondern noch mehr Demokratie, noch mehr Offenheit, noch mehr Solidarität!" Großartig! Das ist genau das Gegenteil von dem, was bei uns gewisse Leute und Politiker dauernd fordern: „Noch mehr Absicherung und Abschottung, Kontrolle und Vorsicht, vor allem bei den Ausländern!"

* * *

So gebt dem Kaiser, was dem Kaiser gehört und Gott, was Gott gehört (Mt 22,21).

Freiheit und Stärke

Erstens kommt es anders, zweitens als man denkt! Das müssen auch die Pharisäer und religiös Führenden erleben, die Jesus schon längere Zeit aus dem Weg räumen wollen. Er störte ihren Machteinfluss.

Nun haben sie einen raffinierten Plan. Sie stellen ihm nach einer schleimigen Einleitung eine Fangfrage: „Ist es erlaubt, dem Kaiser, und damit den verhassten Römern, Steuern zu zahlen?"

Antwortet er mit Ja, werden sie ihm vorwerfen: „Du arbeitest mit den Feinden zusammen, du bist ein Kollaborateur und gegen unser Volk."

Sagt er Nein, könnte er wegen Aufwiegelung gegen die Staatsgewalt angezeigt werden.

Jesus durchschaut ihre List und fragt: *Habt ihr eine Steuermünze?* Sie halten ihm eine hin, aber jetzt sind sie die Blamierten, denn sie geben damit zu, dass sie selbst die Besatzungsmacht unterstützen.

Und weil das Bild des Kaisers auf der Münze zu sehen ist, stellt Jesus klar: *Das Geld kommt vom Kaiser. Also gebt ihm, was ihm gebührt.*

Hier könnte nun das Evangelium aufhören, denn die Frage ist beantwortet und die Sache geklärt.

Aber es folgt noch ein zweiter Teil.

Jesus will keine politische Auseinandersetzung. Das Thema „Staat und Kirche", wie wir es heute formulieren, interessiert ihn eigentlich nicht.

Ihm geht es um Gott und darum, dass wir für ihn in unserem Leben Raum schaffen.

Jesu Anliegen lautet: *Gebt Gott, was ihm gehört, denn sein Bild ist in eure Herzen eingeprägt!*

Im Paragraph eins der Menschenrechte heißt es: „Alle Menschen sind gleich geboren an Würde und Rechten", es wird aber nicht begründet, woher wir unsere Würde haben. Sie gründet darin, dass wir Gottes Ebenbilder sind. Wer einem Menschen ins Gesicht schaut, sieht darin etwas von Gott.

Die Tatsache, dass wir Gott gehören, von dem uns das Leben geschenkt ist, gibt uns eine innere Größe und macht uns frei.

„Ist es erlaubt oder verboten? Was darf ich oder darf ich nicht?", so fragen Knechte, Abhängige, Obrigkeitshörige, kleine Geister, Zwerge, aber nicht die Kinder Gottes.

„Ist es erlaubt oder verboten?" Diese Frage führt zu einem unterwürfigen Gehorsam, der z. B. im Dritten Reich all diese furchtbaren Gräueltaten hervorbrachte.

Auch in der Kirche dürfen wir nicht beim „Ist-es-Erlaubt?" stehen bleiben.

Warum konnte Jesus in Freiheit und Stärke seinen Weg gehen? Weil er einzig danach fragte, was der Liebe und dem Willen Gottes entspricht, mit dem er zutiefst verbunden war. Seine offene Haltung löste natürlich damals viele Irritationen und Konflikte aus.

Woher hatte z. B. ein Provikar Carl Lampert, der am 13. Novemver 2011 selig gesprochen wurde, die innere Kraft, sich nicht den damaligen Nazi-Machthabern zu beugen? Er war überzeugt, dass sein Leben Gott gehört und dass dieser ihn nicht fallen lässt.

Zwei Stunden vor seiner Hinrichtung schrieb er an seinen Bruder Julius in Göfis:

Lieber, guter Bruder! Nun ist die Stunde gekommen, – die so schmerzliche für dich und alle meine Lieben, die erlösende für mich! Der Kreuzweg geht nun zur letzten Station. Finsternis bricht herein, aber der Tag leuchtet auf. Auf dich, Herr, habe ich vertraut. Alleluja. … Oh, wie bin ich froh, dass endlich ein Ende kommt von all dem harten Leid! – Nun geht's heim! – Und ich bleibe doch bei euch. Lebt wohl, wohl, wohl! Auf Wiedersehen!
Von Herzen grüßt dich für immer dein Carl!

Das ist es, was Jesus meint: Macht in unserem Herzen sollte nur Gott haben, nicht das Geld, nicht Ansehen und Titel, nicht der Staat, nicht die Obrigkeit, nicht die Kirche, nicht irgendwelche Goldene Kälber, um die wir tanzen.

Es macht uns weit und frei, wenn wir auf Gott hören. Die ganze Kunst des Lebens besteht darin, dass wir in uns selbst und in anderen Menschen, in den geliebten und sympathischen, in den schwierigen und lästigen, Gottes Bild entdecken und wissen, dass wir ihm gehören.

Das besondere Wort

Du bist meine Mutter.
Du bist mein Vater.
Du bist auch mein Reichtum.
Du bist für mich alles.
Ich will bei der Wahrheit bleiben.
Ich will mich keiner Ungerechtigkeit beugen.
Ich will frei sein von Furcht.
Ich will keine Gewalt anwenden.
Ich will guten Willens sein gegen jedermann.

nach Mahatma Gandhi

Wenn dein Bruder sündigt, dann geh zu ihm und weise ihn unter vier Augen zurecht. Hört er auf dich, so hast du deinen Bruder zurück gewonnen. Hört er aber nicht auf dich, dann nimm einen oder zwei Männer mit, denn jede Sache muss durch die Aussage von zwei oder drei Zeugen entschieden werden. Hört er auch auf sie nicht, dann sag es der Gemeinde (Mt 18,15f).

Wie sollen wir uns verhalten?

Die jungen Christengemeinden im ersten Jahrhundert hatten mit einigen Problemen zu kämpfen. Sie lebten in einem Umfeld verschiedener Religionen und Kulturen (in einer Multikulti-Gesellschaft, würden wir heute abwertend sagen). Sie mussten erst langsam ihre Identität finden: Wer sind wir? Was wollen wir? Was prägt uns? Wo grenzen wir uns ab?

Bald tauchte die Frage auf: Was tun wir mit denen, die zwar offiziell zu uns gehören, deren Haltung und Einstellung aber nicht unserem Glauben entsprechen?

Eines war klar: In solchen Situationen muss die Barmherzigkeit Gottes der Maßstab sein. Darum steht vor diesem Abschnitt das Gleichnis vom Hirten, der dem verlorenen Schaf nachläuft. Und im Anschluss an dieses Bibelwort folgt die Forderung Jesu, dass wir einander siebenundsiebzig Mal vergeben sollen (Mt 18,22).

Gut und recht, doch schwer genug!

Und was ist, wenn es gar nicht mehr geht? Wenn sich einer/eine so unmöglich verhält, dass sich alle daran stoßen und die Gemeinde selbst unglaubwürdig wird?

Die Regel sollte sein, dass jemand mit dem/der Betreffenden spricht. Nützt das nichts, sollen noch zwei oder drei zum Gespräch beigezogen werden. Hilft das alles auch nicht, ja dann ist es notwendig, dass sich die Gemeinde von dieser Person distanziert und sich die Wege trennen.

In der Praxis läuft das allerdings nicht so einfach.

Schauen wir uns nur selbst an: Wie oft reden wir lieber über andere statt mit ihnen, und geben wir hinten herum unsere Kommentare ab: „Sag, wie findest du das Verhalten von Herrn X?“ Oder: „Die Frau Y benimmt sich wirklich skandalös!“

Es kann auch sein, dass wir etwas, was uns ärgert, stört, verletzt, einfach hinunterschlucken. Aber die Leichen ungeklärter Konflikte liegen dann im Keller des Herzens und stinken herauf, vergiften unser Inneres.

Oder wir sammeln in uns die unguten Dinge, bis wir eines Tages einen Wutanfall bekommen und dem/der anderen den angestauten Herzensmüll hinknallen. „Was hat er/sie denn auf einmal?“, fragen die anderen erstaunt.

Wie sollen wir uns verhalten, wenn wir Probleme mit jemandem haben? Ich erzähle eine liebenswürdige und gleichzeitig provozierende Geschichte von einem Wüstenvater aus der frühchristlichen Zeit:

Ammonas war Bischof geworden. Eines Tages kommt er in ein Dorf, in dem die Leute schwer aufgebracht sind, weil der Mönch, der am Berg wohnt, eine Frau zu sich hereinlässt. Dieser Mönch hat schon lange einen schlechten Ruf. Die Leute bestürmen Bischof Ammonas: „Jetzt bist du da, jetzt musst du der Sache ein Ende bereiten. Das ist ja ungeheuerlich, was sich auf dem Berg da droben abspielt.“ Also stapft der alte Ammonas voraus, den Berg hinauf, die gesamte Dorfbevölkerung hinter ihm her. Als der Mönch die Leute kommen sieht, packt ihn die Panik, und er steckt die Frau kurzerhand in ein Fass. Ammonas ist als erster oben, und wie er in die Hütte kommt, durchschaut er die Situation blitzschnell. Er setzt sich sofort auf das Fass, winkt die Leute herein und sagt: „Jetzt durchsucht die Hütte und schaut, wo die Frau ist." Als sie diese nicht finden, sagt er: „So, jetzt kniet nieder und bittet Gott um Verzeihung, dass ihr dem Bruder so übel nachgeredet habt." Nachdem sie wieder gegangen sind, geht Ammonas zu dem Mönch, nimmt ihn bei der Hand und sagt: „Bruder, gib auf dich Acht!" *aus „Lebenshilfe aus der Wüste"*

Natürlich war das Verhalten des Mönchs nicht in Ordnung. Es gilt aber grundsätzlich: Nur über jemanden zu schimpfen, ihn zu verurteilen und öffentlich anzuprangern, ist nie eine gute Lösung. Zudem wird dabei nichts vom Erbarmen Gottes spürbar.

Ammonas stellt den Mönch nicht bloß, liefert ihn nicht den anderen aus. Er korrigiert ihn ganz vornehm und nennt ihn sogar „Bruder". In dieser Anrede schwingen Respekt und Wertschätzung mit.

„Bruder, gib auf dich Acht!" Das heißt „Es tut nicht gut, wie du lebst und dich verhältst!"

Ich stelle mir vor, dass der Mönch diese Ermahnung gut annehmen konnte und die Konsequenzen zog.

So sollen wir miteinander umgehen.

Das besondere Wort

Vor Jahren hatten wir in der Caritas den Satz „Folge deinem Herzen" als Leitspruch gewählt. Die Erfahrung, dass die Liebe das Schönste und Wichtigste im Leben ist, hat sich unauslöschbar in unserem Herzensgrund eingegraben.

Deshalb sagt uns das Herz, dass das Gutsein unserem innersten Wesen entspricht. Darin sind wir Gott ähnlich.
„Folge deinem Herzen!" Das heißt: „Überwinde alle Lähmungen und Ängste. Traue dich, einfach gut zu sein und zu lieben. Tu das, wozu das Herz dich drängt. Höre auf deine innerste Stimme und trage etwas dazu bei, dass es gut wird mit der Welt und den Menschen!"

* * *

Mit dem Himmelreich ist es wie mit einem König, der die Hochzeit seines Sohnes vorbereitete. Er schickte seine Diener, um die eingeladenen Gäste zur Hochzeit rufen zu lassen. Sie aber wollten nicht kommen (Mt 22,2f).

Gottes Einladung

Das Feste-Feiern, das Miteinander-Essen-und-Trinken ist ein Urbedürfnis des Menschen. Wir sitzen beim Taufschmaus zusammen, beim Hochzeitsessen und Totenmahl. Zu allen möglichen Anlässen, schon zum 30., 40., 50. Geburtstag usw. veranstalten viele eine Party mit Catering oder einem Festtagsessen.

Auch in der Hl. Schrift ist oft davon die Rede. Der Prophet Jesaia vergleicht das Ende der Welt – wir könnten auch sagen: den Himmel – mit einem großartigen Mahl, bei dem Gott mit einem Vier-Hauben-Menü aufwartet, mit feinsten Speisen und kostbarsten Weinen (Bier gibt es sicher auch), und alle Völker sind dazu eingeladen, Menschen aller Nationalitäten und Rassen, also nicht nur die Israeliten oder Christen, sondern auch die Moslems, die Buddhisten, die Hindus, Konfuzianisten, und was es alles gibt.

Gott wird dann alle Tränen abwischen, wird jegliches Leid und sogar den Tod beseitigen (Jes 25,6–10a). Die Frage ist, ob wir das wirklich glauben und ob uns diese Vision ermutigt, mit Hoffnung erfüllt?

Mit welchem Recht trösten wir ein weinendes Kind mit der Zusage: „Es wird alles wieder gut", obwohl wir wissen, dass es sicher auch weiterhin Schmerzliches erfahren und manche Tränen vergießen wird. Haben wir diese Grundoption, das Grundvertrauen, dass alles Leidvolle überwunden wird, im Blick auf das Bild vom himmlischen Festmahl? Trauen wir Gott dieses gute Ende, die wunderbare Vollendung zu, von der der Prophet spricht?

Auch von Jesus wird berichtet, dass er sehr oft zu einem Essen eingeladen war und mitgefeiert hat, bei besseren Leuten wie dem Pharisäer Simon oder bei den Zöllnern, Betrügern, Sündern, und Dirnen waren auch dabei.

Zweimal wird in der Hl. Schrift erwähnt, dass sie Jesus einen „Fresser und Säufer" nannten (Lk 7,34; Mt 11,19).

Er ist durchaus kein Kostverächter und macht durch sein Dabei-Sein sichtbar, dass Gott mit uns an einem Tisch sitzen und feiern will. Eigentlich unglaublich!

Jesus verkündet das nicht nur durch sein Verhalten, sondern erzählt dazu auch die Geschichte vom Hochzeitsmahl. Bei Matthäus lädt der König ein. Der Evangelist deutet dann die Zerstörung Jerusalems als Strafe Gottes für die Weigerung, die Botschaft Jesu anzunehmen. Bei Lukas ist es einfach ein Gastgeber, der ein Festmahl bereitet. Beide Verfasser verkünden im Kern dasselbe: Gott lädt uns zu einem herrlichen Hochzeitsessen ein. „Uns“, das heißt jeden Menschen, Sie und mich.

Nach dieser einleitenden Aussage bringt das Gleichnis zwei konträre Botschaften:

Die erste lautet: Aber die Eingeladenen haben kein Interesse daran. Sie finden schnell eine Ausrede: „Lieber Gott, das Geschäft ist wichtiger und fordert meine Anwesenheit. Du wirst das schon verstehen.“ Ein anderer: „Ich habe keine Zeit, weil ich mich um einen Grundstückskauf kümmern muss.“ Oder: „Meine eigene Hochzeit, mein eigenes Vergnügen haben schon Vorrang!“

Es gibt viele, viele Gründe oder Vorwände, warum Menschen auch heute Gott auf die Seite schieben, kein Interesse am Glauben, an einer Beziehung zu Gott haben, dem Gottesdienst nichts abgewinnen können und ihm fernbleiben.

Schon im Ersten Testament klagt Gott immer wieder, dass sein Volk ihm treulos davonläuft. Das ist also nichts Neues und zeigt sich auch in der heutigen Kirche und Gesellschaft.

Umso tröstlicher klingt die zweite Tatsache: Der Saal wird dennoch voll, und das Fest findet statt. Unglaublich! Und wenn es heißt, dass die Diener die Leute von den Straßen holen, Gute und Böse, dann habe ich die große Hoffnung, dass Gott uns Wegmenschen, die wir dauernd unterwegs sind, oft genug hektisch und umtriebig, dass er uns, die wir alle auch böse und gute Anteile haben, irgendwie doch an seinen Festtagstisch bringt. Jeder, jede, darf für sich denken: „Lieber Gott, hilf mir, dass ich trotz aller Mängel und Fehler, trotz alledem, doch einmal bei deinem Hochzeitsfest lande, bei deinem Fest dabei bin. Halte in mir den Hunger, die Sehnsucht nach dir wach.“

Spuren des Lichts

Ich komme von einer Beerdigung heim und sehe, dass vor der verschlossenen Haustüre eine Blechdose steht, die mir jemand dorthin gestellt hat, ohne Namen und Absender. Ich mache sie auf und sehe, dass sie mit köstlichen Keksen gefüllt ist. Eine wunderbare Überraschung!
Jede kleine Freude ist schon ein Spurenelement, ein leiser Hinweis auf jene große Freude, die Gott uns allen bereiten will. Da öffnet sich der Himmel schon einen Spalt breit.

September

Reifung

- Es reicht!
- Wunderbare Vermehrung
- Energiequellen
- Gott lästig fallen
- Dankbarkeit öffnet Türen
- Die Farben des Lebens
- Gemäldegalerie

Wunderbare Brotvermehrung und Speisung der Fünftausend, Codex aureus, Echternach, um 1030

Diese fast tausend Jahre alte Buchmalerei ist eine „Biblia pauperum“, eine bildliche Darstellung und zugleich Deutung einer biblischen Erzählung für die „gewöhnlichen“, einfachen Menschen.

Auch für uns Menschen des 21. Jahrhunderts, die wir oft das Hören verlernt haben und auf das Schauen fixiert sind, eröffnen diese alten Bilder ganz interessante Zugänge zum Verständnis des Evangeliums.

Das „Brot“ symbolisiert alles, was wir zu einem guten Leben brauchen. Jesus bestärkt uns im hier dargestellten Geschehen, dass wir einerseits mit dem Hunger unseres Herzens zu ihm kommen sollen. Andererseits gibt er uns den Auftrag, den Bedürftigen Brot für den Leib und die Seele zu geben.

Im Monat September suchen wir – parallel zum Reifen in der Natur – die **Reifung** im Glauben und in der Liebe.

Jesus antwortet: Die Leute brauchen nicht wegzugehen. Gebt ihr ihnen zu essen! Sie sagten zu ihm: Wir haben nur fünf Brote und zwei Fische bei uns. Darauf antwortete er: Bringt sie her! (Mt 14,16–18).

Es reicht!

Ich lade Sie ein, dieses Bild von der Brotvermehrung auf sich wirken zu lassen.

In der Mitte steht Jesus. Die Horizontale seiner Arme und die Vertikale seines Körpers bilden ein Kreuz. Er macht am Kreuz mit seiner Liebe todernst, er lässt sich aufbrauchen wie Brot, das man isst. Er händigt sich aus.

Die Linien des Bildes laufen von der Mitte zu den Menschen, die außen und ganz unten am Boden sitzen. Diese Menschen hat Jesus während seines ganzen Lebens im Blick: die Armen, Kleinen, Geringen. Eine „Wellenbewegung" geht von Jesus aus, hinaus und hinunter!

Fühlen sich nicht ungezählte Menschen an den Rand gedrängt, unwichtig und übergangen, abgeschoben und unnütz: z. B. Arbeitslose, Kranke, Ältere?

Wie viele sind auch niedergedrückt, deprimiert, klein, am Boden, belastet von einer Sorge oder Schuld?

Jesus empfindet Mitleid mit ihnen. Er ist angerührt von ihrer Situation. Ihr Hunger geht ihm zu Herzen, obwohl er selbst durch den gewaltsamen Tod seines Cousins Johannes kurze Zeit vorher belastet ist und gerne allein sein möchte. Aber die Menschen, die ihm nachlaufen, sind ihm wichtiger.

Links und rechts von Jesus sehen wir zwei Jünger. Sie schauen gar nicht auf ihn, sondern beugen sich nach außen.

Ihr Blick geht ebenfalls zu denen, die hungern und dürsten, nicht nur nach Brot und Wasser, sondern nach Heilung und Entlastung, Befreiung, Zuwendung und Wertschätzung.

Sie geben das Brot mit der gleichen Geste wie Jesus weiter. Sie empfangen und schenken in einem!

Der Auftrag Jesu lautet: *Schickt die Leute nicht weg. Gebt ihnen, was ihr habt. Ihr werdet sehen, es reicht!*

Diese Weisung gilt auch für uns heute. Das Wegschauen oder Wegschicken ist nie im Sinne Jesu. *Gebt ihnen, was ihr habt!* Die fünf Brote und die zwei Fische können eine Geldspende sein. Genauso wertvoll ist es, auch das Brot der Aufmerksamkeit oder Herzlichkeit, der inneren Stärkung mit jemandem zu teilen, ebenso das Brot der Freude und das Brot der Trauer.

Wenn wir das geben, was wir können, dann reicht es! Mehr fordert und erwartet Jesus gar nicht. Dieser Gedanke entlastet uns sehr.

Eltern fragen sich, ob sie ihre Kinder genügend ausgerüstet haben für ein gutes Leben, ob sie lebenstüchtig genug sind.

Jugendliche haben Angst, ob sie die Schule oder Berufsausbildung schaffen.

Erwachsene, die mit Sorgen auf die großen Menschheitsprobleme blicken, sehen dunkle Wolken am Zukunftshimmel.

Dennoch: Wir alle dürfen uns an Jesu Wort halten: *Tut, was euch möglich ist, gebt von dem, was ihr bekommen habt. Das vermehrt sich – und es genügt.* Eine ungeheuer große Zusage.

Fehlt uns dieses Vertrauen, wäre es wirklich manchmal zum Verzweifeln.

Kehren wir zum Bild zurück: Wo würden *wir* uns auf dieser Darstellung selbst platzieren?

Vielleicht sehen wir uns manchmal bei denen, die ganz außen am Rand oder am Boden sitzen. Wir alle kennen solche Situationen, in denen wir uns minderwertig und schwach vorkommen und bedrückt sind.

Wir dürfen uns aber auch mit den Jüngern rechts und links von Jesus identifizieren. Wir empfangen von ihm Leben, Liebe, Vergebung, Beheimatung, Ermutigung, und das alles sollen wir weiterreichen.

So werden wir für andere zum Segen, weil wir selbst gesegnet sind.

Jesus schaut uns an, er schaut mich an, er stellt mich in Frage.

Sein offener, fragender Blick wirkt wie eine Einladung *Kommt zu mir!* und erinnert uns daran, dass wir die eigenen „Brote und Fische“ austeilen sollen.

Ein winziges Detail: Ein Fuß Jesu ist nach außen gerichtet. Er macht einen Schritt auf uns zu.

Wie schön sind die Füße derjenigen, die Freude verkünden, den Frieden ansagen, Gutes verkünden und Rettung verheißen!, schreibt Jesaia (52,7). Daran erinnert diese Darstellung. Sie veranschaulicht die Einladung an uns, auf die Menschen zuzugehen.

Spuren des Lichts

Eine berührende Geschichte erzählt von einem Bäcker in Paris, der manchmal in seinem Laden mit jemandem Brot teilte und aß: mit dem Omnibuschauffeur, dessen Tochter schwer verunglückt war, mit einer Frau, die er einlud, deren Sorge mitzutragen, mit einem Mann, der in seinem Zorn

beinahe seinen Sohn erschlagen hätte und anderen mehr. Sie alle wurden beim Brotbrechen und Essen ruhiger und friedlicher.
Diese Erzählung vom „Bäcker von der Jakobstraße" hat mich schon oft animiert, mit anderen Freude und Leid zu teilen.

* * *

Elischa befahl seinem Diener: Gib es den Leuten zu essen! Doch dieser sagte: Wie soll ich das hundert Männern vorsetzen? Elischa aber sagte: Gib es den Leuten zu essen! So spricht der Herr: Man wird essen und noch übrig lassen (2 Kön 4,42f).

Wunderbare Vermehrung

Eine ähnliche Geschichte wie die von der Brotvermehrung findet sich beim Propheten Elischa im zweiten Buch der Könige (2 Kön 4,42–44).

„Schon wieder ein Wünderchen", könnte man beim ersten Hinhören sagen, aber hinter dieser Erzählung steckt viel mehr, als wir vermuten.

In jenen Tagen, heißt es. Was für Tage waren es denn? Einige Verse weiter vorne wird berichtet, dass im Lande eine große Hungersnot herrschte.

Schlechte Zeiten kennen eigentlich – Gott sei Dank – nur die Älteren von uns von den Kriegs- und Nachkriegsjahren her. Aber auch die materiell Gesättigten von heute wissen, dass man das, was wir im tiefsten Herzen suchen und brauchen, nicht beim Interspar kaufen kann.

Eine junge Frau, die an Ess-Brech-Sucht leidet, schrieb mir vor kurzem: „Das Lied ‚Hilf, Herr meines Lebens, dass ich nicht vergebens hier auf Erden bin' geht mir nicht mehr aus dem Kopf. Ich bete viel, ich glaube daran, dass Gott mir beisteht, obwohl ich das Geschenk des Lebens mit Füßen getreten habe. Die Frage, warum ich immer noch hier bin, beschäftigt mich sehr. Was ist mein Ziel? Was ist meine Aufgabe? Warum kann ich die Dinge nicht sehen, die *Er* mir zeigen möchte? Warum fühle ich mich so leer?"

Ist es nicht ein Wunder, wenn in solchen Notzeiten wie damals plötzlich ein Mann zu Elischa kommt und ihm zwanzig Gerstenbrote bringt, dazu noch ein Säckchen Getreidekörner, die als Dank Gott gegeben und verbrannt werden. Haben wir nicht alle schon die wunderbare Erfahrung gemacht, dass uns in einer schlimmen Situation plötzlich jemand über den Weg gelaufen ist, der oder die mit einem tröstenden Wort, mit einer konkreten Hilfeleistung dazu beigetragen hat, dass wir wieder aufatmen und leben haben können. Es gibt tatsächlich rettende Engel!

Die Erzählung vom Propheten geht noch weiter. Er befiehlt seinem Diener, die Brote an die hundert jungen Männer auszuteilen, die zu den Prophetenschülern gehören und bei ihm leben. „Wo denkst du denn hin, das reicht doch nicht für so viele hungrige Leute", hält im der Diener entgegen.

Die Angst, es könnte etwas nicht reichen, steckt uns in den Knochen. Schauen wir nur an, welche Fuhren von Lebensmitteln die Leute vor den Feiertagen heimtransportieren.

Dennoch, der Prophet bleibt dabei: „Teile die Brote aus, und es wird noch einiges übrig bleiben!" Und dann geschieht das zweite Wunder. Alle bekommen genug und sind zufrieden.

Für uns mag das bedeuten, dass wir einfach anfangen sollen, die verschieden „Brote", die wir haben, auszuteilen, z. B. das Brot der Zeit, auch wenn wir gerammelt voll sind mit Terminen und Verpflichtungen. Wenn man etwas braucht, müssen wir nicht solche fragen, die viel Zeit haben, denn diese geben nichts davon her. Aber andere, die eine Menge um die Ohren haben, finden doch noch ein Stündchen für jemanden übrig – und fantastisch, die Zeit vermehrt sich.

Wir können auch das Brot eines freundlichen Grußes, eines Lächelns weiterschenken, und auch das wirkt weiter, pflanzt sich fort in zehn anderen.

Ähnlich ist es beim Brot der Geduld oder der Versöhnung. Alles zieht Kreise im Leben, breitet sich aus.

Bischof Jacques Gaillot erzählte einmal, dass er in Südamerika in einer Gegend, wo eine große Trockenheit und unbeschreibliche Not herrschten, eine Messe feierte. Dabei wurde das Evangelium vorgelesen: *Sorgt euch nicht um das, was ihr essen und trinken werdet …* Angesichts des Elends dieser Menschen konnte er nichts dazu predigen, und er setzte sich hin. Aber da stand ein einfacher Mann auf und sagte: *Wenn wir nicht das Wenige, das wir besitzen, teilen, werden wir morgen keine Brüder mehr sein.*

Ein großartiger Satz:

Wenn wir nicht das Wenige oder manchmal auch das Viele, das wir haben, teilen, werden wir morgen keine Brüder und Schwestern mehr sein.

Die Berichte von Elischa und der Brotvermehrung Jesu sind nicht so sehr Wundererzählungen, sondern viel mehr Anstiftungen. Sie ermutigen uns zu glauben, dass wirklich Wunder geschehen, sobald wir von unseren unterschiedlichen Broten etwas hergeben. Die Liebe, die wir austeilen, vermehrt sich sozusagen unter unseren Händen.

Das besondere Wort

Ein Lächeln kostet nichts und bringt viel.
Es bereichert den, der es erhält,
ohne den, der es schenkt, ärmer zu machen.
Es dauert nicht länger als einen Augenblick,
aber die Erinnerung daran ist manchmal ewig.
Niemand ist reich genug, um es nicht brauchen zu können,
und niemand arm genug, um es nicht verschenken zu können.
Es schenkt Glück im Heim
und ist ein zartes Zeichen der Freundschaft.
Ein Lächeln gibt dem Bekümmerten Auftrieb
und dem Schwachen Kraft.
Wenn du einmal jemanden triffst, der dich nicht anlächelt,
sei großzügig und lächle ihn an,
denn niemand braucht ein Lächeln mehr als der,
der es den anderen nicht zu geben weiß.

Autor unbekannt

Wer aber von dem Wasser trinkt, das ich ihm geben werde, wird niemals mehr Durst haben; vielmehr wird das Wasser, das ich ihm gebe, in ihm zur sprudelnden Quelle werden, deren Wasser ewiges Leben schenkt (Joh 4,14).

Energiequellen

„Das macht die Wüste so schön, dass sie irgendwo einen Brunnen hat“, sagt St. Exupéry.

Natürlich ist unser Leben nicht nur „Wüste“, trocken, leer und lebensfeindlich.

Es gibt auch die „Blumen“ freudiger Erlebnisse, die „Blüten“ schöner Dinge, welche Augen, Ohren, Mund und vor allem das Herz erfreuen, die „Früchte“ des Erfolgs und kreativen Gestaltens. Es gibt Menschen, das Miteinander-Reden-und-Singen, das Sich-Berühren, und vor allem die Liebe.

Wir kennen aber genauso die „Wüste“ der Enttäuschungen und Einsamkeit, der Traurigkeit, der Lieblosigkeit, dunkler Gedanken und schwerer Gefühle.

Wir suchen unermüdlich nach „Brunnen“, aus denen wir das Wasser der Lebendigkeit schöpfen. Was tun heutzutage Menschen nicht alles, um sich fit zu halten und wohl zu fühlen, um die inneren Energiequellen zu erschließen: Sport, vor allem joggen, biken oder Meditation, Yoga, Qigong, Taichi, Reiki, „Strömen“, Massieren, Lachtherapie und zwanzig andere Therapien, auch esoterische Praktiken und vieles mehr. Gut und recht, nicht immer, aber meistens.

Aber offensichtlich reicht das nicht aus.

Wir verdanken unser Leben nicht uns selbst. Es wurde uns geschenkt, oder richtiger: geliehen. Das Leben ist kein Eigenbesitz, sondern ein Darlehen. Wir verfügen auch nicht über einen unerschöpflichen Vorrat an Lebensenergie, die wir endlos selbst erneuern können.

Mit dem Bildwort vom Weinstock und den Reben lädt uns Jesus ein, bei ihm eine Lebensquelle zu finden.

Das macht die Wüste so schön, dass sie irgendwo einen Brunnen hat!

Ich taufe ein Kind und mache ihm dabei die Zusage: „Du hast eine gute Zukunft, weil du aus der Liebe Gottes nicht herausfallen kannst. Er sagt immer ja zu dir!"

Ich spende einer Frau die Krankensalbung, in der Gott ihr verspricht: „Ich gehe mit dir durch die Krankheit, auch durch das Sterben, und schenke dir bleibendes Leben!"

Ich erkläre bei einer Trauung dem Brautpaar: „Wenn ihr euch beim Eheversprehen die Hände reicht, dürft ihr glauben, dass Gott euch immer seine Hand hinhält und nie zurückzieht. Es liegt nur an euch, sie zu ergreifen."

So könnte ich noch viele Beispiele aufzählen, die anschaulich machen, was Jesus sagt: *Bleibt mit mir in Verbindung. Dann findet ihr fülliges Leben trotz manch unerfüllter Wünsche. Dann glückt euch das Leben auch durch das eine oder andere Unglück hindurch! So wachsen in euch die guten Früchte des Glaubens, der Hoffnung und der Liebe!*

Das macht die Wüste so schön, dass sie irgendwo einen Brunnen hat!

In jedem Gottesdienst schöpfen wir daraus, auch beim Gebet, beim Lesen und Hören des Wortes Gottes.

Beim Laubhüttenfest in Jerusalem sagte Jesus: *Wer durstig ist, komme zu mir und trinke. Wer an mich glaubt, dem gilt, was die Schrift sagt: Aus seinem Inneren werden Ströme von lebendigem Wasser hervorfließen! (Joh 7,37f).*

Man könnte es auch so ausdrücken: Wer sich von Jesus bewegen, berühren, anstecken lässt, wer aus dem „Brunnen“ seiner Liebe schöpft, wird zu einer lebensförderlichen Quelle für andere. Aber das sind wir nicht aus uns selbst.

Wo immer Menschen lieben, fließt die Liebe Jesu und Gottes weiter: in Vätern und Müttern, alleinstehenden Frauen und Männern, in Jugendlichen und Älteren.

Spuren des Lichts

An einem wolkenlosen Sommertag wandern wir von der Jordanquelle auf den Golanhöhen in Israel den Fluss entlang und kommen zu einem großen Wasserfall. Für Menschen, die in trockenen, heißen Gegenden leben, muss diese unaufhörlich niederströmende, rauschende Wasserfülle ein großartiges Wunder sein. „Heut' ist der Himmel fließend wordn", heißt es in einem alten Weihnachtslied. Ich denke mir: Und hier fließt er weiter.

Walter Habdank, Mose, betend während der Schlacht, Holzschnitt, 1987 © VBK, Wien 2012

Sollte Gott seinen Auserwählten, die Tag und Nacht zu ihm schreien, nicht unverzüglich helfen, sondern zögern? (Lk 18,7).

Gott lästig fallen

Drei Männer stehen dicht beisammen. Der im Vordergrund macht einen armseligen Eindruck:

Barfüßig, verkrümmt, kraftlos, in ein lumpiges Gewand gehüllt hebt er seine Hände hoch. Die zwei dahinter halten seine Arme. Die Blicke aller drei gehen nach oben. Sie schauen erwartungsvoll, Hilfe suchend in die gleiche Richtung.

In Buch Exodus wird berichtet, dass die Israeliten bei ihrem langen Marsch durch die Wüste gegen die Amalekiter kämpfen mussten. Während des Kampfgetümmels betete Mose auf einem Hügel in der Nähe, Gott möge ihnen doch helfen. Sobald er jedoch erschöpft die zum Gebet erhobenen Arme sinken ließ, waren die Feinde stärker. Deshalb kamen zwei von seinen Leuten, Aaron und Hur, und stützten Mose. Gemeinsam beteten sie bis zum Abend, und – sie hatten gewonnen (Vgl. Ex 17,1–15).

Es wäre sicher ein Missbrauch Gottes, ihn um einen militärischen Sieg zu bitten, obwohl das leider immer wieder geschah und geschieht. Diese Geschichte bringt vielmehr eine wichtige Glaubenserfahrung zum Ausdruck: In allen „Kämpfen“ des Lebens – beruflich, gesundheitlich, beziehungsmäßig, familiär – können wir bestehen, wenn und solange wir beten. Wir öffnen dadurch eine Türe für Gott, geben ihm Raum, damit er heilend und heilsam in unser Leben hinein wirken kann.

Das Gebet schenkt uns Kraft. Ich bin überzeugt, dass das viele von uns bestätigen können. Sehr oft beeindrucken mich Menschen, die schon Schweres durchgestanden und die große Belastungen ausgehalten haben, oft mit der Begründung: „Ich habe einen festen Glauben und viel gebetet!"

Dazu ermutigt uns Jesus mit einem seltsamen Vergleich. Eine Witwe, damals eine Frau ohne Rechte und ohne Schutz, kämpft bei einem Richter, der Gott nicht fürchtete und auf keinen Menschen Rücksicht nahm, wie es heißt, ganz hartnäckig um ihr Recht. Ihre Aufdringlichkeit wird ihm lästig. Er will seine Ruhe haben und deshalb erfüllt er ihre Bitte (Lk 18,1–8).

Nein, Gott ist nicht wie dieser Richter. Wir dürfen glauben, dass er uns immer zugetan ist. Aber wir dürfen und sollen wie die Witwe ihm ruhig in den Ohren liegen. Wir können bei den Worten Jesu dazu denken: Wenn schon der Richter dieser Frau hilft, um wie viel mehr wird Gott unser Beten erhören. Um wie viel mehr! Und unverzüglich, sagt Jesus, wird er uns zu unserem Recht verhelfen, uns geben, was für uns richtig, heilsam, das Beste ist.

Wir haben zwar manchmal unsere Mühe, weil wir das Gefühl haben, Gott sei schwerhörig oder lasse lange auf seine Hilfe warten.

Ein schöner Text lautet:

Gebetet … und nichts erhalten!
Er bat um Kraft, um Großes zustande zu bringen, und empfing Schwachheit, damit er gehorchen lerne.
Er bat um Gesundheit, um Wichtiges vollbringen zu können, und empfing Gebrechlichkeit, damit er bessere Dinge täte.
Er bat um Reichtum, um glücklich sein zu können, und empfing

Armut, damit er weise würde.
Er bat um Macht, um von den Menschen respektiert zu werden, und empfing Ohnmacht, auf dass er die Notwenigkeit Gottes fühle.
Er bat um vieles, um sich des Lebens zu freuen, und empfing „Leben", um sich aller Dinge zu freuen.
Er hat nichts erhalten von all dem, um was er bat, und hat doch alles empfangen, auf das er gehofft hatte. Sein Gebet ist erhört worden. *Verfasser unbekannt*

Angesichts so vielen Elends und schlimmer Zustände auf der Welt haben wir wirklich Grund, Gott lästig zu fallen, und wir sollen es tun.

Wir können auch, wie die beiden „Hintermänner" auf dem Bild, andere in ihrem Beten verstärken. Es tut wohl, wenn wir jemandem sagen: „Ich bete für dich!"

Die Geschichte vom Kampf in der Wüste zeigt, dass wir zusammen mit Gott immer auf der Gewinnerseite stehen.

Spuren des Lichts

Der Pensionist, den ich besuche, hat zwei schwere Operationen und einige Komplikationen hinter sich. Bei meinem Besuch merke ich, dass er keine Kraft mehr zum Weiterkämpfen hat. Sein Sohn redet ihm gut zu, und gibt ihm Ratschläge, auf die er gern verzichten könnte. Ich sage ihm, wo ich morgen – am Sonntag – den Gottesdienst feiere und dass ich bei der Fürbitte für die Kranken ganz besonders an ihn denken werde. Da lächelt er das erste Mal und sagt: „Danke!"

Einer von ihnen aber kehrte um, als er sah, dass er geheilt war; und er lobte Gott mit lauter Stimme. Er warf sich vor den Füßen Jesu zu Boden und dankte ihm (Lk 17,15f).

Dankbarkeit öffnet Türen

Wie lautet das Gegenteil von Dankbarkeit? Wahrscheinlich denken Sie jetzt spontan: Undankbarkeit. Das ist richtig, aber meiner Meinung nach trifft das Wort „Selbstverständlichkeit“ noch besser den Kern der Sache. Wer alles, was er hat, besitzt, erlebt, bekommt, als selbstverständlich hinnimmt, sieht überhaupt keinen Grund zum Danken. Der kann sich auch nicht über etwas freuen.

Der gedeckte Tisch, das schöne Haus, die warme Stube – alles selbstverständlich!

Das gesicherte Leben, das Arbeiten- und Sich-entfalten-Können – alles selbstverständlich!

Der Partner, die Partnerin, die Kinder, die Freunde – alles selbstverständlich!

Die Gesundheit, in Freiheit leben, die Erfahrung von Liebe – alles selbstverständlich!

Nein, es könnte doch total anders sein. Nichts ist selbstverständlich!

Je mehr wir uns das bewusst machen, umso mehr werden wir dankbar, umso mehr freuen wir uns über so vieles, was uns tagtäglich widerfährt und schon unser Leben lang geschenkt worden ist. Dankbarkeit öffnet die Tür zur Freude!

Wenn jemand uns etwas zuliebe tut, uns hilft, eine Freude bereitet, einen Dienst erweist, dann sagen wir meistens

„danke“ oder „Vergelt's Gott“ oder – was ich sehr schön finde – „Ich danke dir!“ Damit entsteht eine gute Beziehung zum oder zur anderen. Im Danken wächst eine tiefe Verbindlichkeit. Denn wenn ich danke, heißt das im Verborgenen: „Ich darf damit rechnen, dass du mir auch weiterhin gut bist.“ Und der Gebende, die Schenkende fühlt sich geschätzt und gewürdigt.

Wir sagen zwar manchmal: „Das ist nicht der Rede wert“ oder „Ist doch selbstverständlich“, aber wenn vom Beschenkten, von der Beschenkten kein Dankeswort käme, wären wir doch enttäuscht und würden wir uns im Herzen sagen: „Dem oder der gebe oder mache ich nichts mehr“.

Dankbarkeit öffnet immer eine Türe zum Mitmenschen.

Und noch ein Gedanke: Das Evangelium berichtet, dass nur einer von den zehn geheilten Aussätzigen zurückkommt, um Jesus zu danken. Und dieser eine war zudem ein Andersgläubiger, ein Ausländer.

Die anderen stellen einfach fest, dass sie ihre Krankheit los sind. Oder sie haben es eilig, die Gesundheitsbestätigung zu bekommen. Der Mann aus Samarien denkt als einziger daran, dass ihn dieser Rabbi Jesus wirklich als Mensch wahrgenommen hat, dass ihm sein Aussatz zu Herzen gegangen ist. Er empfindet es als Wunder, als Geschenk des Himmels, dass ihm geholfen worden ist. Jetzt kann er neu leben. Aber auch in seiner überschwänglichen Freude vergisst er nicht, dem zu danken, durch den ihm diese Heilung geschehen ist. *Und er lobte Gott mit lauter Stimme*, heißt es.

Dankbarkeit öffnet eine Türe zu Gott.

Dankbarkeit ist überhaupt die Grundfarbe unseres Glaubens. Wir ver-danken unser Leben einem Gott, der will, dass es uns gibt. Sonst würden wir gar nicht leben. Wir erfahren immer neu, mit jedem Atemzug, dass uns das Leben von dem zufließt, der uns mit seiner Liebe umfängt und der uns eine Hoffnungstüre öffnet, weil wir im Sterben hineingeboren werden in das bleibende Licht.

Wir erleben es heutzutage, dass der Gottesdienstbesuch am Sonntag dünner wird.

Ich denke manchmal, ob nicht ein Grund darin liegt, dass viele Menschen das Danken verlernt haben (natürlich auch das Bitten), weil für sie alles selbstverständlich ist. Warum sollen sie denn danken und wem? Wahrscheinlich kommen viele erst bei den Grenzerfahrungen darauf, dass es für nichts Garantien gibt, auch nicht für das Glück, die Liebe und alles, was uns bereichert und gut läuft.

Möge eine tiefe Dankbarkeit unser Herz erfüllen! Wir haben allen Grund dazu.

Das besondere Wort

Wer denkt,
dankt.
Wer dankt,
denkt weiter.
Wer weiter denkt,
hört nicht auf zu danken
und fängt an zu teilen.

Die Dankbarkeit ist das Gedächtnis des Herzens.
Sie hilft uns leben, sie macht die Welt menschlicher und heller
und sie führt uns hinein in die Haltung des Teilens.

Petrus Ceelen

Meine Seele preist die Größe des Herrn, und mein Geist jubelt über Gott, meinen Retter (Lk 1,47).

Die Farben des Lebens

Wir kennen den Sonnengesang des Franziskus, in dem dieser Gott lobt für die Werke der Schöpfung, für die Elemente, für Menschen, die ihr Leid ertragen, und schlussendlich sogar für den Tod. Ein ähnlicher Lobgesang wird Maria zugeschrieben: *Meine Seele preist die Größe des Herrn und mein Geist jubelt über Gott meinen Retter! (Lk 1,46f).*

Diesen Liedern möchte ich mich heute anschließen und einen besonderen Erntedank formulieren:

„Lob sei dir, großer und lebendiger Gott, für alle Farben der Welt, die uns umgeben. Sie erfreuen uns mit ihrer Buntheit und erzählen von deiner Liebe.

Lob sei dir, großer und lebendiger Gott für das *Gelb* der Sonne. Ihr Licht und ihre Wärme ermöglichen das Leben. Wir danken dir auch für das Gelb der Sonnenblumen, der reifen Ähren und des Löwenzahns, für alle Fröhlichkeit, die hell leuchtet, und das unbeschwerte Lachen der Kinder.

Lob sei dir, großer und lebendiger Gott, für das *Grün* der Wiesen und Bäume. Es erzählt vom immer neuen Wachsen und Gedeihen, und auch von der Hoffnung, die uns ermutigt, nicht aufzugeben. Sie lässt uns an einen Sinn glauben, der in allem steckt.

Lob sei dir, großer und lebendiger Gott, für das *Orange* der Früchte, von Kürbis und Karotten, von Mango und Orangen. Diese Farbe symbolisiert die Gesundheit des Leibes und der Seele, leuchtet auf im Abend- und Morgenrot.

Wir danken für den erquickenden Schlaf und das Erwachen für einen neuen Tag.

Lob sei dir, großer und lebendiger Gott, für das *Blau* des Himmels und des Meeres. Es öffnet uns für deine Größe und Weite. Wie köstlich ist das frische Wasser, das wir trinken und in Fülle haben. Blau gilt als Farbe der Treue, die du uns schenkst, ist Ausdruck unseres Vertrauens zu dir und auch zu Menschen.

Lob sei dir, großer und lebendiger Gott, für das *Braun* der Erde, auf der wir stehen, die uns trägt. In ihr wurzeln wir. Sie schenkt uns Ruhe, Halt, auch Stille und Geborgenheit. Von der Erde sind wir genommen, zu ihr kehren wir zurück. Sie ist der stabile Grund im Wechsel der Jahreszeiten und Lebenszyklen.

Lob sei dir, großer und lebendiger Gott, für das *Violett*, das uns für das Mystische und Geheimnisvolle öffnet, dem wir immer wieder begegnen. Es steht für die Buße und Umkehr, die unsere Begrenztheit fordern und die Neuanfänge ermöglichen. So finden wir die nötige Freiheit, uns von allem, was uns einengt, zu lösen.

Lob sei dir, großer und lebendiger Gott, für das *Grau und Schwarz* der schweren Tage, der Zerrissenheit und Suche, der Trauer und Einsamkeit. Das Dunkle erinnert uns daran, dass du selbst ein mitleidender Gott bist und alle Tode endgültig aufgebrochen hast. Alle Schmerzen sind Geburtswehen für bleibendes, gutes Leben.

Lob sei dir, großer und lebendiger Gott, für das *Rot* des Feuers, das fasziniert und zusammenführt. Das Rot der Rosen und des Blutes ist Sinnbild der Liebe, die wir empfangen und schenken, die uns verbindet – mit dir und untereinander.

Lob sei dir, großer und lebendiger Gott, für *alle Farben* in ihrer Vielfalt. Sie sind Ausdruck deiner Menschenfreundlichkeit und Zärtlichkeit. Sie zeigen in allen Facetten, wie bunt und reich das Leben ist, das du uns geschenkt hast.

Lass uns Menschen sein, die im Herzen zutiefst dankbar sind und die zur Farbigkeit des guten Miteinanders beitragen!“

Spuren des Lichts

Bisher sind sie mir nie besonders aufgefallen – die Goldrauten, die großen, gelben Blumen an den Straßenrändern, auch links und rechts von der Autobahn.
Sie blühen wunderbar im Spätsommer.
Seit mir jemand gesagt hat, dass diese Blumen „Goldrauten“ heißen, sehe ich sie auf einmal ganz bewusst und freue mich, dass sie trotz Abgase und Fahrtenwind so tapfer und unverdrossen den Straßen entlang blühen.
So ist es. Erst wenn wir auf etwas aufmerksam gemacht werden, den Namen von jemandem erfahren, nehmen wir Dinge oder Menschen besonders wahr.

Da sagte er zu ihnen: Ihr aber, für wen haltet ihr mich? (Lk 9,20).

Gemäldegalerie

Es gibt – Gott sei Dank, denn sonst meinten wir, ihn genau zu kennen – kein Foto von Jesus, aber viele unterschiedliche Bilder je nach der Zeit des Entstehens und des religiösen Verständnisses. Und diese könnten wir einmal wie eine Gemäldegalerie anschauen.

Die ältesten Darstellungen, die in den Katakomben zu sehen sind, zeigen Jesus als den guten Hirten. Seit zweieinhalbtausend Jahren schon beten Menschen: *Der Herr ist mein Hirt! (Ps 23),* und sie sind berührt vom Gleichnis des guten Hirten, das Jesus auf sich bezieht.

In modernen Nachdichtungen dieses Psalms heißt es: „Der Herr versorgt mich. Warum sollte ich mir Sorgen machen? Er gibt mir Nahrung für Geist und Herz."

Oder: „Du begleitest mich auf meinen Wegen, du bist mir nah, umsorgst mich Tag und Nacht, Heilung geht von dir aus, und ich werde zu dir kommen mein Leben lang. Wenn mich mein Weg durch Leiden zwängt, verloren gebe ich mich nicht, denn du bist mir Trost und Halt, auf den ich mich verlassen kann."

Wohltuend, wenn man so glauben und beten kann.

In der romanischen Kunst wird Christus mit einer Königskrone dargestellt, manchmal auf dem Kreuz thronend, um sichtbar zu machen, dass er den Tod überwindet. Christus, der König, ist Herr der Zeit und der Welt.

Berühmt ist das Fresko vom Jüngsten Gericht, das Michelangelo in der Sixtinischen Kapelle gemalt hat. Hier erscheint Christus als der *Weltenrichter*. Das heißt, an Jesus entscheidet sich unser Leben. Er ist der Maßgebende. Letztlich kommt es darauf an, ob wir geliebt haben. Nur Menschen, die Gutes getan haben, können vor Gott bestehen.

Im Mittelalter sehen wir dann vor allem den *Gekreuzigten*, den Mann der Schmerzen. Die Kreuzesdarstellungen aller Art machen sichtbar, dass Jesus unser Leiden und Sterben teilt. Wie viele Menschen finden auch heute in schweren Tagen, in Krankheiten, schmerzlichen Situationen und auch im Sterben Trost im Blick auf Jesus mit dem Gedanken: „Du hast auch alles Bittere und Schwere unseres Lebens durchgelitten. Du gibst uns die Hoffnung, dass unser Tod nur ein Durchgang, die Geburt zu bleibendem Leben ist."

In der neueren Zeit entstanden viele Kunstwerke, die Jesus als gewöhnlichen *Menschenbruder* zeigen: als KZ-Opfer, als geschundenen Menschen, oft auch als Indio, als Asiate oder Afrikaner. Damit soll gesagt werden, dass Jesus, der Gott-mit-Uns, gleichzeitig einer von uns ist.

Und nicht zuletzt weise ich auf die *Ikonen der Ostkirche* hin, auf denen Christus mit offenen Augen uns direkt ansieht. Er hat uns im Auge, er schaut auf uns, blickt uns ruhig und ermutigend an.

Anselm Grün sagte einmal bei einem Vortrag:

Wenn wir uns bekreuzigen, können wir dabei denken: Gott stieg vom Himmel auf die Erde nieder (die Vertikale) und brachte alles von der linken auf die rechte Seite (die Horizontale).

Die linke Seite ist in diesem Fall ein Bild für das Ungute, das durch Jesus wieder richtig und ge-recht wird.

Das besondere Wort

Segensgebet

Der mütterlich-väterliche Gott sei dir nahe in allem, was dir begegnet auf dem Weg deines Lebens.
Er umarme dich in Freude und Schmerz und lasse aus beidem Gutes wachsen.
Ein offenes Herz schenke er dir.
In aller Gefährdung bewahre er dich und lasse dein Leben gelingen.
So segne dich der Vater, der Sohn und der Hl. Geist!

Oktober

Erfüllung

- Quergedanken
- Einen guten Duft verbreiten
- Die unermüdliche Suche Gottes
- Herr, stärke unseren Glauben
- Die alte Standuhr
- Wer ist klug?
- Wurzeln und Wachsen

Christus und Johannes, Heiligkreuztal, um 1310

Diese Darstellung von Jesus und Johannes hat mich immer schon fasziniert.

Tiefe Ruhe strahlt von ihnen aus.

Die innige Verbindung zwischen den beiden zeigt sich besonders in der zarten Berührung ihrer rechten Hände und durch die linke Hand Jesu auf der Schulter des Jüngers. Vor allem aber kommt dessen Zuneigung – ganz wörtlich – in dem an der Brust seines Herrn liegenden Hauptes zum Ausdruck. Johannes ruht an seinem Herzen.

Jesus blickt ihn gar nicht an, sondern hat uns alle im Blick, vielleicht mit der Einladung: *Kommt doch zu mir, die ihr euch plagt und schwere Lasten zu tragen habt. Kommt mit dem, was euch bedrückt. Bei mir findet ihr Ruhe und Trost (Mt 11,28f).*

Ein wunderbares Bild für unseren Glauben: Wir können und dürfen unser oft müdes Haupt, ja uns selbst, Jesus „ans Herz legen". Seine Nähe zu spüren genügt, mehr brauchen wir nicht.

In einer tiefen Liebesbeziehung aufgehoben zu sein, bedeutet die **Erfüllung** für jeden Menschen.

Im Monat Oktober möge uns aufleuchten, wo und wie wir erfüllendes Leben finden – gerade auch durch den Glauben.

Denn wer sein Leben retten will, wird es verlieren; wer aber sein Leben um meinetwillen und um des Evangeliums Willen verliert, wird es retten (Mk 8,35).

Quergedanken

Huub Oosterhuis, ein holländischer Jesuit, fand 29 Namen für Jesus von Nazareth:

Nächster. Fremder. Jude. Same.
Baum an der Quelle. Bräutigam. Weg.
Erträumter Mensch. Offene Tür. Eckstein.
Schlüssel. Löwe von Juda. Lamm. Gerechter.
Hirte. Perle. Zweig. Fisch. Brot.
Wort. Weinranken. Sohn von. Gott. Knecht.
Ströme lebendigen Wassers. Morgenstern. Anführer.
Einziger. Unsagbar Gesagter.

Neben weiteren Namen würde ich noch einen hinzufügen: *Querdenker*. Seine Worte und sein Verhalten stehen total quer zu den Ansichten und der Lebenshaltung vieler Menschen.

In den Kriegsjahren – das wissen nur die Älteren von uns – ging es weithin ums bloße Überleben. Diese Zeiten sind, Gott sei Dank, vorbei. Heute fragen wir uns: Wie finden wir ein geglücktes und erfülltes Leben? Oder ein sinnvolles Leben?

Noch mehr arbeiten, noch mehr haben, noch mehr genießen, noch mehr Vergnügen, das ist nicht die Lösung.

Das wahre Leben finden wir nicht im Kaufhaus, sondern …?

Der Querdenker Jesus erklärt: *Nur wer sein Leben verliert, wird es gewinnen! (Vgl. Mk 8,35).* Wir können das Leben nicht anhäufen oder hamstern. Wirklich glücklich und zufrieden werden wir erst in guten Beziehungen, in denen wie bei einer Bogenlampe der Lichtstrahl der Liebe vom Ich zum Du hin- und herfließt. Wenn man zum Beispiel jemanden heiratet, damit der/die Andere mich glücklich macht, dann ist das im Tiefsten keine Liebe. Das wird auch nicht lange gut gehen. Wer liebt, stellt nicht das Ich in den Mittelpunkt, sondern will für einen oder viele Menschen da sein, und genau dadurch wird sein/ihr Leben bereichert.

Im Kontrast zur landläufigen Einstellung sagt Jesus: *Du musst dich einsetzen, aussetzen, hergeben, dann wird dein Leben sinnvoll und gut!*

Die gepriesene Selbstverwirklichung gelingt nur über das Du!

Der Querdenker Jesus gibt noch eine zweite Antwort auf die Frage nach dem geglückten und erfüllten Leben, und die ist sogar noch provozierender als die erste: *Wer das Leben in Fülle sucht, verleugne sich selbst, nehme sich zurück, trage sein Kreuz und folge mir nach! (Vgl. Mk 8,34).*

Solange Menschen jung, fit, schön, dynamisch, attraktiv und voller Lebenslust sind, werden sie diese Worte überhaupt nicht verstehen.

Aber unser Leben wird immer auch ein durchkreuztes sein: Jugendliche finden keine Arbeit, Beziehungsprobleme verdunkeln das Herz und machen einsam. Sorgen um die Kinder, Belastungen in der eigenen Familie, psychische und körperliche Krankheiten, finanzielle Schwierigkeiten, Ungerechtigkeiten, Verletzungen und anderes mehr belasten uns, engen unser Leben ein. Wir können dabei verbittern oder aber gerade dadurch menschlich reifen und wachsen, indem wir hinter Jesus her, im Geist der Liebe, tapfer und treu unsere Kreuze tragen und das Beste daraus machen.

Ich bin oft überrascht und beeindruckt, wenn Menschen sagen: „Es geht mir gut!“, obwohl ich weiß, dass sie es wirklich nicht leicht und einfach haben. Woher finden sie die Kraft dazu? Ich denke, solche Leute sehen nicht nur das momentane Leid, sondern ihr Leben als Ganzes. Sie schätzen auch die vielen kleinen positiven Dinge, die jeder Tag mit sich bringt, und sie holen sehr oft aus dem Glauben und dem Gebet die Grundzuversicht, dass Gott sie begleitet und letztlich alles zum Guten fügt.

An ihnen wird sichtbar, dass es ein geglücktes Leben gibt, auch durch manches Unglück hindurch, ein erfülltes Leben trotz unerfüllter Wünsche.

Die Botschaft Jesu liegt quer zu vielen heutigen Trends und Vorstellungen vom Leben. Dennoch weiß ich keine bessere Lösung als die seine: *Werde eine Liebende, ein Liebender, und nimm mutig die Herausforderungen deines begrenzten Leben an, um die du nicht herum kommst!*

Spuren des Lichts

Es ist eine wunderschöne Herbstwanderung, die mir am Leib und in der Seele wohltut. Das Herbstlaub leuchtet in warmen Farben. Ich bin ganz allein unterwegs durch eine wilde Schlucht. Erst beim Aufstieg kommt mir ein jüngeres Ehepaar mit einem etwa 10-jährigen Sohn entgegen. Es sind Ausländer, die mich freundlich nach dem Weg fragen. Sie stammen aus Südkorea und leben in der Schweiz. Nach einem kleinen Plausch trennen wir uns wieder, und der Mann sagt zum Schluss: „Gott segne Sie!“

Ich bin überrascht und im Herzen berührt. Wunderschön, wenn ein fremder Mann einem so etwas Schönes wünscht.

* * *

Dann rief Jesus die Zwölf zu sich und gab ihnen die Kraft und die Vollmacht, alle Dämonen auszutreiben und die Kranken gesund zu machen. Und er sandte sie aus mit dem Auftrag, das Reich Gottes zu verkünden und zu heilen (Lk 9,1f).

Einen guten Duft verbreiten

Letzthin fand ich in der Hl. Schrift einen Satz, der mir noch nie aufgefallen war. Paulus schreibt den Christen in Korinth: *Dank sei Gott, der uns stets im Siegeszug Christi mitführt und durch uns den Duft der Erkenntnis Christi an allen Orten verbreitet (2 Kor 2,14).*

Ich verstehe das so: Wo immer Menschen an Jesus glauben und in seinem Geiste leben, verbreitet sich ein wunderbarer Duft, entwickelt sich eine gute Atmosphäre, entsteht ein wohltuendes Klima, können Menschen trotz aller Unterschiede einander riechen. Das heißt doch: Statt des Miefs der Ängstlichkeit und Engherzigkeit sollten Menschen bei uns die frische Luft der Hoffnung und Herzlichkeit, den Duft der Freundlichkeit und des gegenseitigen Helfens einatmen können.

Ist das nicht eine wunderbare Beschreibung unserer Mission als Kirche, als Pfarrgemeinde, als Christen überhaupt?

Wir sind berufen, gegen alles, worüber wir die Nase rümpfen, gegen alle schlechten Gerüche den Sauerstoff und Wohlgeruch der Gerechtigkeit und des Friedens in dieser Welt zu verströmen.

Es ist heute wichtig, das Besondere und Unterscheidende unseres Glaubens aufzuzeigen. Wir leben, wie man oft sagt, in einer pluralen und damit alles nivellierenden Gesellschaft. Jeder/jede soll machen, was sie oder er will. Alles ist gleichgültig.

Aber wenn in der Nacht alle Katzen grau sind, wie man sagt, wird es wieder interessant zu sehen, dass einige doch unterschiedlich sind. Könnten/sollten wir Christen nicht gerade dadurch auffallen, dass wir in manchen Dingen anders denken und handeln als die breite Masse? Ich meine, wir sollten als Christen manchmal mehr Selbstbewusstsein haben. Wir dürften ruhig mit unserem Glauben herausrücken, wenn andere uns fragen: „Wie hast du es geschafft? Woher beziehst du deine Hoffnung, deinen Optimismus, deine Kraft?“ Man kann bei uns über alles reden, nur nicht über zwei Dinge: die Höhe des Gehalts und den ganz persönlichen Glauben. Warum denn nicht?

Wir müssen nicht andere bekehren. Aber lassen wir sie doch in unser Herz schauen. Wie können wir sonst sichtbar machen, dass der Glaube an Jesus einen Mehrwert für unser Leben, ja sogar für die ganze Welt darstellt?

Es steht uns nicht an, dass wir uns überheblich besser vorkommen als Andersgläubige. Zeigen wir durch unser Leben, wie wertvoll es ist, glauben zu können.

Missionarisch sein bedeutet für mich, dass wir als Christen, als Kirche mit Distanzierten und auch mit den sogenannten Randchristen gut umgehen. Sie sollen spüren, dass sie bei uns willkommen sind, z. B. die Taufeltern und Erstkommunikanteneltern, die nicht mehr viel Glaubensbezug haben. Trotzdem ist es ihnen wichtig, dass ihr Kind in die Kirchengemeinschaft hineinwachsen kann. Wunderbar!

Finden z. B. Ausgetretene, Wiederverheiratete, auch Andersgläubige, bei uns einladende, offene Türen? Gibt es „Haltegriffe“ für Einsteiger? Oder Trittbrettmöglichkeiten für solche, die wenigstens eine Zeit lang mitfahren wollen? Können sie auf unseren Zug aufspringen?

Eigentlich ist es ganz gut, sich manchmal an die eigene Mission zu erinnern.

Das besondere Wort

Wenn ich könnte, gäbe ich jedem Kind eine Weltkarte …
und wenn möglich einen Leuchtglobus.
In der Hoffnung, den Blick des Kindes aufs Äußerste zu weiten
und in ihm Interesse und Zuneigung zu wecken für alle Völker,
alle Rassen, alle Religionen. Dom Hélder Câmara

Freut euch mit mir; ich habe mein Schaf wieder gefunden, das verloren war. Freut euch mit mir; ich habe die Drachme wieder gefunden, die ich verloren hatte (Lk 15,6.9).

Die unermüdliche Suche Gottes

Ein führender Bibeltheologe des letzten Jahrhunderts, Rudolf Bultmann, hat über Jesus von Nazareth die Behauptung aufgestellt, für die Geschichtswissenschaft stehe, abgesehen vom Kreuzestod Jesu, vor allem fest, dass er gerne ein Glas Wein getrunken habe.

Diese Aussage provoziert. Aber man muss sich natürlich auch den Tisch dazu vorstellen und die Menschen rundherum, mit denen Jesus angestoßen hat: bei der Hochzeit zu Kana, im Haus des Zöllners Levi oder des Betrügers Zachäus, bei den Schwiegereltern des Petrus und beim Pharisäer Simon, bei Marta und Maria und bei vielen anderen. Für die Strenggläubigen, Gesetzestreuen war dabei vor allem anstößig, dass Jesus oft mit dem Gesindel, den schlechten Menschen, den Sündern gegessen, getrunken und gefeiert hat. Im Lukasevangelium finden wir sogar die Aussage Jesu über sich selber: *Ihr sagt, dieser Fresser und Säufer, dieser Freund der Zöllner und Sünder! (Lk 7,34).*

Genau das halten sie ihm vor. Als Antwort auf diese Vorwürfe erzählt Jesus die Geschichten vom davongelaufenen Schaf, von der verlorenen Drachme und vom barmherzigen Vater. Wunderbare Geschichten, die zwei Botschaften vermitteln.

Gott lässt uns die Freiheit, wegzulaufen, von ihm, unserer Berufung und Verantwortung, oder auch von der Kirche.

Er bindet uns nicht fest. Ohne diese Freiheit gäbe es auch keine Liebe, die immer nur ein freies Ja zu einem Anderen sein kann. Sonst wären wir nur Marionetten in seiner Hand. Auch der Glaube steht jedem Zwang entgegen, was nicht heißt, dass er unverbindlich ist.

Dennoch sucht uns Gott unermüdlich, fürsorgend, sorgfältig, genau, eifrig heißt es, wörtlich übersetzt. Und erst recht sucht er den sündigen, schwachen, schuldig gewordenen, boshaften Menschen. Nein, nicht den Menschen allgemein, sondern jeden, jede von uns, ganz konkret.

Ich bin oft genug das Schaf, das hier gemeint ist. Ich „bleibe nicht bei mir“, ich mache mir manchmal selbst etwas vor oder ich laufe anderen davon, ihren Erwartungen, ihrer Kritik, ihrem Blick, ihrem Anspruch, und verweigere die ehrliche Antwort. Ich bin auch störrisch Gott gegenüber, der mit mir rechnet, mit mir etwas vorhat, trotz allem mich liebt und sucht.

Ich bin die Drachme, verloren zwischen den Bodendielen, den Brettern der täglichen Arbeit, des Kleinkrams in Beruf und Haushalt, der Mühen und lästigen Verpflichtungen.

Ich bin die Drachme im Staub der ärgerlichen Erlebnisse und des Gefühls, mich umsonst bemüht zu haben. Ich bin die Drachme hinter den Spinnweben der Müdigkeit, der immer gleichen Beschwerden. Ich bin die Drachme in der Ecke der Enttäuschungen, der Verletzungen, der Ablehnung, des Abgeschobenseins. Und Gott sucht mich unermüdlich!

Der Satz des hl. Augustinus: „Unruhig ist unser Herz, bis es ruht in dir, mein Gott!“ stimmt nur zum Teil. Vorher müsste es heißen: „Unruhig ist das Herz Gottes, bis es Ruhe findet bei mir, bis er mich findet.“

Ich liebe dich, du Mensch, sagt Gott, *und meine größte Freude ist es, wenn ich dich finde und du dich finden lässt! Dann gibt es ein Fest! Du, Mensch, bist mein alles!*

Das macht Jesus in seinem ganzen Leben sichtbar und begreifbar. Von daher verstehen wir auch seine Antwort auf die Vorhaltungen, er esse und trinke mit Sündern. In jedem Gottesdienst nimmt Gott uns sozusagen auf die Schultern, setzt er sich mit uns an den Tisch, will er mit uns und auf unser Wohl anstoßen. In jedem Gottesdienst sagt er: *Ich freue mich, wenn ich dich gefunden habe.* (Und wenn es für Sie gesundheitlich passt, können Sie heute Abend wirklich ein Gläschen Wein trinken – im Blick auf Gott.)

Das besondere Wort

Gottes Sehnsucht ist der Mensch!

* * *

Wenn euer Glaube auch nur so groß wäre wie ein Senfkorn, würdet ihr zu dem Maulbeerbaum hier sagen: Heb dich samt deinen Wurzeln aus dem Boden und verpflanz dich ins Meer!, und er würde euch gehorchen (Lk 17,6).

Herr, stärke unseren Glauben

Oft leiden Menschen unter einem religiösen Leistungsstress.

Weil wir jedoch nie perfekt sind und im Defizit bleiben, entlastet es uns, wenn wir denken und beten könnten:

„Gott sei Dank darf auch bei mir manches mangelhaft sein. Wer bin ich schon? Ich tue, so gut ich kann, meine Pflicht, aber ich bin nicht verantwortlich für alles Leid und Elend dieser Welt und alle Fügungen des Lebens. Ich überlasse dir, Gott, die letzte Verantwortung. Mein Wert, meine Würde hängen nicht von meiner Leistung ab. Ich muss nicht der/die Beste, der/die Größte sein. Ich will mich einfach einfügen in deine große Ordnung, Gott, deinen großen Plan, und will an meinem Platz treu meine Aufgabe erfüllen. Das genügt, für das andere bist du zuständig!“

Solche Gedanken nehmen uns viel Druck, befreien uns von aller Verkrampfung.

Zu diesem großen Vertrauen ermutigt uns Jesus mit dem Bild vom Senfkorn und Maulbeerfeigenbaum. Geben wir's zu: Manchmal ist unser Glaube recht schwach und dürftig, und wir müssen mit den Jüngern bitten: *Stärke unseren Glauben!*

Die Antwort Jesu klingt überraschend. Er tröstet uns mit dem Hinweis: *Macht nichts, wenn euer Glaube so winzig ist wie ein Senfkorn, aus dem doch eine große Staude wächst. Ihr müsst keine Glaubensakrobaten sein, immer stabil und unangefochten. Auch als Kleingläubige könnt ihr vieles bewirken und erreichen.*

Oft nehmen uns die täglichen Belastungen total in Beschlag: Haushalt, Beruf, Kinder, Termine, Ärger, Sorgen,

Krankheiten … Dann wird der Glaube bald einmal dünn, und Gott scheint weit weg.

Mitunter sagen strenggläubige, radikale Christen: „Du musst nur viel mehr glauben und beten, dann lösen sich alle Schwierigkeiten und du wirst wieder gesund.“ So einfach ist das nicht.

Jesus redet uns nicht ins Gewissen, im Gegenteil, er bestärkt uns: *Habt Mut! Auch mit dem Senfkornglauben gebt ihr Gott die Möglichkeit, in dieser Welt etwas zu verändern!*

Vielleicht stand damals gerade ein Maulbeerbaum am Wegesrand oder im Weg. Dieser Baum ist ein Bild für alles, was uns blockiert, für Probleme, die mit ihren gierigen Wurzeln das Herz umklammern, für die Ängste und Beklemmungen, die sich hineinfressen in unsere Gedanken und Gefühle: „Ich schaffe das nicht, ich bin ein Versager, ich bin nichts wert …“

Doch Jesus richtet uns auf: *Rede dir selber gut zu und sage – auch mit deinem schwachen Glauben: Verschwindet, ihr Maulbeerbäume meines Lebens, fahrt zum Mond oder versinkt in der Tiefe des Meeres, damit mein Herz wieder weit und frei wird. Ihr, meine Sorgen, könnt mich nicht total in Beschlag nehmen. Ich hole all meine Kraft zusammen und will glauben und sehen lernen, dass unter dem Herbstlaub der Enttäuschungen und der Trauer Gott jetzt schon neues Leben keimen lässt!* Die Dichterin Hilde Domin formuliert das wunderschön: Es knospt unter den Blättern, und das nennen sie Herbst.

Nur dem großen und festen Glauben etwas zuzutrauen, ist eine Art Unglauben. Gott wirkt nicht nur in den glaubensstarken Heiligen, sondern auch in den kleinen Christen, zu denen wir uns zählen, in all den Menschen, die sich auf ihre Weise auf Gott einlassen und in Unheilssituationen ihr Herz einen Spalt breit öffnen, damit Gottes Geist heilend und erneuernd in unserer Welt wirkt.

Spuren des Lichts

Der ältere Herr, den ich besuche, hat an der Tischlampe eine Glaskugel hängen, in der ein Engel steht, der ein Herz in seinen Händen hält. „Dieser Engel möge dir den Segen Gottes vom Himmel bringen", wünscht er mir zum Abschied. Ich danke ihm und sage: „Der Engel soll auch dein Herz, deine Wünsche und Hoffnungen, deine Mühen zu Gott hin tragen!"

* * *

Alles hat seine Stunde. Für jedes Geschehen unter dem Himmel gibt es eine bestimmte Zeit (Koh 3,1).

Die alte Standuhr

Anlässlich eines Besinnungstages in einem Kloster entdeckte ich im Kreuzgang eine wunderschöne, vierhundert Jahre alte Standuhr. Das technische Wunderwerk mit den vielen Zahnrädern faszinierte mich sofort. Drei schwere und drei leichte Gewichte halten das komplizierte Räderwerk und das hin- und herschwingende Pendel in Bewegung. Ganz besonders berührte mich das regelmäßige, monotone Ticken der Uhr. Es erinnert an die stetig verrinnende Zeit, Sekunde um Sekunde, und lässt daran denken, dass uns allen einmal die letzte Stunde schlägt.

Und dann fing ich an zu sinnieren: Was sind denn die Gewichte, die unser Leben in „Schwung" halten, die uns bewegen, antreiben? Drei fielen mir ziemlich rasch einmal ein.

Das Gewicht der Freude

Es gibt so viel Negatives in der Welt. Die Zeitungen könnten ohne schlechte Nachrichten bald einmal ihr Erscheinen einstellen. Nicht wenige Menschen sind unzufrieden und leben nach dem Motto: „Man kann nie genug jammern!" Im Gegensatz dazu kenne ich viele positiv denkende Menschen, die sich eine tiefe innere Freude bewahrt haben, die dankbar sind und auch herzlich lachen können. Sie wissen sich zutiefst beschenkt – vom Leben, von Menschen, von der Natur, von Gott. Diese Haltung kann man auch einüben. Mit welchen Gedanken beginnen wir z. B. den Tag? Mit einem Seufzer oder mit einem Dank und einer vertrauensvollen Bitte? Sicher läuft unsere Zeit leichter und besser ab, wenn die Freude die treibende Kraft ist und nicht eine verbissene, verbohrte Enge uns griesgrämig macht.

Das Gewicht des Leids

Es mag überraschen, dass ich das als Zweites anführe. Der Grund dafür liegt im Wort Jesu: *Wer mein Jünger sein will, der verleugne sich selbst, nehme täglich sein Kreuz auf sich und folge mir nach!* Ein starkes, provozierendes Wort, an dem wir zu kauen haben. Das griechische Wort für „verleugnen" (arneisthai) ist schlecht übersetzt und bedeutet eigentlich verneinen, Widerstand leisten, Abstand gewinnen. Gemeint ist, dass wir das eigensinnige, egoistische Ich manchmal einbremsen müssen. Unsere innersten Motive sind ja nicht immer so selbstlos und sauber. Je weniger ichbezogen wir sind, umso mehr Energie fließt uns für ein gutes Leben zu.

Und mit dem „täglichen Kreuz“ sind wohl alle Belastungen und mühsamen Umstände gemeint, die uns manchmal widerfahren. Viktor Frankl, der selbst viele Jahre im KZ verbringen musste, stellt fest, dass auch im Aushalten und Durchtragen von Leid ein Lebenssinn liegen kann. Es gibt Menschen, die oft jahrelang eine schwierige Situation, die nicht zu ändern ist, bewältigen mit der inneren Überzeugung, das einfach tun oder tragen zu müssen. Dieses treue Durchhalten gibt ihrem Leben Gewicht und Antrieb, auch eine besondere Größe.

Das Gewicht der Beziehungen

Zu den Antriebskräften unseres Lebens gehören ganz wesentlich gute Beziehungen. Die bestehen allerdings nicht automatisch, denken wir nur an die Ehen. Ich zitiere oft einen Satz des Paartherapeuten Hans Jellouschek: „Eine Ehe wird von selbst schlechter.“ Das heißt, man muss die Beziehung bewusst pflegen, vor allem durch das Gespräch, damit man nicht langsam auseinanderdriftet.

„Gewichtig“ für ein geglücktes Leben sind zudem gute Freundschaften, die wir als Bereicherung und Ermutigung erleben in den hellen und dunklen Tagen.

Und nicht als frommes Anhängsel möchte ich hier die Beziehung zu Gott ansprechen, denn ich habe viele Bekannte, die aus dem Glauben leben und ihn als tragende Kraft in allen Situationen des Lebens empfinden. Sie fühlen sich gestärkt durch das Gebet, finden Orientierung und Halt im Wort der Bibel und im Gottesdienst, deuten ihr Leben aus der Perspektive „von oben“.

Sie haben eine Her-kunft und eine Zu-kunft für ihr Leben: *den* Gott, der ein Freund des Lebens und der Menschen ist. Nicht nur für die Patres im Kloster mahnt die Standuhr, dass unser Leben eine geschenkte Zeit ist.

Gibt es noch andere „Gewichte", die unsere Lebensuhr in Gang halten und die wir auch manchmal wieder hochziehen sollten?

Spuren des Lichts

Auch die Freude soll Gewicht haben! Beim Frühstück lese ich zufällig im Kirchenblatt ein kleines Interview mit einer Volksschülerin. Auf die Frage „Zuletzt gelacht habe ich …?" antwortete sie: „Ich lache jeden Tag!" Ich denke spontan: Können wir das als Erwachsene auch von uns sagen? Schön wär's!

* * *

Und der Herr lobte die Klugheit des unehrlichen Verwalters und sagte: Die Kinder dieser Welt sind im Umgang mit ihresgleichen klüger als die Kinder des Lichtes (Lk 16,8).

Wer ist klug?

Ein saloppe Spruch lautet: „Niemand ist unnütz. Er kann immer noch als schlechtes Beispiel dienen." So auch der Verwalter in der Gleichnisgeschichte, der das Vermögen seines Chefs veruntreut und dann noch die Gläubiger zur Urkundenfälschung animiert. Interessanterweise lobt Jesus diesen Gauner und streicht seine Klugheit positiv heraus.

Das lateinische Wort dafür lautet „prudentia", und das leitet sich ab von „providentia", was Voraussicht, Vorsicht bedeutet.

Klug ist also, wer vorausschaut, wer die Folgen und Konsequenzen seines Handelns überlegt.

„Ich habe einen großen Fehler gemacht", muss sich der Verwalter eingestehen. „Was soll ich tun? Mit Schuldgefühlen herumrennen und sich ein Leben lang schämen, bringt nichts. Die Zähne zusammenbeißen und hart arbeiten kann ich auch nicht. Aber ich schaue, dass ich die Freundschaft und das Wohlwollen anderer gewinne!"

Jesus lobt diesen Mann, weil er aus seiner Schuld das Beste macht und in die Zukunft plant.

Man könnte nun fortsetzen:

Klug ist, wer tiefer schaut. Wir registrieren oft, dass ein Mensch komisch oder schwierig ist. Aber viel zu selten fragen wir, warum er oder sie so geworden ist, warum er oder sie sich derart verhält oder ausrastet, warum sich eine Beziehung negativ entwickelt hat.

Klug ist, so könnte man ergänzen, *wer auf das Wesentliche schaut.* Oft ärgern wir uns über Kleinigkeiten, regen wir uns über unwichtige Dinge auf, über die Kleidung von Jugendlichen oder eine blöde Bemerkung. Wäre es nicht gut, sich vielmehr zu fragen, ob diese oder jene Lappalie die ganze Aufregung wert ist?

Klug ist, wer weiter schaut und sich dessen bewusst ist, dass man sich mit dem Mammon, mit dem Geld den Himmel weder auf dieser Welt noch in einer anderen erkaufen kann und dass es gefährlich ist, um die Goldenen Kälber von materiellen Dingen, Geld und Ansehen zu tanzen.

Zum Weiterschauen gehört auch, an das Ende zu denken, das uns alle erwartet. Und dann? In einem provozierenden Gedicht fragt Kurt Marti:

Was kommt nach dem Tod?
Nach dem Tod kommen die Rechnungen für Sarg, Begräbnis und Grab.
Was kommt nach dem Tod?
Nach dem Tod kommen die Wohnungssucher und fragen, ob die Wohnung erhältlich ist.
Was kommt nach dem Tod?
Nach dem Tod kommen die Grabsteingeschäfte und bewerben sich um den Auftrag.
Was kommt nach dem Tod?
Nach dem Tod kommt die Lebensversicherung und zahlt die Versicherungssumme.
Was kommt nach dem Tod?

Als Christen können wir sagen: Nach dem Tod oder im Tod kommt Gott, der uns schlicht und einfach fragt: *Hast du gelebt, hast du geliebt? Was hast du mit deinen Talenten gemacht?*

Man könnte noch viele andere Sätze anfügen:

Klug ist, wer auf Gott vertraut, mit ihm rechnet. Denken wir nur an das Gleichnis vom Hausbau, in dem der kluge Mann statt auf Sand auf Felsen baut (Mt 7, 24–27).

Klug ist, wer wach bleibt für das täglich neue Kommen des Herrn wie die fünf klugen Jungfrauen (Mt 25, 1–13).

Das Wort klug leitet sich vom mittelhochdeutschen Wort „kluoc“ ab, das eigentlich fein, zart, zierlich, gebildet, geistig gewandt, mutig, beherzt bedeutet.

Der Kluge denkt nicht nur mit dem Verstand, sondern auch mit dem Herzen und tut das, was möglich und nötig ist.

Und jetzt können wir uns selbst in den Blick nehmen und uns fragen, ob wir das Gefühl haben, im Sinne Jesu klug zu leben und klug zu handeln.

Das besondere Wort

Das Leben ist eine Gelegenheit, nutze sie.
Das Leben ist Schönheit, bewundere sie.
Das Leben ist Seligkeit, koste sie.
Das Leben ist ein Traum, verwirkliche ihn.
Das Leben ist eine Herausforderung, stell dich ihr.
Das Leben ist eine Pflicht, erfülle sie.
Das Leben ist ein Spiel, spiele es.
Das Leben ist wertvoll, gib acht darauf.
Das Leben ist ein Reichtum, bewahre ihn.
Das Leben ist Liebe, erfreue dich daran.
Das Leben ist ein Geheimnis, entdecke es.
Das Leben ist ein Versprechen, halte es.
Das Leben ist Leid, überwinde es.
Das Leben ist ein Lied, singe es.

nach Mutter Teresa

Und er stellte ein Kind in ihre Mitte (Mk 9,36).

Wurzeln und Wachsen

Wir Menschen sind von zwei Grundbedürfnissen geprägt: Wir wollen wurzeln und wachsen, beheimatet sein und uns entfalten, dazugehören und frei sein.

Die Worte „trauen, Treue, Vertrauen" leiten sich ab von der Sprachwurzel „Baum", das englische Wort „tree". Ein Baum kann nur wachsen, wenn er im Boden verwurzelt ist. Dasselbe gilt für uns alle, besonders am Anfang des Lebens. Ein Kind braucht das Angenommen- und Geborgen-Sein, die Sicherheit verlässlicher Beziehungen. Es muss spüren: Ich bin von den Eltern geliebt, bin ihr Schatz.

Aus dieser Erfahrung, aus diesem Wurzelgrund wächst das Urvertrauen im Kind, entwickelt sich die Fähigkeit, andere und sich selbst zu lieben, mehr noch: auch Gott unbedingt zu trauen, sich von ihm angenommen und geliebt zu wissen.

Die Eltern vermitteln dem Kind durch ihre stabile Zuwendung eine erste Gotteserfahrung.

Jesus stellt ein Kind in die Mitte. Es ist noch klein, total angewiesen auf die Eltern. Kinder wollen zwar mit dem zunehmenden Größer-Werden am liebsten alles selbst machen. Aber wenn sie ein Leid erfahren, sich weh getan oder Angst vor etwas haben, dann kommen sie zu den Eltern gelaufen, die das Kind trösten, in den Arm nehmen und auf die wunde Stelle blasen.

Ähnlich dürfen und sollen auch wir uns an Gott wenden, wenn uns das Herz schwer wird und etwas schmerzt.

Oder manchmal steht ein Kind auf dem Stuhl und macht plötzlich einen Sprung auf die Eltern zu, weil es unbedingt darauf vertraut, von ihnen gehalten zu werden. Ebenso können wir als Glaubende auf Gott hin springen, denn er gibt uns die Zusage, dass er uns sicher auffängt. Wir müssen nicht die Größten und die Besten sein. Die Apostel stritten noch darum. Wer in Gott verwurzelt ist, kann es sich leisten, klein und schwach zu sein. „Wer keine Wurzeln hat, fällt um", vor allem, wenn die Stürme des Lebens kommen.

Wurzeln und Wachsen!

Beides gehört zusammen, bei den Bäumen und bei uns. Gottes Plan ist es, dass wir unsere Begabungen entfalten und Frucht bringen. Es soll Gutes aus unserem Leben herauswachsen, oder – wie Jesus sagt – wir sollen gute Früchte hervorbringen.

Ein chinesisches Sprichwort lautet: „Wenn die Kinder klein sind, gib ihnen Wurzeln, wenn sie groß sind, gib ihnen Flügel."

Es tut gut, wenn wir im Boden guter Beziehungen und eines festen Glaubens verankert sind und mit den Flügeln eines großen Vertrauens und innerer Freiheit unser Leben gestalten.

Auch der Psalmist ermutigt uns dazu: *Wie ein Baum ist der Mensch, an Wasserbächen gepflanzt. Seine Blätter welken nicht, und Früchte trägt er zur rechten Zeit (Ps 1,2).*

Ich mache es ihm mit dem folgenden Gebet nach:

Verwurzelt möchte ich sein in dir,
Halt finden, feststehen,
im Winde mich wiegen und spielen,
dem Sturm standhalten.

Nahrung und Kraft möchte ich schöpfen aus dir
für mein Wachstum,

dass ich werde, wie du mich erträumt hast:
einzigartig und standhaft,
wenn die Stürme des Lebens mich schütteln.

Reife und nahrhafte Früchte möchte ich bringen,
für mich und für andere,
und mit leichtem
Herzen verschenken,
was ich bin und kann.

Höhlen möchte ich haben
und Nester tragen in meiner Krone,
Schutz gewähren,
kühlen Schatten spenden,
Lebensraum sein.

Wie ein Baum möchte ich sein,
an Wasserbächen gepflanzt,
damit meine Blätter nicht welken
und ich Früchte trage zur rechten Zeit.

Das besondere Wort

Was ich dir wünsche?
Nicht, dass du der schönste Baum bist, der auf Erden steht.
Nicht, dass du jahrein, jahraus leuchtest von bunten Blüten an jedem Zweig.
Aber dass dann und wann an irgendeinem Ast eine Blüte aufbricht,
dann und wann etwas Schönes gelingt,
irgendwann ein Wort der Liebe von dir ein Herz findet,
das wünsche ich dir.

Jörg Zink

November

Tröstung

- Es muss gegangen sein
- Im Schaufenster der Kirche
- Geöffnete Augen
- Zwei unterschiedliche Haltungen
- Was ist die Hauptsache?
- Daheim sein
- Ein anderer König

Johannes de Castuo, Totentanz, Hrastovlje, Ende 15. Jahrhundert

In Hrastovlje, einem unscheinbaren Mittelmeerdörfchen in Südslowenien, findet sich eine alte, romanische Wehrkirche, die zum Weltkulturerbe gehört. Im Inneren ist sie nämlich über und über mit Fresken bemalt, die von Johannes de Castuo geschaffen wurden. Faszinierende, beeindruckende Bilder!

Am berühmtesten ist die Darstellung vom Totentanz: Der Tod, der den Kaiser und den Papst an der Hand führt, den König und den Bischof, den Bürger und den Bettler, und auch das kleine Kind, das ihm aus dem Bettchen folgen muss, geht voran und zieht alle hinter sich her. Damit wird deutlich, dass angesichts des Sterbens sämtliche Menschen gleich sind. Aber am Ende, so wird es hier gezeigt, öffnet sich neben dem Grab eine Lichttüre.

Damit endet der Totentanz mit einer hoffnungsvollen Perspektive.

In dieser Erwartung des Lebens im Licht liegt unsere **Tröstung**, die uns durch den Monat November begleiten soll.

✶ ✶ ✶

Wir wollen euch über die Verstorbenen nicht in Unkenntnis lassen, damit ihr nicht trauert wie die anderen, die keine Hoffnung haben. Wenn Jesus – und das ist unser Glaube – gestorben und auferstanden ist, dann wird Gott durch Jesus auch die Verstorbenen zusammen mit ihm zur Herrlichkeit führen (1Thess 4,13f).

Es muss gegangen sein

Der Besuch der kleinen Kirche in Hrastrovlje war für mich ein großartiges Geschenk. Die Kirche ist ein einziges Bilderbuch. Vor allem der Totentanz berührt jeden Besucher, jede Besucherin und konfrontiert alle Betrachter mit dem eigenen Sterben.

Manchmal schrecken wir auf, wenn in unserem Umfeld jemand stirbt, ein tödlicher Unfall passiert, wenn junge Menschen gehen müssen oder wir einen lieben Menschen verlieren. Dann wachen wir aus dem Schlaf der Selbstverständlichkeit ganz betroffen auf. Wir stehen ohnmächtig an dieser Grenze und lassen wenigstens für kurze Zeit den Gedanken zu: Auch mich trifft es einmal. Wer weiß, wann? Wie wird das bei mir sein?

Die Trauer, die uns beim Verlust eines lieben Menschen erfüllt, ist der Wundschmerz der Seele.

In einem Gedicht von Mascha Kaléko heißt es: „Der weiß es wohl, dem Gleiches widerfuhr, und die es trugen, mögen mir vergeben. Bedenkt: Den eignen Tod, den stirbt man nur, doch mit dem Tod der andern muss man leben."

Und das ist oft furchtbar schwer. Es gibt nichts, was uns die Abwesenheit eines lieben Menschen ersetzen kann. Auch Gott füllt diese Lücke nicht auf. Wir müssen schmerzhaft lernen, sie zu ertragen, anzunehmen. Für viele sind deshalb die Tage um Allerseelen besonders schwer. Hilde Domin schreibt in ihrem Gedicht „Die schwersten Wege"

Man hört nur den eigenen Schritt
und den Schritt den der Fuß
noch nicht gegangen ist aber gehen wird.
Stehenbleiben und sich Umdrehn
hilft nicht. Es muß
gegangen sein. *Auszug*

Dennoch ist es tröstlich, wenn man Menschen findet, die wenigstens ein Stück weit mitgehen, die einfach wahrnehmen, wie es uns geht, die uns ansprechen, die keine Erklärungen und gute Ratschläge verteilen, die vielleicht mit einem kleinen Zeichen sichtbar machen, dass sie mitfühlen.

Und es darf alles sein, wie es ist. Die Trauer ist der Wundschmerz der Seele.

Der Totentanz in Hrastovlje endet schließlich bei einem frisch ausgehobenen leeren Grab, bei dem noch die Schaufel und ein Grabscheit liegen. Der dort sitzende Tod weist jedoch auf einen lichtvollen Durchgang hin.

Wir alle fragen uns manchmal: Was geschieht im Tode, wenn wir sterben? „Wohin gehen wir? Immer nach Hause!“ (Novalis), also zu dem Gott, bei dem wir letztlich daheim sind. In der Begegnung mit ihm können wir uns nichts mehr vormachen. Wir werden reinigend und schmerzlich uns selbst erkennen und wird uns bewusst, was wir Gutes getan haben – ach, es wiegt gering –, aber auch das, was wir versäumt oder falsch gemacht haben. Auf dieser Überzeugung gründet die Lehre vom Fegefeuer. Das ist ein Bild! *Wir werden wie durch Feuer hindurch gerettet*, heißt es in der Hl. Schrift (1Kor 3,15). Wir nehmen unsere hellen und dunklen Anteile mit. Trotzdem wird uns Gottes Liebe umfangen. Das „Fegefeuer“ vermittelt die tröstliche Botschaft, dass wir auch als Torso, als Fragment mit allen Defiziten sterben dürfen, und dass Gott in seinem Erbarmen alles Mangelhafte auffüllt und vollendet. Aus diesem Glauben heraus beten wir auch für unsere Verstorbenen.

An Allerheiligen und Allerseelen feiern wir unsere Hoffnung.

Deshalb soll die Erinnerung an die Verstorbenen auch hoffnungsvoll sein. Unser Leben, gemischt mit Freude und Leid, kann noch nicht alles gewesen sein. Unsere Sehnsucht schreit nach einer Erfüllung und unsere Liebe nach einem Wiedersehen mit den Verstorbenen. Gott ist nicht ein Gott der Toten, sondern der Lebenden! Paulus formuliert das noch schärfer: *Wenn es keine Auferstehung gäbe, wäre Christus nicht auferstanden, dann wäre letztlich alles sinnlos (1 Kor 15,14). Dann lasst uns essen und trinken, denn morgen sind wir tot (1 Kor 15,32).* Nein, unser Leben hier muss mehr sein als die 60, 70, 80 Jahre, wenn ‘s gut geht. Zu vieles bleibt ungelöst, unerfüllt, unbefriedigt, ungerecht, unbeantwortet. Aber am Ende – so auch beim Totentanz – schreiten wir ins Licht.

Das besondere Wort

Das könnte manchen Herren so passen,
wenn mit dem Tode alles beglichen,

die Herrschaft der Herren
die Knechtschaft der Knechte,
bestätigt wäre für immer.

Das könnte manchen Herren so passen,
wenn sie in Ewigkeit
Herren blieben im teuren Privatgrab
und ihre Knechte
Knechte in billigen Reihengräbern.

Aber es kommt eine Auferstehung,
die anders, ganz anders wird als wir dachten.
Es kommt eine Auferstehung, die ist
der Aufstand Gottes gegen die Herren
und gegen den Herrn aller Herren:
den Tod.

Kurt Marti

Die Schriftgelehrten und die Pharisäer haben sich auf den Stuhl des Mose gesetzt. Tut und befolgt also alles, was sie euch sagen, aber richtet euch nicht nach dem, was sie tun; denn sie reden nur, tun selbst aber nicht, was sie sagen (Mt 23,2f).

Im Schaufenster der Kirche

Das sind klare Worte Jesu: *Was die Pharisäer und Schriftgelehrten euch sagen, ist schon in Ordnung, aber sie handeln nicht danach. Nehmt sie euch nicht als Vorbild! Sie wollen überall vorne dran sein, genießen die Wertschätzung und die Ehrenplätze.*

Die Frage, wie überzeugend wir selbst das Evangelium leben und uns an die Worte Jesu halten, bleibt offen.

Aber, Gott sei Dank gibt es in der Gemeinschaft der Christen viele, viele beeindruckende Beispiele von gelebtem Glauben und selbstloser Liebe. Manche von diesen Menschen verehren wir als Heilige oder Selige.

Der Vergleich ist vielleicht nicht ganz passend, aber man könnte sagen: Es gibt echt christliche „Markenprodukte", die Vorbilder sind und anschaulich machen, wie ein gutes Leben und Christsein in bestimmten Zeiten und unter konkreten Umständen ausschaut.

Die Kirche stellt diese als ihre besten „Modelle" in ihr Schaufenster, damit wir sie betrachten und auch nachahmen.

Nehmen wir z. B. die Zeit um Allerheiligen her:

Am 31. Oktober feiern wir den hl. Wolfgang. Um 930 in Pfullingen geboren, erhielt er seine Ausbildung auf der Insel Reichenau und in Würzburg und wurde 972 Bischof von

Regensburg. Er förderte Schulen und Klöster und zeigt, wie wichtig die religiöse Bildung ist – auch für uns. Und ganz interessant: In der Lebensbeschreibung heißt es, dass er schon als Schüler bei den Professoren wegen seiner Fragen unbeliebt war. Es ist sicher gut, manches kritisch zu hinterfragen.

Dann folgt Allerheiligen. Wir werden daran erinnert, dass es unzählig viele stille Heilige gibt, die im täglichen Leben unauffällig und treu im Geiste Jesu gelebt und gehandelt haben. Zu denen könnten, sollten auch wir gehören.

Am 3. November steht der hl. Hubert in der Auslage, der als Bischof von Maastricht im Südbrabant und in den Ardennen missionierte. Er macht deutlich, dass Gott uns allen eine ganz bestimmte Aufgabe, Mission, zugedacht hat.

Am 4. November ist der hl. Karl Borromäus an der Reihe, der in der stürmischen Kirchenzeit der Reformation und Gegenreformation viel zum Glauben der Menschen beitrug und für Arme und Kranke sorgte. Das ist auch heute aktuell und bleibt ein Dauerauftrag.

Am 6. November gedenken wir des hl. Leonhard, der in seinem Leben zeigte, wie wichtig das Gebet und die Stille sind.

Am 7. November finden wir den hl. Willibrord auf der Heiligenliste, den Apostel Frieslands, der im 7. Jahrhundert lebte. Sein Einsatz wirkt weiter bis in unsere Zeit. Auch unser Glaube und alle Taten der Liebe werden weiter wachsen und Frucht bringen, irgendwann, irgendwie.

Am 10. November feiern wir das Fest von Papst Leo d. Großen, der die anrückenden Hunnen vor Rom zur Umkehr bewog. Seine Frömmigkeit bewährte sich im Einsatz für den Frieden.

Am 11. November verehren wir den hl. Martin, der dem frierenden Bettler den halben Mantel schenkte. Wo immer wir teilen, auch die Freuden und Sorgen anderer, leuchtet ein Licht auf.

Schließlich steht am 13. November der selige Provikar Carl Lampert im Vordergrund. Er schreibt in einem seiner Briefe: „Hätte ich nicht eine innere Kraft, so möchte man verzweifeln an solchem Wahnsinn des Lebens. Aber alles Geschehen hat schließlich seinen Sinn und Zweck gefunden, das muss mich trösten!"

Seine aufrechte Haltung, sein klarer und fester Glaube haben ihm das Leben gekostet. „Dass Menschen wieder Menschen werden", ist seine Hoffnung.

Bei allem, was heute oft über die Kirche geschimpft wird (manchmal auch zu Recht), sollten wir nicht übersehen, dass es ungeheuer viele Christen gab und gibt, von denen Jesus sagen könnte: „Richtet euch nach dem, was sie tun! Sie sind mir nachgefolgt. Sie verkörpern das fünfte Evangelium, sie verdolmetschen meine Botschaft in euer Leben hinein, sie sind durchscheinend, transparent für die Liebe Gottes, sie sind Wegweiser in die Zukunft und ein Spiegel für euch!"

Wir können nur bitten:

„Alle ihr Heiligen, besonders unsere Namenspatrone und seliger Provikar Carl Lampert, schaut auf uns und seid unsere Fürsprecher!"

Das besondere Wort

Über allem Leid steht das Wort der Allerheiligenepistel: „Und Gott wird abwischen jede Träne von ihren Augen." So flüchte auch ich mich, wenn's mich hie und da anfällt, in diese lichtere Welt – und noch nie umsonst! Oktober, Christkönig und die

Feiertage dieser Woche sagten und sagen mir von der Kraft und der Größe innerer Freiheit, wenn die äußere fehlt.

Brief von Carl Lampert an „alle Lieben in der Heimat" vom 1. November 1943

* * *

Jesus fragte ihn: Was soll ich dir tun? Der Blinde antwortete: Rabbuni, ich möchte wieder sehen können (Mk 10,51).

Geöffnete Augen

Mit der Erzählung von der Heilung eines Blinden will uns Markus eine Ein-sicht vermitteln und die Augen öffnen. Es ist eine be-weg-ende Geschichte, ganz wörtlich. Am Anfang heißt es: *Ein blinder Bettler saß an der Straße (Mk 10,46),* und am Schluss: *Er folgte Jesus auf seinem Weg (Mk 10,52).*

Der Blinde verkörpert alle Menschen, die sich unansehnlich, minderwertig fühlen, die es nicht wagen, ihre Augen zu erheben, die ihre Blicke niederschlagen, weil sie gedemütigt wurden, die sich von anderen blenden lassen, deren Sicht verdunkelt oder verengt ist, denen alles aussichtslos erscheint, die entmündigt werden: „Sei still, du störst, du bist lästig!"

Bartimäus hat nicht einmal einen eigenen Namen. *Sohn des Timäus* wird er einfach genannt.

Genau an dieser Stelle beim Schreiben bekam ich einen Anruf von einer Frau, die tieftraurig berichtet, dass nach 31

Ehejahren ihre Beziehung endgültig zu Ende geht. In ihr ist alles finster und schwer. Am Schluss des Gesprächs wünsche ich ihr einen Hoffnungsstern.

Hier finde ich wieder den Anschluss an das Evangelium von der Blindenheilung. Für Bartimäus geht auch ein Licht auf, wie er hört, dass Jesus vorbei geht, der schon viele geheilt hat, der ein Geschenk des Himmels ist, der von Gott geschickte Retter. Darum nennt er ihn *Sohn Davids.*

Jetzt kann ihn nichts und niemand davon abhalten, um Hilfe zu schreien.

Der Ruf kommt an, dringt Jesus tiefer ins Herz als der Hosiannajubel einige Tage später. Nun schwenken auch die Apostel um, und sie bringen den Störenfried zu Jesus.

Was willst du, dass ich dir tun soll, fragt dieser (Mk 10,51). Damit gibt Jesus dem Bartimäus die Selbstbestimmung und Eigenverantwortung zurück. Er soll zu sich stehen.

Diese Frage richtet Jesus genauso an jeden und jede von uns: *Was willst du, dass ich dir tun soll?* Und wie lautet meine, unsere Antwort?

Als nächstes folgt das großartige Wort: *Geh, dein Glaube hat dir geholfen (Mk 10,52).*

Das unbedingte Vertrauen des Bartimäus öffnet seine inneren Türen und Fenster für die heilenden Kräfte in ihm selbst. Dazu braucht er allerdings die Begegnung mit Jesus. Erst über das Du findet er zu sich.

Die Afrikaner sagen es mit einem Sprichwort: *Den Acker deines Lebens kannst du nicht allein bestellen. Den Dschungel in deinem Herzen kannst du nicht allein roden. Das Wort, das dir weiterhilft, kannst du dir nicht allein sagen.* Das gilt für Bartimäus – und für uns.

Ich denke, dass wir ebenfalls durch den Glauben an Jesus, durch das Hören auf sein Wort, durch die Rituale der

Sakramente und das Gebet Heilung und Heilsames erfahren.

Wir bekommen durch ihn einen Ein-blick in das Verkümmerte und Verkehrte unseres Lebens, und für das, was zählt. „Ich schwöre es: Das Losungswort heißt Liebe", schreibt die Dichterin Rose Ausländer.

Jesus öffnet uns die Augen und schenkt uns die gute Aussicht, dass nichts vergebens ist, was aus Liebe getan wird, und dass alle unsere wirren Lebensmelodien einmal in einem großartigen Schlussakkord zusammenklingen, wie wir am Schluss des Vaterunsers beten: „Denn dein ist das Reich und die Kraft und die Herrlichkeit."

Jesus bestärkt uns in der Zuversicht, dass wir durch alle „Wasser" und „Feuer" hindurch gehalten werden. Er ist bei uns in den Hochzeiten und Tiefzeiten des Lebens. Bei ihm lernen wir, dass Heil mehr ist als körperliche Heilung, nämlich ein inneres Ganz-Sein trotz aller Beeinträchtigungen.

Vielleicht erkennt das auch die Frau, von der ich berichtet habe, oder der Mann, der weiß, dass er mit seiner Krebserkrankung nur noch eine kurze Lebenszeit hat, ebenso die Pensionistin, die auf andere angewiesen ist, und der junge Mensch, der keinen Sinn mehr in seinem Leben sieht.

Dein Glaube hat dir geholfen. Dieses Wort sagt Jesus zu uns allen.

Spuren des Lichts

Ich mache einen Besuch im Pflegeheim. Wegen der Novemberkälte komme ich mit einem Hut auf dem Kopf ins Haus. Ein älterer, gebrechlicher Herr, der auf dem Gang auf und ab wandelt, grüßt mich. Als ich wieder hinausgehe, sagt er: „Sie haben ihren Hut vergessen!" Seine Aufmerksamkeit überrascht und freut mich. Ich danke ihm für seinen Hinweis. Ein inneres Lächeln begleitet mich den ganzen Tag. Auch er hat offene Augen.

* * *

Zwei Männer gingen zum Tempel hinauf um zu beten; der eine war ein Pharisäer, der andere ein Zöllner (Lk 18,10).

Zwei unterschiedliche Haltungen

Böser Pharisäer – guter Zöllner. Wer die Beispielerzählung Jesu von den zwei Männern, die zum Tempel hinauf gingen um zu beten, so versteht, denkt zu kurz. Man muss sich zuerst bewusst machen, wem Jesus diese Geschichte erzählt: *einigen, die von ihrer Gerechtigkeit überzeugt waren und die anderen verachteten (Lk 18,9)* – die also meinten, sie seien besser als andere.

Heute würde der Vergleich vielleicht so lauten: Da ist der Eine, der regelmäßig den Sonntagsgottesdienst besucht – Gott sei Dank –, der in einer intakten Familie lebt, sich in der Pfarre engagiert, für die Caritas und das Missionswerk ordentlich spendet, sich überhaupt nichts zuschulden kommen lässt. Soll das alles nichts wert sein? So ein Mensch könnte doch als Vorbild gelten!

Ihnen gegenüber steht der Andere, der im Geschäft krumme Touren gedreht hat, Affären oder Scheidungen hinter sich hat, die Kirche höchstens an Weihnachten von innen sieht und manche Scherben hinterlassen hat. Was finden wir denn bei dem lobenswert?

Man kann doch nicht das Positive und Negative auf einmal vertauschen. Das will auch Jesus nicht. Aber er kritisiert zwei Haltungen:

Der Pharisäer bleibt im Gebet bei sich selbst stecken. Es ist eine fromme Selbstbespiegelung. Er sagt zwar: „Gott, ich danke dir", aber dann zählt er großspurig auf, was er alles Gutes getan hat. „Er betet zu sich", heißt es wörtlich im Griechischen. Damit missbraucht er das Gebet, um vor Gott gut dazustehen.

Ein Zweites verdirbt sein Gebet: Er denkt: „Ich bin besser als der Zöllner." Das passiert ja oft, dass wir uns mit anderen vergleichen, was an und für sich nicht schlecht ist. Problematisch wird es erst, wenn wir andere abwerten, um dadurch uns selbst aufzuwerten. Dieses Muster taucht oft auf, z. B. im Blick auf die Fremden, die Arbeitslosen, auf Nachbarn, Berufskollegen und -kolleginnen, die wir als „minder" einstufen.

Der Zöllner in dieser Parabel beschönigt nichts, macht sich nichts vor. Deshalb bekennt er vor Gott, dass vieles in seinem Leben schief gelaufen und er im Grunde sündig ist. Er leert den Müllsack seines Lebens vor Gott aus. Er kann nur auf das Erbarmen Gottes hoffen. Dieser wird auch – so Jesus – sein kaputtes Leben richten, richtig machen, in Ordnung bringen, und darum geht er gerechtfertigt nach Hause.

Diese „Geschichte" vermittelt drei Botschaften:

- Wir dürfen unseren Selbstwert, unsere Selbstachtung nicht steigern, indem wir andere verachten. Vor Gott lassen wir besser jedes Vergleichen sein. Wenn wir beten:

„Herr, erbarme dich unser“, müssen wir nicht auf andere schauen. Da kehren wir lieber vor der eigenen Türe.

- Das Beten ist nur dann gut, wenn wir schließlich bei Gott landen und nicht bei uns selbst. Natürlich dürfen und sollen wir vor Gott unser Herz ausschütten. Wir können ihm für das Gute danken, das uns gelungen ist, können ihn um seine Hilfe bestürmen, aber das Gebet im Sinne Jesu führt immer zur Einsicht: „Gott, alles Gute verdanke ich dir. Und nicht mein, sondern dein Wille soll geschehen!”
- Und nicht zu vergessen: Gott fängt immer „hinten“ an, bei den Zöllnern, Dirnen und Sündern, bei denen, die keine moralischen Leistungen vorweisen können oder sonstwie am Boden sind. *Nahe ist der Herr den zerbrochenen Herzen. Er hilft denen auf, die zerknirscht sind (Ps 34,18).* Die Schwächen unseres Lebens provozieren Gottes Erbarmen. Die wunden Stellen unserer Biografie ziehen Gottes Liebe an. Das ist doch wirklich tröstlich.

Bei jeder Messfeier beten wir zu Recht: „Herr, ich bin nicht würdig…“, aber wir dürfen auch sagen: „Gott ich danke dir, dass du mich mit deiner Liebe umfängst. Ich bin dir deine Liebe wert. Vor deinen Augen muss ich mich nicht bücken, trotz aller Mängel. Vor dir kann ich aufrecht stehen als grundsätzlich erlöster, von dir angenommener Mensch! Das allein macht mein Leben und mich wertvoll. Dir verdanke ich mich mit allem, was ich bin!“

Das besondere Wort

Du musst nicht über die Meere reisen,
musst keine Wolken durchstoßen
und musst nicht die Alpen überqueren.

Der Weg, der dir gezeigt wird,
ist nicht weit:
Du musst deinem Gott nur
bis zu dir selbst entgegengehen.

hl. Bernhard von Clairvaux

* * *

Einer von ihnen, ein Gesetzeslehrer, wollte ihn auf die Probe stellen und fragte ihn: „Meister, welches Gebot im Gesetz ist das wichtigste?" (Mt 22,35f).

Was ist die Hauptsache?

Von unserer Mutter habe ich etwas Wichtiges gelernt. Wenn wir Kinder mit einem Anliegen zu ihr kamen und nicht gleich klar herausrückten, was wir wollten, sondern drum herum redeten, forderte sie uns auf: „Sag in einem Satz, was du willst!"

Ähnlich möchten die Pharisäer von Jesus wissen: „Was ist kurz und bündig, sozusagen in einem Satz, das wichtigste Gebot? Was ist die Hauptsache im Leben? Worauf kommt es letztlich an?"

Wir kennen seine Antwort: *Du sollst den Herrn, deinen Gott, lieben mit ganzem Herzen, mit ganzer Seele und mit all deinen Gedanken. Das ist das wichtigste und erste Gebot. Ebenso wichtig ist das zweite: Du sollst deinen Nächsten lieben wie dich selbst!*

Die Begründung dafür liefert Jesus auch, denn seine Kernbotschaft lautet: *Du musst nicht das und das tun, damit du vor Gott gut da stehst, damit er dich liebt, sondern umgekehrt: Weil er dich schon längst zuvor geliebt hat und immer liebt, sollst und kannst du auch andere und dich selbst lieben.* Schon in der Taufe sagt Gott: *Du bist mein geliebter Sohn, meine geliebte Tochter.*

Ich wurde nicht gefragt bei meiner Geburt, und die mich gebar, wurde nicht gefragt bei ihrer Geburt, niemand wurde gefragt außer dem einen, und der sagt Ja.
Ich wurde nicht gefragt bei meiner Zeugung, und die mich zeugten, wurden nicht gefragt bei ihrer Zeugung, niemand wurde gefragt außer dem einen, und der sagt Ja.

Kurt Marti

Diese unbedingte Liebe Gottes ist der Hintergrund für den Auftrag zur Liebe. Deshalb sollte jetzt unser Lebensgrundsatz lauten: Nicht – „Wie du mir, so ich dir", und das meinen wir meist negativ, sondern: „Wie Gott mir, so ich dir."

Allerdings tauchen hier gleich zwei Probleme auf:

Andere oder Gott lieben kann man nur, wenn man sich selbst liebt. Aber das gelingt nur, wenn man schon als Kind von den Eltern und anderen unbedingt angenommen und bejaht worden ist. Eine Frau, die mit über vierzig Jahren mit ihrer Mutter große Probleme hat, schrieb mir in einem Mail:

„Meine Mama hat mich immer als Prüfung für sie bezeichnet. Meine Schwester hat mir erzählt, wie Mama im Keller unten geheult hat, als sie mit mir schwanger war, weil sie ja kein Kind mehr wollte, und Papa enttäuscht war, weil ich kein ‚Erbe' war."

So eine Erfahrung geht einem das ganze Leben nach. Viele Menschen sind behindert in ihrer Liebesfähigkeit, weil sie zu wenig Liebe bekommen haben.

Das zweite Problem liegt darin, dass man nicht alle Menschen in gleicher Weise lieben kann. Bei manchen ist es wirklich ganz schwierig. Die haben eine andere „Blutgruppe" als wir, sind lästig, kompliziert, nachtragend.

In der Bibel stehen vor allem zwei Worte für lieben: „Philein", und das bedeutet: Ich liebe das, was mir gefällt, was mich anzieht, was attraktiv ist, was mich bereichert: einen Menschen, ein Tier, eine Sache, ein gutes Essen.

Das andere Wort lautet „agapan" (das Wort Agape leitet sich davon ab) und heißt, trotz aller gefühlsmäßigen Barrikaden jemandem gut zu sein und ihm zu helfen, ihm respektvoll und höflich zu begegnen.

Es gibt unsympathische und schwierige Zeitgenossen. Wir sind froh, wenn wir ihnen nicht begegnen. Vielleicht haben sie uns einmal etwas angetan. Aber Ablehnung oder gar Hass verhärten die Herzen, lösen negative Energien aus. Als Christen sollten wir wenigstens einander den Frieden wünschen können!

Das ist unser Existenzminimum, auch wenn wir uns sonst lieber aus dem Weg gehen. Dieses „Und trotzdem" praktiziert auch Gott. Er hat viele Kostgänger, wie wir sagen. Vielleicht müssen wir jahrelang beten: „Gott nimm mir die bösen Gedanken aus dem Herzen. Innerlich, mit dem Gefühl, kann ich den oder die nicht lieben. Hilf mir, dass ich nicht nachtragend bin, sondern ihn oder sie halt in deinem Namen ertrage und aus meinem Groll entlasse."

Wir müssen nicht perfekt Liebende oder Glaubende sein. Das Wichtigste ist, dass wir ein Leben lang auf dem Weg sind und uns wenigstens bemühen, auch in der Liebe Fortschritte zu machen.

Das besondere Wort

Hauptsache

Hauptsache man ist gesund
Man lebt
Man hat etwas zu essen
Man verdient gut
Man hat was vom Leben
Man ist glücklich

Hauptsache
Ich liebe Gott
aus ganzer Seele
mit allen Kräften
und den Menschen
neben mir
so wie mich selbst. Lothar Zenetti

Im Haus meines Vaters gibt es viele Wohnungen. Wenn es nicht so wäre, hätte ich euch dann gesagt: Ich gehe, um einen Platz für euch vorzubereiten? (Joh 14,2).

Daheim sein

Wie eine Ouvertüre setzt Johannes an den Anfang seiner „Jesus-Komposition“ eine kleine Geschichte: Zwei Jünger des Täufers Johannes folgen Jesus in einem kleinen Respektabstand. Da dreht sich dieser um und fragt: *Was wollt ihr?* In ihrer Verlegenheit antworten sie: *Meister, wo wohnst du? Wo bist du daheim? Wir möchten dein Geheimnis kennen lernen! (Vgl. Joh 1,35–39).*

Unsere Wohnung ist ja viel mehr als ein Schlafplatz, nämlich der Ort, wo wir uns wohl fühlen, wo wir sicher und geborgen sind, uns auch verstanden und geliebt wissen. Die eigenen vier Wände bilden sozusagen eine zweite Haut. Bei allen Turbulenzen und Anforderungen des Lebens brauchen wir so einen Raum!

Das ist wohl der Grund, warum Jesus bei den letzten Gesprächen mit den Jüngern vor seinem Tod dieses Bild von den Wohnungen aufgreift. Sein gewaltsames Sterben und Weggehen wird die Apostel total durcheinanderbringen und verunsichern. Deshalb redet er ihnen schon vorher gut zu: *Lasst euch nicht verwirren! Habt keine panische Angst. Ich gehe euch voraus. Wie ein Quartiermacher werde ich euch eine Wohnung vorbereiten. Ihr werdet dann wie ich beim himmlischen Vater daheim sein! (Vgl. Joh 14,1–3).*

Oft kommt es im Leben dick daher. Und dann fragen viele: „Was hat das alles für einen Sinn?“ „Die letzte Zeit habe ich so viel geweint", erzählte mir vor kurzem eine Frau. „Wozu soll ich noch leben", fragt ein Mann, der schon monatelang krank ist.

Das Wort „Sinn, sinnen", bedeutet ursprünglich „reisen, gehen". Wir müssen oft lange auf dem Weg sein, bis wir erkennen, dass unsere Leiden Geburtswehen sind für ein neues Leben. Die große Perspektive liegt darin, dass Gott uns eine bleibende Beheimatung schenkt. „Wohin gehen wir? Immer nach Hause!", sagt der Dichter Novalis.

Es ist tröstlich, dass auch schwierige Zeitgenossen bei ihm einen Platz finden, die Lästigen, die Nörgler und Querulanten, die Unzufriedenen und Unglücklichen, die Ungläubigen und die Fanatischen. *Im Hause meines Vaters gibt es viele Wohnungen! (Joh 14,2).*

Allerdings – so denke ich – werden wir nicht in lauter Einzelappartements leben. Das wäre auch langweilig. Vielmehr wird uns Gott zusammenbringen zu einer großen Gemeinschaft, in der wir uns begegnen ohne abweisende und gleichgültige Blicke. Das ist das größte Wunder!

Wir können nur in Bildern davon sprechen, wie es sein wird. Doch manchmal – in besonderen Augenblicken – erahnen wir etwas davon. Jörg Zink beschreibt so eine Erfahrung:

Als ich an einem frühen Morgen durch einen nebelverhangenen Wald ging, waren die Sträucher bedeckt mit zarten Spinnweben. Als dann die Sonne zwischen den Stämmen aufging, fingen die Fäden plötzlich an, in allen Farben zu leuchten, und mir ging es durch den Kopf, als ich dieses Bild sah: So ähnlich muss es wohl aussehen, wenn wir sterben. Da leben wir eingefangen in Rätsel, in Leid und Angst und – vor allem – Schuld. Dann schließen wir die Augen, gehen durch einen schimmern-

den Durchgang, und am Ende erwartet uns das Licht. Und wir werden – auferstehend – verwandelt werden in das Bild, das Gott meinte, als er uns schuf. Dass aber dieses Bild sich abzeichnet, das geschieht uns schon hier, immer wieder.

So wird es sein, wenn wir aus der Fremde, der Entfremdung endlich heimkommen und in der Wohnung der erbarmenden Liebe Gottes bleibend daheim sind. Noch sind wir auf dem Weg dorthin.

Vielleicht haben wir doch manchmal Mühe, das alles zu glauben. Dann sind wir in guter Gesellschaft, denn auch Thomas wendet nach drei Jahren des Unterwegs-Seins mit Jesus ein: *Herr, wir wissen nicht, wohin du gehst! (Joh 14,5).* (Danke, lieber Thomas, für deine Begriffsstützigkeit, deine lange Leitung!)

Und was antwortet Jesus? *Ihr Thomasse damals und heute: Haltet euch an mich – auch mit euren Fragen und Zweifeln. Schaut auf mich und das, was ich tue, auch auf alle, die in meinem Geiste leben und handeln!*

Menschen, die trotz aller Bosheit und Gemeinheit lieben, machen jetzt schon den Himmel einsichtig. Jeder/jede, der/die liebt, ist ein Stern, der seinen Namen trägt und der uns heimleuchtet zu den Wohnungen Gottes.

Spuren des Lichts

Beim Ausverkauf möchte ich neue Schischuhe kaufen. Der Verkäufer ist äußerst freundlich. Es macht ihm nichts aus, die passenden Schuhe, alles schwere Dinger, herzubringen und beim An- und Auziehen zu helfen. Er ist einfach dienstfertig, und es bereitet ihm offensichtlich Freude, die Kundschaften zu beraten und sie zufrieden zu stellen.

Ich denke: Hier beginnt die Nächstenliebe, in den scheinbar alltäglichen Dingen, die doch nicht selbstverständlich sind.

* * *

Jesus antwortete: Mein Königtum ist nicht von dieser Welt. Wenn es von dieser Welt wäre, würden meine Leute kämpfen, damit ich den Juden nicht ausgeliefert würde. Aber mein Königtum ist nicht von hier (Joh 18,36).

Ein anderer König

Die intensive und aufgeregte Diskussion darüber, ob Kreuze in den Schulzimmern hängen dürfen, sollen, ist interessant und auch wichtig.

Der Christkönigsonntag Ende November leistet dazu einen wertvollen Beitrag.

Es ist zu wenig, wenn man erklärt, das Kreuz gehöre zur abendländischen Kultur, es sei ein Wertesymbol. Ich finde es sogar schlimm, wenn Politiker mit dem Kreuz in der Hand das christliche Abendland verteidigen wollen. Sie missbrauchen das Kreuz für ihre Politik.

Das Kreuz, genauer: der gekreuzigte und auferstandene Christus, steht im Mittelpunkt unseres Glaubens. Das Kreuz allein ist noch zu wenig. Ich sage es etwas pointiert und provozierend: Wenn wir Christus verloren haben, dann hat letztlich auch das Kreuz nichts verloren in den Schulklassen, in unseren Häusern, am Hals, am Ohr, im Auto und wo immer.

Wir feiern Christus, den König. Sein Sterben am Kreuz ist der Ernstfall seiner Liebe, die letzte Konsequenz seines Lebens für Gott und für die Menschen. Pilatus ließ zwar etwas spöttisch am Kreuz die Tafel anbringen: „Jesus Christus, König der Juden“, aber Jesus hat vorher klargestellt: *Ich bin nicht ein König wie die Machthaber dieser Welt, die Blaues-Blut-Könige, die Goldene-Kronen-Könige, die Geld-Könige, die Herrscher, die Einflussreichen, die auf den Thronen aller Art umjubelt werden.*

Mein Reich ist nicht von dieser Welt!, erklärt er selbst.

Er kommt wirklich wie von einem anderen Stern, einer anderen Welt, vom Vater im Himmel. Seine Stärke, seine Macht liegt in der Liebe, im Dienen und im Verzeihen.

Jesus, der sich bückt und den Jüngern die Füße wäscht, ist für mich der Größte, hat für mich höchste Autorität. Dieses Wort leitet sich ab vom lateinischen „augere“, und das heißt „vermehren“. Eine Autorität hat oder ist jemand, der andere in ihrem Menschsein vermehrt, und genau das tut Jesus. Er heilt die Menschen, damit sie wieder auf eigenen Füßen stehen und ihr Leben in die Hand nehmen können, damit sie neue Lebensperspektiven sehen und kommunikationsfähig werden, damit sie entlastet werden von dem, was sie niederdrückt. Jesus wurde ein Mensch, wie wir es nicht sein wollen, ein Ausgestoßener, ein Verfluchter, ein Gekreuzigter. Und warum? Um uns zu helfen, dass wir genau das nicht mehr sind. Er schenkt uns die Freiheit, respektvoll, liebevoll, tolerant, friedfertig miteinander zu leben und den Traum Gottes, das Reich Gottes zu realisieren.

Wir nennen Jesus König, weil er uns zudem unsere königliche Würde aufzeigt, denn wir sind alle seine Brüder und Schwestern und damit Kinder des Vaters im Himmel.

Ich komme zurück zum Thema Kreuz. Drei Gedanken beschäftigen mich:

- Peter Paul Kaspar schreibt in der Zeitschrift „Die Furche“: „Das Kreuz ist ein kostbares und daher mit Sorgfalt zu behandelndes Symbol des Glaubens. Der sparsame und sorgfältige Umgang mit dem Kruzifix stärkt seine Symbolkraft.“ Das Kreuz muss nicht inflationär überall hängen oder stehen. Aber das respektvolle Anbringen und Verehren des Kreuzes wäre wichtig – gerade in den Schulklassen und in unseren Häusern.
- Das Kreuz soll uns ermutigen, dass wir zu unserem Glauben stehen. Ich bin ein großer Verfechter der Religionsfreiheit im Sinne des Konzils und der Toleranz. Wir können jedoch Andersgläubigen nur gut begegnen, wenn wir auch die eigene Überzeugung haben und vertreten. Eine Frau schrieb mir: „Wir Christen gehen vor lauter Toleranz noch unter. Wenn ich zum Beispiel als Christ das Buddhistische Zentrum besuche, sollten mich der Buddha und die Gebetsfähnchen auch nicht stören, da ich ihren Glauben als Gast zu akzeptieren habe. Um wie viel mehr dürfen wir also auch die selbstverständliche Toleranz der anderen einfordern, wenn wir in einem christlichen Land leben.“ Die Frage bleibt natürlich, wie christlich wir wirklich sind?
- Damit komme ich zum dritten Punkt, und der ist mein Hauptanliegen. Wir sollen nicht nur das Kreuz schätzen, sondern vielmehr darauf achten, dass der Gekreuzigte, der immer auch der Auferstandene ist, einen Platz bekommt in unserem Herzen und Leben, dass er der König, die Hauptperson, der Maßgebende, der „King“ – wie Jugendliche sagen – ist und bleibt.

Das besondere Wort

Pfarrgemeinderat
Von Programmen sprachen wir und Tagesordnungspunkten,
von Aktionen sprachen wir und von Sofortmaßnahmen,
von Modellen sprachen wir und neuen Perspektiven,
von Problemen sprachen wir und Meinungsäußerungen,
von Strukturen sprachen wir und von Gemeindebildung.
Von Jesus Christus sprachen wir nicht
und seine Meinung war nicht gefragt,
so hing er still am Kreuz aus Oberammergau.

Lothar Zenetti

Dezember

Erwartung

- Das Staunen wieder lernen
- Die hellhörige Maria
- Das Weihnachtsgespenst
- Gott muss man nicht importieren
- Einen Bessern find'st du nicht
- Herbergsuche
- Aufstellungen

Thomas Zacharias, Inkarnation, Farbholzschnitt, 1967

Das Bild besteht aus mehreren übereinanderliegenden Schichten, dem vertikalen Streifen mit den hellen Gelbtönen und dem Querstreifen mit den schwarzen und violetten Farben. Wo die „Finsternis“ am größten ist, öffnet sich ein kleiner Raum mit dem leuchtenden Rot.
Obwohl der Künstler auf die üblichen Requisiten von Weihnachten verzichtet (Krippe, Stall, Schafe, Hirten …), wird hier sehr intensiv die theologische Botschaft der Menschwerdung Jesu herausgearbeitet in der Spannung und Überkreuzung von Licht und Dunkel.
Der Advent ist die Zeit des Wartens auf das Fest der Geburt Christi, auch der **Erwartung**, dass Christus immer neu in uns und durch uns geboren wird.

* * *

Das Volk, das im Dunkel lebt, sieht ein helles Licht; über denen, die im Land der Finsternis wohnen, strahlt ein Licht auf (Jes 9,1).

Das Staunen wieder lernen

Beim Bild zum Monat Dezember fällt zuerst der breite violette, schwarz durchzogene Querstreifen auf. Die dunklen Farben symbolisieren das Schwere und Leidvolle, alles was Menschen belastet, die Finsternis, die über der Erde liegt und uns in vielfältiger Weise begegnet.

Vor einigen Jahren standen im Jahresbericht der Telefonseelsorge einfach Aussagen von Menschen, die dort anrufen, z. B.:

Ich habe niemanden, mit dem ich reden kann.
Ich fühle mich einsam und unnütz.
Mein Mann nimmt mich nicht ernst.
Ich halte es nicht mehr aus.
Alle hacken auf mir herum.
Warum soll ich leben, wenn ich so gerne tot wäre?
Nur wenn ich Tabletten nehme, kann ich meine Situation ertragen.
Mein Vater ist Alkoholiker und schlägt meine Mutter.

Und viele solcher Sätze mehr.

Als ich das las, dachte ich betroffen: Diejenigen, die das einem anonymen Menschen am Telefon sagen, leben ja mitten unter uns, wohnen vielleicht im gleichen Ort, ja sogar in der Nachbarschaft oder im Wohnblock, treffe ich im Supermarkt oder in der Kirche, und wir alle wissen nichts davon.

Ich denke hier an die dreißigjährige Erika – die Namen habe ich geändert – die in absehbarer Zeit sterben wird und zwei kleine Kinder hat, an den Kurt auf der Palliativstation, den Franz, der an Lungenkrebs leidet und den Tod vor Augen hat, an die Brigitte, die wegen eines Burn-out sicher monatelang im Krankenstand sein muss, und andere mehr, die ich kenne und zum Teil auch begleite.

Sicher könnten wir alle so manche dunkelfärbige Stränge dazumalen und benennen.

Auf dem Bild sieht man jedoch eine zweite Bewegung: Ein ebenfalls breites, aber helles gelbes Band fließt in der Vertikalen von oben nach unten, legt sich über das düstere Dunkel. Ich sehe darin den Strom der Gnade oder der Liebe Gottes, der unaufhörlich herunterfließt, herab- „taut".

In der Mitte, im dichtesten Dunkel leuchtet in einer winzigen Höhle das Blau des Himmels, das Rot der Liebe, das Licht der Freude und Hoffnung. Hier kommt zum Ausdruck, was Weihnachten bedeutet.

Vielleicht drängt es uns im Herzen, ein Gespräch zu beginnen:

Gott, ich will diesem Wunder leise die Hand und das Herz hinhalten, dass du hineingehst in das Dunkel des Schmerzlichen, der Schuld, des Elends, und der Bosheit, um so unser Leben zu erhellen, von innen her das Negative aufzubrechen. In deiner Menschwerdung wird die Mitte der Nacht zum Anfang eines neuen Tages, neuer Hoffnung.

Ein Sterbender fragte mich: „Weißt du einen Satz, an den ich mich klammern kann?" Ich antwortete mit der Zusage Gottes: *Ich halte deine Hand und behüte dich. Ich gehe mit dir durchs Wasser, durch die Situationen, in denen du den Boden verlierst und untergehst, auch durchs Sterben und alles, was dir Angst macht. Und ich halte mit dir das Feuer aus, leide mit dir, was dir auf dem Herzen brennt! (Vgl. Jes 42,6; 43,2).* „Das reicht mir schon", meinte der Kranke dankbar.

Die Höhle ist immer auch ein Symbol für den Mutterschoß, in dem unser aller Leben begann. Im Blick darauf können wir sagen:

Gott, ich kann nur darüber staunen, dass du in Maria, durch Maria dich eingenistet hast in unsere Welt, in unser Leben! Durch ihr Ja hat sie einen Raum geschaffen für dich, den Gott-mit-Uns, den treuen und barmherzigen Gott. Und sie ermutigt mich, dass ich mich wie sie immer neu deinem Wort, deinem Anruf öffne, dich wirken lasse in meinem Leben!

Wie wir das machen können? Sehr oft bitten mich Menschen, ich soll doch für sie beten, an sie bei der Messe denken. Ich stelle mir vor, dass wir beim Gebet tief in uns eine Geburtsgrotte, einen Stall frei machen für den Gott, der nur darauf wartet, eine Herberge in uns zu finden, durch uns sichtbar und greifbar zu werden für andere. So bete ich weiter:

Gott, es berührt mich im Herzen, dass du, der allmächtige Gott, dich abhängig machst von uns, von mir. Wie ein Kind auf die Liebe und Fürsorge seiner Eltern angewiesen ist, so brauchst du auch meine Mithilfe, um immer neu auf die Welt zu kommen. Du hast auf das Ja Marias gewartet und genauso wartest du auf mein Ja, meine Bereitschaft, bei deinem Heilsgeschäft mitzuarbeiten. Hilf mir deshalb, alles zu tun, was ein gutes Miteinander und Füreinander fördert!

In einem Gedicht von Hilde Domin heißt es:

Es gibt dich

Dein Ort ist
wo Augen dich ansehen.
wo sich die Augen treffen
entstehst du.

Von einem Ruf gehalten,
immer die gleiche Stimme,
es scheint nur eine zu geben
mit der alle rufen.

Du fielest,
aber du fällst nicht.
Augen fangen dich auf.

Es gibt dich
weil Augen dich wollen,
dich ansehen und sagen
daß es dich gibt.

Gott, du hast Maria so angeblickt, dass sie sie selbst sein konnte, und so, wie du sie gewollt hast. In Jesus schaust du mich an, liebevoll und zärtlich, und dieser Blick beflügelt mich, Mensch zu sein nach seinem Beispiel. Lass dieses Wunder aufs Neue geschehen!

Spuren des Lichts

Andreas ist als Gemeindearbeiter vor allem bei der Straßenreinigung beschäftigt, ein Straßenkehrer, hätte man früher gesagt.
Er kennt mein Auto von weitem und grüßt immer sehr freundlich. Heute, am ersten Adventssonntag, ruft er mich an und wünscht mir einen schönen, besinnlichen Advent. Seine Aufmerksamkeit freut mich sehr. Sie leuchtet wie das erste Licht auf dem Kranz.

Da sagte der Engel zu ihr: Fürchte dich nicht, Maria; denn du hast bei Gott Gnade gefunden (Lk 1,30).

Die hellhörige Maria

Das zuerst entwickelte Sinnesorgan des Menschen ist das Ohr. Schon im Mutterleib kann ein Kind hören, lernt es die Stimme der Mutter kennen, reagiert es unterschiedlich auf Rock- oder Mozartmusik. Und wenn alle anderen Sinne erlöschen, kann ein Sterbender doch noch hören – bis zum Ende seines Lebens. Das Ohr ist das Tor zum Leben, sagt eine indische Weisheit.

Dennoch klappt es mit dem Hören nicht so recht. Schon der Prophet Jesaia klagt: *Du hattest die Ohren offen und nichts gehört (Jes 42,20).*

Es ist interessant, dass die gläubigen Juden täglich am Morgen und am Abend laut beten: *Höre, Israel, der Herr ist unser Gott, der Herr ist einzig! (Dtn 6,4).*

Es hat doch einen Grund, dass sie sich diese Mahnung jeden Tag zwei Mal in Erinnerung rufen müssen.

Warum sagt Jesus öfters: *Wer Ohren hat, der höre*? *(Mt 11,15 par).* Oder er klagt: *Ihr habt Ohren und hört nicht! (Mk 8,18).*

Und nicht umsonst beginnt der hl. Benedikt seine Ordensregel mit dem Aufruf: „Höre, mein Sohn, auf die Weisung des Meisters."

Geben wir's zu: Unsere Ohren sind oft verstopft mit Ausreden und Verdrängungen, mit Floskeln und Vorurteilen. Ganz tief drinnen stecken sogar religiöse Sprüche. Manche Sätze von bestimmten Leuten können wir überhaupt nicht mehr hören.

Ob wir Gott gegenüber nicht manchmal sogar taub sind, zumal er meistens sehr leise zu uns spricht?

Im Gegensatz zu uns ist Maria ganz hellhörig. Sie musste das allerdings auch erst lernen. Als der Engel ankündigt, dass sie die Mutter des Erlösers werden soll, hört sie zuerst nur mit dem Kopf. Deshalb fragt sie auch gleich zurück: „Wie soll das geschehen, wie kann das funktionieren, wenn ich nicht verheiratet bin?“

Aber dann beginnt sie, mit dem Herzen hinzuhören und zu begreifen: Sie sei voll der Gnade. In ihr soll das Ja Gottes zu uns Menschen Gestalt annehmen, greifbar werden. Diese Botschaft Gottes findet bei ihr Resonanz, d. h. wörtlich:

Sie klingt wider, klingt zurück im großartigen Wort: *Ich bin zwar nur ein kleiner Mensch, eine Magd, aber es soll geschehen, wie du, Jahwe, es willst! (Vgl. Lk 1,38).*

Das rechte Hören hat mit dem Herzen zu tun. Das kommt schon körperlich zum Ausdruck. Bei den Innenwänden der Herzvorhöfe gibt es zwei kleine Ausbuchtungen, die die Mediziner „Herzohren“ nennen. Und während die Nerven normalerweise direkt vom Gehirn zu den Muskeln und Organen laufen, geht der Nerv, der die Stimme, die Kehlkopfmuskulatur regelt, zuerst hinunter zum Herzen und dann wieder hinauf zum Kehlkopf. Wirklich seltsam. „Nervus laryngeus recurrens“ heißt er.

Der Körper macht es deutlich: Wir hören und sprechen nur mit dem Herzen gut.

Maria ist so eine herzenshörige Frau. Damals, bei der Hochzeit zu Kana, merkt sie als einzige, dass der Speisemeister mit dem Bräutigam tuschelt, der Wein sei ausgegangen (Vgl. Joh 2,3). Später, als der Zwölfjährige im Tempel zurückfragt: W*usstet ihr nicht, dass ich in dem sein muss,* *was meinem Vater gehört? (Lk 2,49)*, bewahrt sie dieses Wort ganz genau in ihrem Herzen, später auch die kantige Antwort Jesu: *Meine Mutter, Brüder und Schwestern sind die, die den Willen des himmlischen Vaters erfüllen! (Vgl. Mt 12,49f)*. Sie versteht in der schwersten Stunde ihres Lebens unter dem Kreuz, was Jesus meint, wenn er sagt: *Johannes ist jetzt dein Sohn, und du bist seine Mutter! (Vgl. Joh 19,26f)*.

Weil sie mit dem Herzen hört, begreift sie, dass bei Gott eine andere Ordnung gilt als die in der Welt übliche. Deshalb kann sie auch rückblickend auf ihr Leben sagen: *Die Mächtigen stürzen von ihrem Thron, vom hohen Ross, aber die Kleinen richtet er auf und macht sie groß! (Vgl. Lk 1,52)*.

Ich bringe ein Hörbeispiel:
Wir feierten im Krankenhaus einen Gottesdienst, bei dem ich einer Frau, die unheilbar an einem Kopftumor erkrankt war, die Krankensalbung spendete. Etwa 50 Leute waren gekommen, auch Angehörige, die im Streit schon lange nicht mehr miteinander redeten. Ich sagte zur Patientin, sie sei ein Geschenk für uns, weil sie uns etwas Wichtiges bewusst mache. Das Wunder geschah: Die Verwandten ließen sich von ihr ein Kreuzzeichen geben, und reichten sich die Hand. Sie hörten die Botschaft der sterbenskranken Frau.

Gott spricht auf hunderterlei Weisen zu uns, durch Erlebnisse, Begegnungen, durch ein Wort, das wir zufällig lesen, einen Satz der Bibel, der uns trifft, durch einen inneren Impuls und vieles mehr.

Der hl. Ignatius von Antiochien, der um das Jahr 115 starb, schreibt: „Nehmt Gottes Melodie in euch auf." Unaufhörlich singt Gott sein Lied: *Ich liebe dich, du Mensch, und ich brauche dich, damit es gut wird mit der Welt und den Menschen!*

Maria war hellhörig für dieses Lied. Ob *wir* es sind? Wir können nur bitten und antworten: „Guter Gott, gib uns ein hörendes Herz und lass unser Leben eine Ant-wort auf deine Liebeserklärung sein!“

Spuren des Lichts

Bei einem adventlichen Benefizkonzert von drei Rockgruppen darf ich einen Gutschein für die Hospizbewegung in Empfang nehmen. Ich denke mir: „Seltsam, auch bei dieser dröhnenden Musik höre ich ‚Stille Nacht' heraus und glänzt der Stern von Bethlehem!"

* * *

Mit der Geburt Jesu Christi war es so: Maria, seine Mutter, war mit Josef verlobt; noch bevor sie zusammengekommen waren, zeigte sich, dass sie ein Kind erwartete – durch das Wirken des Heiligen Geistes (Mt 1,18).

Das Weihnachtsgespenst

geistert wieder herum, schon seit Wochen. Anzeichen dafür sind die Nikoläuse und Christbaumkugeln in den Geschäften, die Weihnachtsmärkte und Basare, wo man hinschaut, die Weihnachtsbeleuchtung und die Christbäume auf dem Marktplatz, das „Leise-rieselt“, zum tausendsten

Mal gehört. Die einen freuen sich auf diese „Stimmung“, andere wiederum haben Angst vor den kommenden Wochen, weil sie seltsame Gefühle wecken, die Einsamkeit verstärkt spüren lassen oder großen Termindruck auslösen.

Keine Angst, das „Weihnachtsgespenst“ ist ein Kind, ein Säugling, das Christkind, Jesus von Nazareth. Und das Kind in uns. An Weihnachten hat es Geburtstag.

Es schreit, wenn etwas mangelt, es will gestillt werden, nein, nicht mit körperlicher Sättigung, mit Geschenken und so, sondern mit Zuwendung.

In den Krippen, die wir jetzt schon in Ausstellungen bewundern und dann zu Weihnachten zu Hause aufstellen, stehen Josef und Maria. Jedes Kind will, ja muss Eltern haben.

Wir Erwachsene genauso, auch wenn die Eltern vielleicht schon lange gestorben sind. Manchmal sind wir froh um sie, manchmal leiden wir an ihnen, noch jahrelang.

Oft suchen wir ersatzweise Eltern in den Vorgesetzten, Freunden oder in der Kirche.

Wir möchten jemanden haben, zu dem wir aufschauen können, der uns Beheimatung, Geborgenheit, Sicherheit schenkt. Der Neugeborene in der Krippe zeigt uns, wo wir bedingungslos angenommen und aufgehoben sind: beim Vater- und Muttergott.

Ein Kind braucht Bewunderung, geben wir's zu, auch das Kind in uns. In der Weihnachtsgeschichte ist dieses Bedürfnis dargestellt in der Anbetung der Drei Könige. Sie verehren das Kind und machen es dadurch groß.

Wir merken selbst, das ist wie Milch und Honig, wenn wir bewundert werden, wenn uns jemand lobt und anerkennend schätzt, was wir leisten.

Weil wir das aber nicht gewohnt sind, werden wir dann leicht verlegen.

Auch der Stern, der über dem Stall von Bethlehem leuchtet, mag Ähnliches bedeuten.

Vielleicht ist er das Auge Gottes, das liebevoll herunterschaut auf das Kind im Stall.

Jedes Kind registriert das Aufleuchten der Augen im Gesicht der Eltern. Das suchen wir ein Leben lang.

Aus diesem Grund bitten wir immer wieder: „Vater, Mutter im Himmel, lass dein Angesicht leuchten über mir. Dann bin ich gesegnet."

Wir kennen auch das Gegenteil, wenn sich die Eltern abgewendet oder für uns geschämt haben. Es gibt Blicke, die uns stumm gemacht haben, und zu Weihnachten kommt das mitunter in unserem Herzen hoch. Die Botschaft des baldigen Festes lautet jedoch, dass Gott uns als seine Söhne und Töchter liebevoll anschaut, weil er uns unbedingt liebt.

Ein Baby will ganz natürlich und vital strampeln, trinken, essen, viel schlafen. Es muss aufstoßen oder macht in die Windeln. Es wird sogar dafür gelobt. Später, als Erwachsene dürfen wir das nicht mehr. Wir müssen tüchtig und perfekt sein.

Aber im Leben geht doch so manches in die Hose, und die weiße Weste bleibt nicht immer rein. Wie wohl tut es, von einem geliebten Menschen zu hören: Ich mag dich trotzdem!

Das Weihnachtsfest ist eine Liebeserklärung Gottes an uns Menschen.

Deshalb wird er unsereiner, kommt sogar in einem Stall zur Welt, wo es meistens stinkt und nicht alles so sauber ist.

Er will immer wieder neu geboren werden in uns, trotz allem Mangelhaften und Unfertigen, unter dem wir oft leiden.

Wir merken in diesen Tagen ganz besonders, was uns fehlt, was wir brauchen. Vor allem spüren wir, dass das Kind auch in uns Erwachsenen lebt, die wir uns so großartig geben und meinen, alles im Griff zu haben.

Ich möchte Sie ermutigen, hinter die Äußerlichkeiten dieser Tage, hinter alle adventlichen und weihnachtlichen Bräuche und Verpflichtungen zu schauen. Da gibt es kein „Gespenst", vor dem wir uns fürchten müssen, sondern im Gegenteil, wir finden etwas Wunderbares: das Jesuskind im Stall – und das Kind in uns, das von Gott gewollte und geliebte Wesen, unser innerstes Ich. Hier ist auch der Ort, wo wir Gott berühren oder zumindest etwas von ihm erahnen.

Das besondere Wort

Was ich dir zum Advent schenken möchte:
Einen Orgelton wider den finsteren Morgen,
meinen Atem gegen den Eiswind des Tages,
Schneeflocken als Sternenverheißung am Abend,
und ein Weglicht für den verloren geglaubten Engel,
der inmitten der Nacht die Wiedergeburt der Liebe verkündet.

Christine Busta

* * *

In jenen Tagen trat Johannes der Täufer auf und verkündete in der Wüste Judäa: Kehrt um! Ich taufe euch nur mit Wasser zum Zeichen der Umkehr. Der aber, der nach mir kommt, ist stärker als ich (Mt 3,1.11).

Gott muss man nicht importieren

So ein Unsinn!

Im Internet las ich, dass in Londoner Bussen Plakate mit folgendem Inhalt angebracht werden sollen: „Es gibt möglicherweise keinen Gott. Hört jetzt auf, euch Sorgen zu machen und genießt euer Leben!“ Man könnte gleich dagegen halten: „Aber es ist auch möglich, dass es einen Gott gibt, dem wir getrost vertrauen können!“ Richtig verstandener und gelebter Glaube befreit uns von der übermächtigen Angst, die uns manchmal umklammert. *Seid nicht ängstlich besorgt*, ermutigt uns Jesus (Vgl. Mt 6,25–34). Eine Welt ohne Gott ist hingegen Besorgnis erregend, weil sich dann die Menschen selbst zu Göttern aufspielen, und wohin das führt, erleben wir oft genug. Direkt zynisch wirkt jedoch die Aufforderung: „Genießt euer Leben!“ Das mag für solche gelten, die es sich leisten können, die genug von allem haben. Was werden aber die von einer Hungerkatastrophe in Somalia, die Slumbewohner von Bogotá, die von Terroranschlägen Heimgesuchten im Irak oder in Pakistan sagen? Die Aufforderung zum Genießen klingt für Milliarden Menschen wie ein Hohn.

Die Lieder und Gebete im Advent suggerieren die Auffassung, wir müssten Gott erst bitten, dass er komme. In Wirklichkeit ist er jedoch immer schon da. Karl Rahner, der weise Theologe, schreibt: „Alle Seelsorge darf damit rechnen, dass Gott mit den Menschen bereits einen langen Weg gegangen ist. Die Seelsorge hat den Menschen nicht etwas zu bringen, was sie noch nicht hätten. Sie hat ihnen vielmehr aufzuzeigen, was sie längst besitzen: Gottes tiefes Wohlwollen, Gottes Segen, Gottes Erbarmen!“ Ich würde ergänzen: Gott selbst.

Im Advent und zu Weihnachten soll uns aufs Neue bewusst werden, dass Gott anwesend ist. Was damals im Stall zu Bethlehem geschah, ereignet sich heute in allem Mangelhaften, in unseren Schwächen und unserem Versagen, in der Leere und Trockenheit des Herzens: seine Geburt. Gott ist endgültig einer von uns. Wir müssen ihn nicht importieren, sondern sollen uns nur seiner Gegenwart öffnen.

Die Kirche als Gemeinschaft der Glaubenden hat nur eine Funktion, nämlich wie Johannes der Täufer unermüdlich auf Jesus zu verweisen, der allein das untrügliche Hoffnungslicht, die Rettung, der Ausweg in eine gute Zukunft ist. Viel zu schnell behauptet die Kirche, sie sei der fortlebende Christus, der Leib Christi.

Die Kirche bleibt immer eine sündige, denn wir gehören ja selbst dazu. Der Blick auf die doch etwas müde Christenschar in Europa ist nicht besonders glaubensförderlich. Wenn wir zudem manche lebensferne oder fragwürdige Aussagen hören, auch so manche unchristliche Haltungen oder Praktiken im Lauf der Kirchengeschichte feststellen, dann müssen wir doch zurückhaltender sein mit der Behauptung, wir selbst seien mit Christus identisch. Vielmehr sollten wir uns an Johannes halten, der kam, um Zeugnis abzulegen für das Licht, das heißt: für Jesus. Er hielt sich nicht einmal wert, ihm die Schuhriemen aufzumachen. So demütig fühlen wir uns wohl kaum.

Es gehört bald zum guten Ton, über den Adventrummel oder die Vermarktung des Weihnachtsfestes zu jammern. Ich schließe mich dem nicht an. Hinter der Weihnachtspost, manchmal aus Pflicht geschrieben, hinter den vielen liebevoll ausgesuchten Geschenken, hinter der Weihnachtsbeleuchtung, den alten Liedern und Bräuchen, hinter dem Christbaum und der Feier in der Familie, hinter der Sehnsucht nach friedlichen Weihnachten leuchtet auf, dass Gott immer schon bei uns ist mit seinem Licht, seinem Erbarmen, seiner Liebe und seiner Treue.

Wir lassen ihn vielleicht in diesen Tagen mehr vor-kommen als das Jahr hindurch. Seine Präsenz wird uns deutlicher bewusst, und auch, wie sehr wir ihn brauchen. Das ist doch gut so.

Das besondere Wort

Weihnachten erinnert uns daran:
Unser Leben ist nicht gott-los.
Unsere Geschichte ist nicht heil-los.
Und unser Miteinander darf nicht herzlos sein.

Reinhard Lettmann

✶ ✶ ✶

Bist du es, der kommen soll, oder müssen wir auf einen anderen warten? (Mt 11,3).

Einen Bessern find'st du nicht

Eigentlich kann ich Johannes gut verstehen. Er sitzt im Gefängnis, den Tod vor Augen, weil er Herodes öffentlich kritisiert hatte. Und – was hat er jetzt davon, dass er die Leute aufgerüttelt und Jesus den Weg bereitet hat? Warum hilft der ihm nicht, holt ihn irgendwie heraus aus dem Kerker? Johannes fragt sich zu Recht: *Bist du der Erlöser, nach dem wir uns sehnen, oder sollen wir auf einen anderen warten? (Vgl. Mt 11,3).*

Jesus verweist auf die wunderbaren Dinge, die durch ihn geschehen. Aber den Johannes lässt er scheinbar hängen. Aber, wer weiß, vielleicht hat er dem Johannes auf ganz andere Weise geholfen. Vielleicht hat der Täufer eine neue Einsicht bekommen und die depressive Lähmung überwunden. Es könnte sogar sein, dass Johannes in seiner Gefangenschaft einen Anruf Gottes hört, dass er, der Todeskandidat, eine innere Freiheit und Stärke spürt und seine Leiden als Geburtswehen für etwas Neues begreift.

Wie auch immer, seine Frage bleibt bis heute aktuell: „Bist du, Jesus, wirklich unsere Rettung, oder kommt noch ein anderer?"

Ich möchte jetzt gerne an Stelle von Jesus antworten und behaupten: „Nein, einen Bessern find'st du nicht", wie es im Lied vom „guten Kameraden" heißt.

Wir versprechen unseren Kindern schon bei der Taufe: „Einen besseren Freund findet ihr nicht. Wir als Eltern und als Christengemeinde können euch keine Garantie für ein rundum sorgenfreies Leben geben, können euch kein Paradies versprechen, keinen Lotto-Zwölfer mit viel Geld übergeben, das alles wollen wir auch nicht, aber wir legen euch ans Herz, ins Herz, dass ihr auf Jesus hören sollt. Er lehrt euch, dass ihr von Gott bedingungslos geliebt und wertvoll seid. Er zeigt euch, dass das Leben dort gut wird, wo ihr Gott Raum gebt und euch und andere liebt."

Den Jugendlichen möchten wir die Einsicht mitgeben: „Ein besseres Vorbild für euch als diesen Jesus findet ihr nicht. Hinter ihm her, in seinen Spuren, bekommt euer Leben einen Sinn. Er motiviert und stärkt euch zum Einsatz für die Welt, für die Menschen, für Frieden und Gerechtigkeit!“

Viele Jugendliche lassen sich dafür begeistern und absolvieren z. B. längere Auslandseinsätze in verschiedenen Hilfsprojekten.

Uns Erwachsenen sei ebenfalls gesagt: Einen Bessern finden wir nicht. Es ist interessant, wie viele religiöse Angebote, esoterische Heilspraktiken und fragwürdige psychologische Tricks oft um teures Geld verkauft oder gekauft werden, wo die Leute das Heil suchen und zu finden glauben.

Mir selbst genügt es, Jesus zu kennen und seine Botschaft. Das lässt mich leben und hoffentlich auch einmal in Frieden sterben.

Und schließlich können wir als Christen allen Leidtragenden, Kranken und Belasteten nur ans Herz legen: „Einen Bessern findet ihr nicht als Jesus. Der geht mit euch durch die dunklen Stunden, er teilt mit euch eure Kreuzwege, leidet eure Todesnächte mit und öffnet Hoffnungstüren – täglich neu und einmal endgültig, wenn es mit uns hier zu Ende geht!“

Manchmal gebe ich Sterbenden, wenn sie es wollen, ein Holzkreuz, ein sogenanntes Festhaltekreuz, das sie mit der Hand umfassen, umklammern können mit dem Gedanken: „Jesus, ich halte mich an dir, an dich, in allem, was jetzt auf mich zukommt!“

Johannes lässt die Frage ausrichten: „Bist du der, der kommen soll, oder sollen wir auf einen anderen warten?“

Ich bin überzeugt: Einen Bessern finden wir nicht als Jesus, den Gott-mit–Uns, den Heiland, wie wir früher sagten, der unsere wunde Seele heilt und heilsam ist für die Welt.

Das besondere Wort

In der großartigen Kreuzigungsdarstellung von Matthias Grünewald steht der Täufer Johannes neben dem Christus und weist mit einem übergroßen Zeigefinger auf ihn hin, als wolle er uns allen sagen: „Auf diesen Jesus sollt ihr hören und schauen! Er ist das wahre Licht, das Hoffnungslicht für euch. In ihm wird Gott zum Greifen als erbarmender und liebender Gott. Mit ihm wird das Leben gut! Vielleicht habt ihr ihn noch nicht richtig erkannt, aber er ist schon mitten unter euch, nicht nur unter euch Christen, sondern unter euch allen, den Gewerkschaftlern und Urlaubern, den Studenten und Verkäuferinnen. Unter euch, die ihr nicht mehr in die Kirche geht, aber noch Kirchenbeitrag bezahlt; die ihr nicht mehr glauben könnt, aber doch noch abends betet; die ihr Weihnachtsgeschenke einpackt und Adventskerzen anzündet. Ihr müsst nur aufmerksam sein, dann werdet ihr entdecken, dass er da ist, heilend und befreiend!" So lautet die Botschaft des Johannes.

nach Rolf Zerfaß

✶ ✶ ✶

Als sie dort waren, kam für Maria die Zeit ihrer Niederkunft, und sie gebar ihren Sohn, den Erstgeborenen. Sie wickelte ihn in Windeln und legte ihn in eine Krippe, weil in der Herberge kein Platz für sie war (Lk 2, 6f).

Herbergsuche

Sie kennen wahrscheinlich das alte Adventlied: „Wer klopfet an? Oh zwei gar arme Leut! Was wollt ihr denn? Oh gebt uns Herberg' heut! Öffnet uns doch eure Türen …"

Wer klopfet an?

Bei Maria war es Gott selbst, der bei ihr um Aufnahme bat, damit er durch sie Mensch werden konnte.

Ihr Ja bedeutete, dass sie Gott eingelassen, sich auf Gott ein-gelassen hat, ihm ihren Lebens- und Herzensraum geöffnet hat, nicht ahnend, wie sehr ihr Leben dadurch geprägt und verändert würde. So vieles kam anders, als sie es sich wohl gedacht hatte. Sie erlebte es hautnah, als sie, zusammen mit Josef, eine Unterkunft suchen, ihr Kind in einem Stall zur Welt bringen und bald darauf nach Ägypten flüchten musste.

Weil sie Gott die Türe aufgemacht hatte, wurde sie heimatlos. Aber ich denke, dass sie gleichzeitig eine ganz neue, tiefe Beheimatung bei Gott selbst gefunden hatte.

Wer klopfet an?

Bei uns steht kein Engel Gabriel plötzlich da und klingelt, sondern ganz andere tauchen unerwartet auf.

Wenn man älter wird, klopfen Krankheiten an unsere Türe, Alzheimer und Parkinson, ebenso auch Verluste, so manche Sorgen und Ängste. Es sind die „dunklen" Engel, die uns heimsuchen, aber auch eine Botschaft Gottes vermitteln. Oft aber melden sich „helle" Engel als Boten Gottes.

Z. B. der Engel der Freude. Eine Frau rief mich letzthin an und erzählte, ihr Tag sei so furchtbar gewesen, nur lästige Menschen und ärgerliche Erlebnisse. Ich redete ihr gut zu: „Du wirst sehen, morgen erlebst du fünf erfreuliche Dinge. Du musst nur Acht geben.“ Und tatsächlich berichtete sie am nächsten Abend, es sei noch viel mehr Positives an diesem Tag geschehen.

Es kann der Engel der Versöhnung, des Vertrauens, der Leichtigkeit oder der Liebe zu uns kommen. Anselm Grün hat fünfzig solche Engel benannt.

Ist uns bewusst, dass Gott uns laufend Engel – ohne Flügel – schickt in guten und in bösen Tagen, die uns ansprechen wie der Engel Gabriel und uns ermutigen: „Fürchte dich nicht! Du bist begnadet. Gott ist mit dir. Alles was dir widerfährt, ist letztlich ein Anruf Gottes. Er hat auch mit dir etwas Besonders, etwas Einmaliges vor. Du hast als Mann oder Frau, als Vater oder Mutter, als Lehrerin oder Pensionist, als Schüler oder Alleinstehende eine Aufgabe in dieser Welt zu erfüllen. Du sollst Mensch sein und zur Menschwerdung anderer beitragen!“

Die Menschen mit Behinderung, mit denen ich öfters Gottesdienst feiere, die Frau, die an Krebs erkrankt ist und mit der ich gesprochen habe, die Kindergartenkinder, die sich schon riesig auf Weihnachten freuen, sie alle sind Klopfsignale Gottes, der nur darauf wartet, dass wir wie Maria sagen: „Ich will mich dir zur Verfügung stellen und Werkzeug für dich sein. Ich will dir Raum, Heimat, Herberge geben in meinem Herzen.“

Wer klopfet an?

Ich denke, dass Gott uns nicht nur von außen her durch die Ereignisse des Lebens und durch Menschen, gerade auch die mühsamen und schwierigen, anspricht, an unserer „Haustüre“ läutet.

Er kommt auch von innen, denn eigentlich ist er immer schon da als der tiefste Grund unseres Herzens.

Wir singen zwar: „O Heiland, reiß die Himmel auf" und „Tauet Himmel den Gerechten", und sagen damit: „Komm als Retter zu uns." Richtigerweise müssten wir beten: „Reiß unsere Herzen auf, damit wir dich, den Gott-mit-Uns, den Gott-in-Uns erkennen. Hilf uns, die Steine der Müdigkeit, der Lieblosigkeit wegzuräumen, den Schutt der alltäglichen Belastungen, den Schotter der Halbherzigkeit, der eigenen Mängel und der schuldhaften Verweigerung, damit wir den innersten Raum unseres Herzens freilegen, wo wir dir, Gott, begegnen!"

Wir müssen Gott nicht in unser Leben importieren. Die Adventbesinnungen, die religiösen Übungen, die Sakramente und alles, was wir in diesem Bereich tun, holen ihn nicht erst herein, sondern helfen uns, Gott zu finden, der längst schon da ist und sich mitgeteilt hat in unsere Herzen, der seinen Geist in uns ausgegossen hat; der bewirkt, dass wir es trotz aller Mängel und Begrenzungen fertig bringen, zu glauben, zu hoffen und zu lieben.

Und alles Drumherum in diesen Tagen und Wochen sollte uns hellhöriger, hellsichtiger und hellspüriger werden lassen für diesen Gott-in-Uns.

In der List seiner Liebe hat er eine doppelte Strategie. Er steht vor der Tür. Er ruft uns durch die Geschehnisse des Lebens, auch durch das Bibelwort und Jesus selbst. Gleichzeitig macht er sich von innen her bemerkbar und flüstert uns zu: *Ich bin da! Keine Angst! Auch du bist von mir geliebt. Alle Lichter, die du entzündest, sollen dich erinnern, dass ich als Licht in dir bin und dein Herz erhelle.*

Wer klopfet an?

Ich bin es, antwortet Gott.

Das besondere Wort

Macht hoch die Tür, die Tor macht weit,
es kommt der Herr der Herrlichkeit! (Gotteslob)

Weihnachten ist ein Lichtblick,
ein neuer tausendster Versuch,
ein Licht anzuzünden,
statt über die Dunkelheit zu klagen — Arnold Mettnitzer

* * *

Die Hirten sagten zueinander: Kommt, wir gehen nach Bethlehem um das Ereignis zu sehen, das uns der Herr verkünden ließ. So eilten sie hin und fanden Maria und Josef und das Kind, das in der Krippe lag (Lk 2,15f).

Aufstellungen

Es ist ein wunderschöner Brauch, dass wir zu Weihnachten Krippen aufstellen, in der Kirche und daheim in unseren Stuben, um so das Weihnachtsgeschehen anschaulich zu machen.

Ich lade Sie ein, dass wir in dieser geweihten Nacht miteinander überlegen, wo denn eigentlich unser Platz in der Krippe wäre, damit wir auch ein Teil dieses Ereignisses werden.

Sehen wir uns bei **Ochs und Esel,** die meistens sehr brav im Hintergrund stehen?

Es könnte ja sein, dass wir uns manchmal wie ein Ochse als Zugtier fühlen oder dass wir ihm gleichen, weil wir unbeweglich und bedächtig sind.

Der Esel ist dafür bekannt, dass er stur sein kann, aber auch geduldig schwere Lasten trägt. Trifft etwas davon auf uns zu?

Die beiden stehen üblicherweise im Stall von Bethlehem, weil der Prophet Jesaia gesagt hat: *Der Ochs kennt seinen Besitzer und der Esel kennt die Krippe seines Herrn. Israel aber hat keine Erkenntnis, mein Volk hat keine Einsicht (Jes 1,3).*

Die zwei Tiere stellen deshalb uns allen die Frage, ob *wir* in diesem Kind, in Jesus, unseren Gott erkennen, den heruntergekommenen Gott, der in unseren Nächten und auch in unserem Mist zu finden ist.

Vielleicht möchten wir uns lieber zu **Josef** hinstellen. Der steht auf vielen Weihnachtsbildern meistens abseits, etwas daneben – auch im übertragenen Sinn. Manchmal hält er eine Laterne oder eine Kerze in der Hand, weil ihm selbst das Licht noch nicht aufgegangen ist. Deshalb ist es nicht schlecht, dass wir uns bei ihm platzieren, weil wir oft genug nicht verstehen, was Gott mit uns vorhat.

Es wird dreimal berichtet, dass ihm ein Engel im Traum erschien und sagte, was er tun soll. Josef hört also auf seine innere Stimme (das ist mit dem Engel gemeint), und er ist verlässlich und treu da, wo man ihn braucht.

Solche Männer und Frauen finden sich sicher auch unter uns und überall. Sie alle sind mit ihrer Haltung ein Teil der Weihnachtsgeschichte.

Gehen wir in Gedanken weiter zu den **Hirten**, die damals zu den Minderen, den Außenseitern zählten. Aber gerade deshalb dürfen und sollen sie als Erste die Frohe Botschaft hören: *Fürchtet euch nicht! (Lk 2,10).*

Das gilt auch für uns, weil Gott uns verspricht: *Keine Angst, ich bin da und bleibe bei dir! Ich bin auch für dich auf die Welt gekommen.* Wenn wir das glauben können, sind wir bei den Hirten am richtigen Ort.

Eine andere Möglichkeit wäre, dass wir uns bei den **Schafen** positionieren, weil wir gerne mit der Herde, mit dem großen Haufen laufen. Es gibt aber auch widerspenstige und schwarze Schafe. Aber selbst wenn wir uns zu diesen zählen, gehören wir genauso zur Krippe wie die anderen. Den Schafen ist gemeinsam, dass sie von einem Hirten geführt werden. Ich bin überzeugt, dass das Leben dort gut wird, wo wir uns an Jesus halten und ihm folgen.

Oder passt es uns besser, wenn wir uns bei **Maria** aufhalten? Sie bezeichnet sich als die Magd des Herrn, kann aber auch selbstbewusst sagen: „Gott hat Großes an mir getan. Er hat auf mich geschaut, und ich darf sein Werkzeug sein!"

Wie viele Mütter, Väter, auch Alleinstehende setzen sich wie Maria für andere ein in der Pflege von Angehörigen, in sozialen Berufen, in der Pfarre, in Vereinen und in anderen Bereichen. Sie engagieren sich für Menschen oder eine gute Sache. Von diesen lebt eine jede Gemeinschaft. Sie sind Brüder und Schwestern von Maria.

Möglicherweise zieht es uns zum **Engel** über der Krippe, weil wir einen Engel – auch ohne Flügel – begegnet sind, einem aufmerksamen Menschen, der uns ein gutes Wort gesagt hat. Zudem können wir alle füreinander Schutzengel, Trostengel, helfende Engel sein.

Wir können schließlich bei unserer Krippenaufstellung auch ganz nahe zum **Kind** herantreten und einfach nur darüber staunen, dass der unbegreifliche Gott hier zum Greifen wird. Bei Tauffeiern lade ich alle Anwesenden ein, dem Kind ein Kreuzzeichen zu machen. Und jedes Mal berührt es mich, wie dabei alle den Täufling freundlich, zärtlich anlächeln. Jedes Kind, auch dieses Jesuskind, weckt die guten, liebevollen Seiten in uns.

Wenn ein Baby auf die Welt kommt, fragen wir sofort: Wie schwer ist es und wie groß? Wir können uns diese Frage auch zu Weihnachten stellen: „Welches Gewicht hat denn Jesus bei uns und wie groß ist er in unserem Leben?"

Mein Wunsch und Vorschlag ist, dass wir heute oder in den kommenden Tagen in aller Ruhe eine Krippe anschauen und uns fragen, wo denn ich hingehöre. Irgendwo haben wir alle einen Platz.

Das besondere Wort

Meistens wird Gott ganz leise Mensch.
Die Engel singen nicht.
Die Könige gehen vorbei.
Die Hirten bleiben bei ihren Herden.
Meistens wird Gott ganz leise Mensch,
von der Öffentlichkeit unbemerkt,
von den Menschen nicht zur Kenntnis genommen,
in einer kleinen Zweizimmerwohnung,
in einem Asylantenwohnheim,
in einem Krankenzimmer,
in nächtlicher Verzweiflung,
in der Stunde der Einsamkeit,
in der Freude am Geliebten.
Meistens wird Gott ganz leise Mensch,
wenn Menschen zu Menschen werden.

Weihnachtspost

Quellenverzeichnis

Die Zitate aus der Hl. Schrift sind entnommen aus der Ausgabe: Die Bibel. Einheitsübersetzung der Hl. Schrift, Katholische Bibelanstalt, Stuttgart 1980.

S. 15: Rudolf Otto Wiemer, Die Chance der Bärenraupe, über die Straße zu kommen, aus: ders., Ernstfall. Gedichte, J. F. Steinkopf Verlag, Stuttgart, 2. Aufl., 1973.

S. 17 und S. 274: In sich ungekürzte Auszüge aus: Hilde Domin, Die schwersten Wege, aus: dies., Gesammelte Gedichte © S. Fischer Verlag GmbH, Frankfurt am Main 1987, S. 118–119.

S. 20: Rose Ausländer, Noch bist du da (Wirf deine Angst /…), aus: dies., Ich höre das Herz des Oleanders. Gedichte 1977–1979 © S. Fischer Verlag GmbH, Frankfurt am Main 1984.

S. 49 und S. 185: Textabdruck mit freundlicher Genehmigung des Autors Max Feigenwinter.

S. 52 und S. 287: Kurt Marti, Gedichte am Rand, Verlag Arthur Niggli, Teufen, 2. Aufl., 1968.

S. 54: Phil Bosmans, Vergiss die Freude nicht © Verlag Herder GmbH, Freiburg i. Br. 2012, S. 40.

S. 59: Anthony de Mello, Eine Minute Unsinn. Weisheitsgeschichten, Verlag Herder GmbH, Freiburg i. Br.

S. 72: Madeleine Delbrêl, Gott einen Ort sichern. Texte – Gedichte – Gebete, ausgewählt, übersetzt und eingeleitet von Annette Schleinzer, Verlagsgemeinschaft Topos plus Band 734, Kevelaer, 2. Aufl., 2010.

S. 73: Etty Hillesum, „Es ist das Einzige …“, aus: Das denkende Herz der Baracke. Die Tagebücher von Etty Hillesum 1941–1943. Hrsg. Von Jan G. Gaarlandt. Übersetzt von Maria Csollány © Kerle Verlag in der Verlag Herder GmbH, Freiburg i. Br. 1983.

S. 76f: Wilhelm Willms, quantitativer irrtum, aus: ders., der geerdete Himmel © 1974 Butzon & Bercker GmbH, Kevelaer, 7. Aufl., 1986, 1.14, www.bube.de

S. 84f: Christoph Schlingensief, So schön wie hier kanns im Himmel gar nicht sein. Tagebuch einer Krebserkrankung © 2009, Verlag Kiepenheuer & Witsch GmbH & Co. KG, Köln.

S. 101: Paul M. Zulehner, Für KirchenliebhaberInnen. Und solche, die es werden wollen © Schwabenverlag AG, Ostfildern 2000, www-verlagsgruppe-patmos.de

S. 111: Dritte Strophe aus Hilde Domin, Indischer Falter, aus: dies., Gesammelte Gedichte © S. Fischer Verlag GmbH, Frankfurt am Main 1987.

S. 143: Adalbert Ludwig Balling, Heimat finden in der Stille. Minuten-Meditationen, Verlag Herder GmbH, Freiburg i. Br. 1989.

S. 155f: Madeleine Delbrêl, Wir Nachbarn der Kommunisten. Diagnosen. Mit einer Einführung von J. Loew. Übersetzung von H. Urs von Balthasar, Johannes Verlag, Einsiedeln 1975.

S. 159: Silja Walter, Gesamtausgabe, Bd. 7, Prosa II, Paulusverlag, Fribourg/Freiburg 2006.

S. 198f: Antje Sabine Naegeli, Die Nacht ist voller Sterne. Gebete in dunklen Stunden © Verlag Herder GmbH, Freiburg i. Br., 8. Aufl., 2010, S. 116 und 117.

S. 201f: Werner Thissen, Das Zauberwort, aus: ders., Du bist mein Glück. Leben aus der Kraft der Begegnung. Topos plus Taschenbücher Bd. 515, S. 13 © 2004 Butzon & Bercker GmbH, Kevelaer, www.bube.de

S. 206f: Antoine de St. Exupéry, Bekenntnis einer Freundschaft, Karl Rauch Verlag, Düsseldorf.

S. 213 und S. 279f: Susanne Emerich (Hg.), Hätte ich nicht eine innere Kraft … Leben und Zeugnis des Carl Lampert © Verlagsanstalt Tyrolia, Innsbruck 2011.

S. 215f: Thomas und Gertrude Sartory (Hg.), Lebenshilfe aus der Wüste. Die alten Mönchsväter als Therapeuten, Verlag Herder GmbH, Freiburg i. Br. 1983.

S. 250: Huub Oosterhuis, Du bist der Atem und die Glut. Gesammelte Meditationen und Gebete, Verlag Herder GmbH, Freiburg i. Br. 1994.

S. 266 und S. 276: Kurt Marti, Leichenreden. Mit einem Vorwort von Peter Bichsel © Carl Hanser Verlag GmbH & Co. KG. 2001, S. 31.

S. 289 und S. 296: Lothar Zenetti, Auf Seiner Spur. Texte gläubiger Zuversicht © Matthias Grünewald Verlag der Schwabenverlag AG, Ostfildern 2011.

S. 291f: Jörg Zink, Trauer hat heilende Kraft © Kreuz Verlag in der Verlag Herder GmbH, Freiburg i. Br., 9. Aufl. der Neuausgabe, 2010.

S. 302f: Hilde Domin, Es gibt dich, aus: dies., Gesammelte Gedichte © S. Fischer Verlag GmbH, Frankfurt am Main 1987., S. 208.

S. 310: Christine Busta, Was ich dir zum Advent schenken möchte, aus: Inmitten aller Vergänglichkeit © Otto Müller Verlag, Salzburg 1985.

Wir danken den Autoren und Verlagen für die freundliche Genehmigung zum Abdruck. Leider war es uns nicht in allen Fällen möglich, die Rechteinhaber zu ermitteln. Wir bitten um Hinweise an den Verlag. Allfällige Ansprüche werden gerne nachträglich abgegolten.